U0131350

王鼎鈞著

昨天的雲

——王鼎鈞回憶錄四部曲之一

編輯前言

用青春走出一段青史

一部回憶錄，原是由一個人親身經歷的點點滴滴積累而成，屬於個人的人生精華。然而如果一個人的生命曾走過時代裂隙，經歷戰爭的斲痕，同時目睹了社會文化變遷的履跡，這樣的回憶錄，還是僅僅屬於個人的嗎？鼎公在回憶錄四部曲當中，以素雅的文字梳整自己童年至中年的生命歷程，訴說他對文學的追求和堅持，並且呈現個人成長的苦悶與時代的翻騰離亂。

從《昨天的雲》開始，戰爭的嗡響猶如遠方的隱雷，鼎公雖然因為世局的不安而失學，卻也因此意外獲致文學的啟蒙。及至《怒目少年》，戰亂已逐漸具象成眼前的疾病、饑餓、勞苦與死亡，在更切身的動盪中，他的文學靈魂首次舒展雙翼，與寫作結下不解之緣。

到了《關山奪路》，戰爭全面催折了人們的肉體和心靈，撕裂所有人據以安身立命的價值、情感、空間和土地，鼎公也從此展開往後數十載「兩世為人」、流離天涯的歲月。而在《文學江湖》裡，儘管戰火的硝煙逐漸遠去，日子卻仍時時刻刻陰翳著生存的艱難，文學在這時候帶給他安定的生活，也為他開啟一扇扇的窗，看盡文壇、媒體的紛紛擾擾，還有威權的鬆動瓦解。

這是鼎公的人生，同時也是一部波瀾壯闊的現代史詩。在他個人的磨難中，鏡射出時代的動盪裂變；而在遍地烽火的時空氛圍裡，品味得到他的人性思索與感觸，他和這段歷史互為表裡，幾乎可以說兩者合一不分。誠然，生遇那樣的年代並不是出自鼎公的意願，動亂的歲月在他身心留下印記。但他總是留心張望著，用心牢記著，用力書寫著，以自己的青春結實地履踏過這段崎嶇的歷史，最終保存了一整個時代的回音。

印刻文學非常榮幸能夠出版「王鼎鈞回憶錄四部曲」，期望藉由鼎公這部磅礴巨著，為近代華人離散記憶和戰後初期的台灣文學發展，留下一個擲地有聲的註腳。

小序

我聽說作家的第一本書是寫他自己，最後一本書也是寫他自己。

「第一本書」指自傳式的小說，「最後一本書」指作家的回憶錄。

我曾經想寫「第一本書」，始終沒寫出來。現在，我想寫「最後一本書」了。

*

從前乾隆皇帝站在黃鶴樓上，望江心帆船往來，問左右「船上裝的是甚麼東西」，一臣子回奏：「只有兩樣東西，一樣是名，一樣是利。」

這個有名的答案並不周全，船上載運的東西乃是四種，除了名利以外，還有一樣是情、一樣是義。

乾隆皇帝雄才大略，希望天下英雄入我彀中而以名利為餌，對世人之爭名攘利當然樂見樂聞，所以那個臣子的答案是做官的標準答案，不是做人的標準答案。

倘若只有名利，這「最後一本書」就不必寫了，至少我不必寫。

我向不熱中歌頌名利，雖然在我舉目所及之處也曾出現雍正乾隆。

*

競逐名利是向前看，戀念情義是向後看。

人，從情義中過來，向名利中走去。有些人再回情義，有些人掉頭不顧。

這是一本向後看的書。所謂情義，內容廣泛，支持幫助是情義，安慰勉勵也是情義。潛移默化是情義，棒喝告誡也是情義。嘉言懿行是情義，趣事軼話也是情義。

這「最後一本書」為生平所見的情義立傳，是對情義的回報。無情無義也塗抹幾筆，烘雲托月。

*

我並不是寫歷史。歷史如江河，我的書只是江河外側的池泊。

不錯，池泊和江河之間有支流相通，水量互相調節。

一位歷史學者說，「歷史是個小姑娘，任人打扮。」這也沒甚麼，小姑娘儘管穿衣戴帽，而出水當風，體態宛然。

也許，歷史是一架鋼琴，任人彈奏樂曲。因此才有書，才有第一本書和最後一本書。

我不是在寫歷史，歷史如雲，我只是抬頭看過；歷史如雷，我只是掩耳聽過；歷史如霞，我一直思量「落霞孤鶩齊飛」何以成為千古名句。

*

或以為大人物才寫回憶錄。但人物如果太「大」，反而沒法留下許多自述，中國現代史上兩位最大的人物連個遺囑也沒有準備妥當。

或以為只有小人物才可以從心所欲寫回憶錄，其實真正的「小」人物沒有聲音，蒼生默默，余欲無言。

所謂大人物，小人物，是兩個不同的角度，左手做的、右手不知道，台下看見的台上看不見，兩者需要互補。大人物的傳記是給小人物看的，小人物的傳記是給大人物看的。這世界的缺憾之一是，小人物不寫回憶錄，即使寫了，大人物也不看。

*

有人說，他的一生是史詩。

有人說，他的一生是一部長篇小說。

有人說，他的一生是一部連續劇。

我以為都不是。人的一生只能是一部回憶錄，是長長的散文。

詩，劇，小說，都有形式問題，都要求你把人生照著它們的樣子削足適履。而回憶錄不預設規格，不預謀效果。回憶錄是一種平淡的文章，「由絢爛歸於平淡」。詩，劇，小說，都豈容你平淡？

*

西諺有云：「退休的人說實話。」退休的人退出名利的競技場，退出是非漩渦，他說話不必再存心和人家交換甚麼或是間接為自己爭取甚麼。有些機構為退休的人安排一場退休演講，可以聽到許多真心話。古代的帝王「詢於芻蕘」，向打柴割草的人問長問短，正因為這些人沒有政治目的，肯說實話。

所以回憶錄要退休以後過若干年才寫，這時他已沒資格參加說謊俱樂部。

回憶錄的無上要件是真實，個人主觀上的真實。這是一所獨家博物館，有些東西與人「不得不同，不敢茍同」，或是與人「不得不異，不敢立異」。孔子曰：「舉爾所知。爾所不知，人豈捨諸。」

*

「今天的雲抄襲昨天的雲」，詩人瘂弦的名句。白雲蒼狗，變幻無常而有常，否則如何能下「蒼狗」二字？

人間事千變萬幻，今非昔比，仔細觀察體會，所變者大抵是服裝道具布景，例如元寶改支票、刀劍換槍彈而已，用抵抗刀劍的辦法抵抗子彈當然不行，但是，何等人為何等事在何等情況下流血拚命，卻是古今如一。

人到了寫回憶錄的時候，大致掌握了人類行為的規律，人生中已沒有祕密也沒有奇蹟，幻想退位，激動消失，看雲仍是雲，「今天的雲抄襲昨天的雲」。

一本回憶錄是一片昨天的雲，使片雲再現，就是這本書的情義所在。

這「最後一本書」不是兩三百頁能夠寫完的，它將若斷若續，飄去飄來。

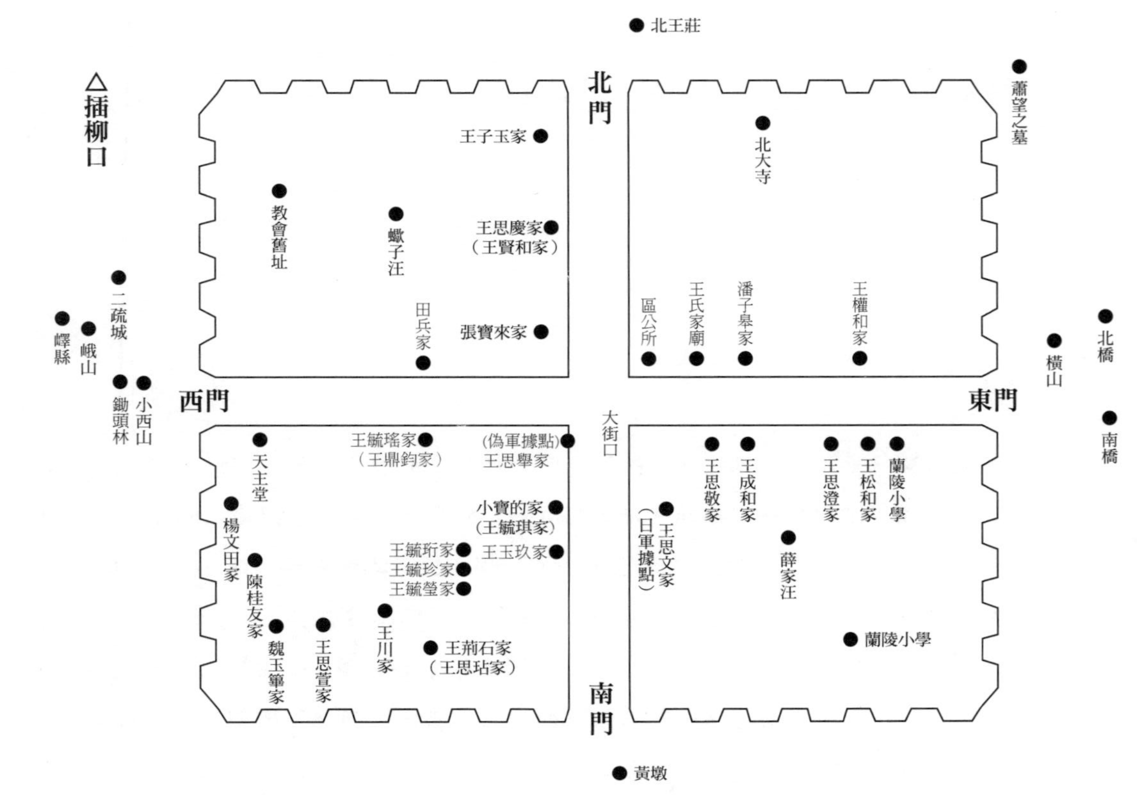
北王莊
插柳口
北門
王子玉家
教會舊址
蠍子汪
王思慶家（王賢和家）
二疏城
嶧縣
峨山
田兵家
張寶來家
北大寺
區公所
王氏家廟
潘子臯家
王權和家
蕭望之墓
北橋
橫山
鋤頭林
小西山
西門
東門
大街口
南橋
天主堂
王毓瑤家（王鼎鈞家）
(偽軍據點)王思舉家
小寶的家（王毓琪家）
楊文田家
王毓珩家
王毓珍家
王毓瑩家
王玉玖家
陳桂友家
魏玉箏家
王思萱家
王川家
王荊石家（王思玷家）
王思文家（日軍據點）
王思敬家
王成和家
王思澄家
王松和家
蘭陵小學
薛家汪
蘭陵小學
南門
黃墩
荀卿墓

本書所述及的蘭陵

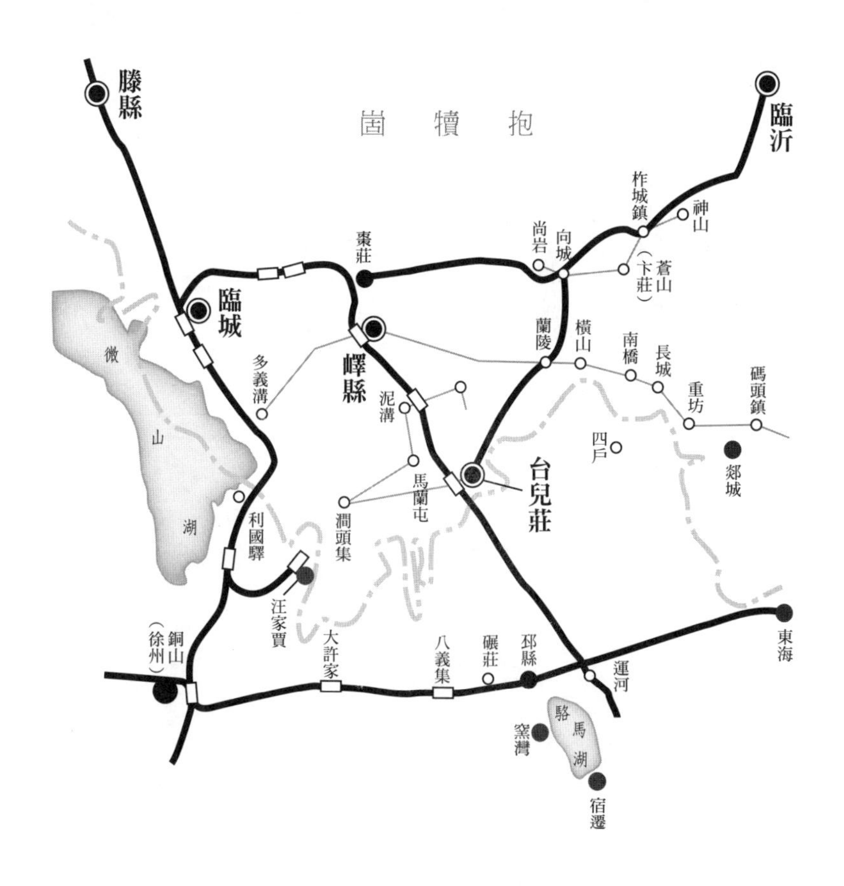

滕縣
臨沂
抱犢崮
臨城
棗莊
嶧縣
尚岩
向城
柞城鎮
神山
蒼山（卞莊）
蘭陵
橫山
南橋
長城
重坊
碼頭鎮
多義溝
泥溝
台兒莊
四戶
郯城
微山湖
利國驛
馬蘭屯
澗頭集
汪家寶
銅山（徐州）
大許家
八義集
碾莊
邳縣
運河
東海
駱馬湖
窯灣
宿遷

蘭陵及附近有關地圖

目錄

第一章　吾鄉

一九四三，對日抗戰第六年，我在離家千里以外的地方讀流亡中學。一天，教本國地理的姚蜀江先生講完最後一課，合上書本，提出一個大家意想不到的問題：

「你們已經讀完本國地理，你們對整個中國已經有清楚的認識。你們最喜歡哪座山哪條河？你們最喜歡哪一省哪一縣？抗戰勝利以後，你們希望在甚麼地方居住？」

當時，我舉手發言，我說我仍然願意住在自己的故鄉。

姚老師問我的故鄉在哪裡，我告訴他，在山東省臨沂縣的蘭陵鎮。

姚老師想了一想，欣然點頭：「你們那個地方的確不錯。」

從地圖上看，山東像一匹駱駝從極西來到極東，卸下背上的太行山，伸長了脖子，痛飲渤海裡的水。然後，它就永遠停在那裡。

這駱駝身上有兩條黑線。一條線由肩到口，幾乎是水平的，那就是膠濟鐵路；一條線由背至膝，越過前身，幾乎是垂直的，那就是津浦鐵路。這兩條鐵路夾住了綿亙三百里的山嶺崗巒，地理書上稱之為三角山地，寫書的人把山東境內的津浦路看成「勾」，把膠濟路看成「股」，把駱駝頷下的海岸線看成「絃」。

三角山地又分好幾個山區，它的西南角叫沂蒙山區。沂河由此發源，向南部平原流去，到山勢已盡，這出山泉水映帶的第一個城市，就是臨沂。

蘭陵是臨沂西南邊境的一個大鎮。蘭陵北望，那些海拔一千多公尺的主峰都沉到地平線下，外圍次要的山峰也只是地平線上稀薄透明的一抹。蘭陵四面都是肥美的平原，東面到海，西面到河南，南面到淮河。清明踏青，或者農閒的日子探望親戚，一路上眺望這麼好的土壤，是一大享受。尤其是春末夏初麥熟的季節，原野放射著神奇的光芒，浴在那光芒裡的人，自以為看見了人間的奇花異卉。唉，必須田裡有莊稼，必須有成熟的莊稼，那大地才是錦繡大地。

蘭陵附近僅有的一座山，名叫橫山。我讀小學的時候，全校師生集體遠足，目的地就是橫山。十一、二歲的孩子征服了那山，可以想見那山是如何小巧玲瓏。在我夢中，那裡並沒有山，太初，諸峰向三角山地集中，路經蘭陵東郊，在相互擁擠中遺落了一座盆景。

蘭陵出過很多名人。查記載中國古代名人年裡的專書，找出漢代三人，晉代一人，前五代廿八人，隋唐十三人。其中卅九個人姓蕭，佔百分之八十七。

歷史上還有一個南蘭陵。南蘭陵是晉室南渡以後在江蘇武進附近所置，稱為「僑置」。東晉僑置了南徐州，南蘭陵，南瑯琊，把北方的地名拿到南方來用，表示不忘故土。南宋也有「僑置」，歐洲移民到了美洲也有「僑置」，用意大致相同。南蘭陵出了十八個名人，清一色姓蕭，其中有南齊的開國皇帝蕭道成，梁朝的皇帝蕭衍。

由蕭家的昌顯，使人想起門第背景的作用，族人互相援引，「向陽花木易逢春」。可是唐代以後，不論南蘭陵、北蘭陵，都不跟名人的名字連在一起了。

依太史公司馬遷創下的體例，中國歷史以名人傳記為龍骨。傳記的格式，第一句是傳主的姓名，第二句就是他的籍貫，例如「蕭望之，東海蘭陵人。」「疏廣，東海蘭陵人。」由於「蘭陵人」一詞在史書中出現的次數很多，以致當年「我是蘭陵人」這樣平常的一句話，被人家賦予特別的意義。祖居蘭陵的光緒戊戌進士王思衍先生，也就刻了一方大印，在中堂或楹聯大件作品中使用，文曰「王思衍東海蘭陵人」，以表示他的自我期許。

現在，蘭陵人有一大意外收穫，那就是《金瓶梅》的作者「蘭陵笑笑生」。《金瓶梅》本來被人視為「低俗」的「淫書」，若干年來身價蒸蒸日上，有人說，它是中國最早也最大的自然主義小說，了不起；又有人說，它的妙諦在文字之外，禪境高深。一部小說經得起批評家用寫實和象徵兩個不同角度鑽研探討，當然不是凡品，蘭陵人的鄉賢祠中，也只有對它的作者虛席以待了。

細數歷代鄉賢，以疏廣對我影響最大。

疏老先生是漢朝人，宣帝時官至太傅。他的姪子疏受也在朝為官，位至少傅。太傅是三公之一，少傅是三孤之一，都是很高的爵位。

疏廣遇上了好皇帝，宦途順利。可是疏老先生對他的姪子說，「知足不辱，知恥不殆」，咱們提前退休吧。

叔姪二人稱病告歸，皇帝賜給他倆許多黃金。二疏回到家鄉，把黃金分給親族故舊賓客。有人問他們為甚麼不留給子孫，疏廣說，子孫「賢而多財，則損其志；愚而多財，則益其過。」一時傳為名言。

蘭陵在歷史上一度轄區甚廣，有過蘭陵郡的時代，有過蘭陵縣的時代，可稱之為大蘭陵。近代的蘭陵是一個鄉鎮，本來屬於臨沂，後來成立了蒼山縣，畫歸蒼山，這是小蘭陵。現在蒼山縣改名為蘭陵縣，蘭陵又大了。

二疏的故居在蘭陵鎮之西，離鎮約二十華里。蕭望之墓在蘭陵鎮北若干里，鄉人訛稱蕭王墓。他們顯然都是大蘭陵人。

在小蘭陵的時代，二疏故居在嶧縣境內，也可以說是嶧縣人。現在嶧縣廢縣為城，屬棗莊市，二疏又可以說是棗莊人了。

《金瓶梅》作者的原籍，可能也是這個樣子？

小時候，我到過二疏的故居。

對日抗戰期間，蘭陵由日軍佔領，我家遷往鄉間居住，有道是「大亂住鄉，小亂住城」。有一段時間住在蘭陵之西。某月某日父親帶我回蘭陵一行，他老人家特地繞個彎兒從二疏故居之旁經過。

二疏是漢代人，他的故居也不知經過後世幾度重修，如今只見空曠之地四圍高牆，造牆用土，在景觀上與鄉野調和，倒不失二疏敦親睦鄰的心意。

鄉人稱此處為二疏城，用「城」來表示對先賢的尊敬。又在當年散金之處築台，以紀念二疏的義行。

我似乎並未看見高台，二疏城的圍牆也殘破了。從牆外看牆內，只見一棵枝葉參天的銀杏，在西風殘照中為古人作證。

父親講述了二疏辭官散金的故事，我大受感動。回到家，我翻查從上海經緯書局郵購來的《中國歷代名人傳》，找出二疏的合傳。這本精裝巨著只是把正史中的傳記挨個兒重排一次，不分段落，沒有標點，和線裝書一模一樣，也許比線裝書多幾個錯字。

我那時讀文言文不求甚解，所幸二疏的傳記並不古奧，篇幅也簡短。我用毛筆寫正楷，把二疏的傳記抄下來，貼在座右，幻想古人的音容笑貌，進退舉止。多年以後，我在外模仿他們的輕財尚義，也曾把他們的事蹟寫成廣播劇本。

荀卿也是蘭陵人嗎？

戰國時，蘭陵屬於楚國，春申君當政，任用趙人荀卿為蘭陵令。春申君死，荀卿辭官，在蘭陵安家落戶，晚年潛心著述，後人輯成《荀子》一書。

《荀子》是一部重要的經典。蘭陵為晚年的荀卿提供了著述的環境，是這個小鎮對中國文化的最大貢獻。蘭陵也沾了這位大儒的光，在戰國之世就光耀史冊，垂名千古。

研究荀子的人說，蘭陵人很愛荀卿，喜歡用「卿」做自己的名字。蘭陵人愛荀卿應該沒有問題，否則荀卿不會把自己的著述自己的子孫都交給蘭陵。至於蘭陵人以卿為名，似乎無跡可尋。

荀卿死後葬在蘭陵，蘭陵鎮東門外約三華里處，有荀子墓，鄉人訛稱舜子卿。

荀墓封土為立方體，平頂，造形安詳謙和，但體積甚大，我小時候爬上去翻過跟斗。後來看資料，這座古墓長三十公尺，寬二十公尺，高六公尺，相當於一座房子。

荀卿的官位不過是蘭陵令，蕭望之是太傅，蕭墓卻不像荀墓那麼出名，也沒有荀墓「好看」。

我幼時也曾從蕭望之墓旁經過，印象中外形是傳統的土饅頭式樣，但高大異常，看上去近似圓錐體。墓不只一座，呈品字形排列，我以為造墓時布置了疑塚，疑塚是為盜墓賊而設，使他不知從何處下手。後來看資料，才知道「餘為諸子葬處」。蕭望之是在政治鬥爭中失敗自殺的，但他的墓仍有富貴驕人之處。

蘭陵似乎沒出過荀學專家，滿眼是孔孟的信徒。我在家塾讀書時曾要求一窺荀子，老師正色曰：「他不是聖人！」

後來，我仍然受了荀子一些影響，那是我四十多歲以後了。

蘭陵人雅俗共賞津津樂道的，是他們釀造的酒。他們說，蘭陵是杜康造酒的地方。

當年李太白「遍干諸侯、歷抵卿相」，行經山東，喝了蘭陵出產的美酒，作了一首七言絕句。詩云：

蘭陵美酒鬱金香
玉碗盛來琥珀光
但使主人能醉客
不知何處是他鄉

在李白的作品裡面，這是很尋常的一首七絕，但是李白不是尋常人物。此詩一出，中國文學馬上增加了幾個典故：蘭陵酒，蘭陵一醉，蘭陵鬱金，蘭陵琥珀。蘭陵也興起了一種工業：釀酒。李太白一句話，蘭陵人發了財。

據說，蘭陵美酒有幾項特點。

第一，據說，酒怕過江，本來是滿滿的一瓶酒，由北岸運到南岸，自然減少三分之一。蘭陵美酒沒有這種損耗。

第二，據說，蘭陵美酒的香氣特別馥郁。在中國，「酒為百藥之長」，酒裡總有一股藥味，蘭陵美酒是少有的例外。飲普通燒酒，入口時香醇可口，回味卻敗壞嗅覺，只有蘭陵美酒，「連酒嗝都不難聞」。

第三，嗜酒足以致病，但是蘭陵父老相信，飲他們釀造的美酒比較安全。明代的汪穎在

《食物本草》中說，「蘭陵酒清香遠達，飲之至醉，不頭痛，不口乾，不作瀉。其水稱之重於其他水，鄰邑造之俱不然」。

對酒，蘭陵人有他主觀的信念。入蘭陵而不喜歡蘭陵釀造的燒酒，那是可以默許的；入蘭陵而褒貶蘭陵美酒，那就超出了容忍的限度，視同極大的惡意。

我想，每個地區的人民都在當地找出幾件事物來寄託他們的集體自尊，基於無傷大雅的原則，你最好接受他們的價值標準。

很久以前，在蘭陵，我就該學會這一點。

可想而知，蘭陵有許多酒坊酒店。清末民初，蘭陵釀造業的全盛時代，十八家字號欣欣向榮，百里內外分支機構處處。

釀酒是工業，有一定的法則和程序。但是，同一個師傅、使用同樣的原料、未必能每次都釀出同樣的酒。就像王羲之寫蘭亭集序，反覆寫了好幾次，只有第一次寫出來的最好。所以，釀酒又是藝術。

有時候，全體工人在酒師傅的指導下，該做的事都做了，最後卻涓滴皆無，或者流出來氣味刺鼻的惡水。這種狀況真是糟糕透頂，店主損失了資本，酒師傅損失了聲譽。既然盡人事不能保證結果，那就加上乞求天命。所以，釀酒又是宗教。

美酒有它獨特的配方，主要的原料是黍。酒要埋在地下一年，等驚蟄聞雷時開窖取出。實際上，在我幼時，「遵古炮製」的美酒已難在酒店裡買到，坦白的說，我從未見過。

一般而論，蘭陵人的運氣不錯。

蘭陵鎮的地勢是一個方形的高台，極適合建屋築城。我在《碎琉璃》中曾借用此一形象。想當初漢族漫行黃河下游覓地求生，先民忽然發現這天造地設的家園，必定欣喜若狂。

由於地勢高，風濕和疥瘡都是稀有的疾病，安葬死者，事後也很少發覺棺材泡在水裡。土匪來了，鄉人居高臨下，防守佔盡優勢。

春秋時，先民在這裡建立了一個小小的「國」。據說，因為蘭陵的水質好，所以能造出好酒。後來，專家告訴他們，要酒好也得土質好，長出來好的莊稼。後來，專家又說，要出好酒還得有好的空氣。蘭陵人看蘭陵，越看好處越多。

北伐前後，土匪以沂蒙山區為根據地，搶遍了魯南的鄉鎮，蘭陵也不例外。但是，到蘭陵來的土匪不殺人，不姦淫婦女，只要財物。這股土匪有自己的哲學，他們相信做土匪等於做生意，將本求利，「本金」就是自己的生命。幹麼要流血？血又不能當錢使用！強姦？何苦來，明天上陣第一個挨槍子兒！

蘭陵當然也有地主，而且有大地主，清算起來，個個俯首認罪。不過「樣板」地主——《白毛女》裡那樣的地主，倒還沒有。

近代的蘭陵很閉塞，很保守。可是放足，剪辮子，寫白話文，蘭陵都有及時開創風氣的大師。南下黃浦抗日，北上延安革命，閉門研讀《資本論》，都有先知先覺。

蘭陵的城牆東西三里，南北五里，寬可馳馬，是我小時候散步的地方。四面城門都有名家題字，東門是「東海鏡清」，北門是「文峰映秀」，南門為「衢通淮徐」，西門是「逵達鄒魯」。雖是小鎮，氣派不小。

范築先做過臨沂縣的縣長，是蘭陵人的父母官。能在這樣一個好官的治理之下為民，也是風水有靈，三生有幸。

范縣長的第一個優點是不要錢。對身為行政首長的人來說，貪為萬惡之源，廉為百善之媒。

他的第二個優點是不怕死，「仁者必有勇」。

那年頭臨沂的土匪多，軍隊紀律也不好，時人稱為「兵害」、「匪患」。向來做縣長的人睜一隻眼閉一隻眼，不敢認真，惟恐兵匪以暴力報復。

范縣長不怕。那時允許民間有自衛槍械，大戶人家甚至長年維持一支小小的民兵。范縣長把這些鄉勇組織起來，施以軍事訓練，又把各村的武力聯絡起來，建立指揮系統，一村有警，各村來救，同時以正規軍隊作後盾，土匪遂不敢輕舉妄動。

兵害比較難除。幸而那時國民政府也知道兵害嚴重，不得不揚湯止沸，下令規定縣長一律兼任軍法官，在某種情況下，軍法官有權判處死刑。范縣長拿起這個尚方寶劍，揮舞叱吒，有效的震懾了兵痞兵氓。

臨沂城內的駐軍，軍官往往告誡士兵：「我饒得了你，只怕范大牙饒不了你。」范縣長的門牙特大，有這麼一個綽號。

范在臨沂的任期是一九三三到三六。後來他調到聊城去升為行政督察專員。不久，對日抗戰發生，日軍進攻聊城。范專員曾在北洋軍中做過旅長，原是一員虎將。他守土不去，激戰中陣亡，吾鄉尊長王言誠先生浴血參與此役，突圍得免。

岳飛曾強調「文官不愛錢，武官不怕死」。范築先先生一身兼具這兩個條件，超過岳武穆所懸的標準。料想成仁之日，精忠岳飛在天堂門口迎接他的靈魂。

范築先為政的另一個特點是「勤」。據說他整天工作，幾乎沒有私生活。

他奉命進行的幾項大政，如土地測量，如嚴禁鴉片，如寓兵於農，都很容易以權謀私，因陋聚斂，但是范縣長貫徹執行，沒有苛擾。

一九三五年夏天，黃河決口，山東水災嚴重，大批難民湧到，范縣長順順當當漂漂亮亮的辦好救災。

當年的地方行政，有人稱之為「紳權政治」，由各地士紳做政府的經紀人，做官的人只要得到士紳的配合就算圓滿成功。

士紳和一般農工商學的利益究竟不能完全一致，因此有些良法美意不免遭士紳封殺。這個缺點，當時的制度無法補救，只有靠「賢臣」走出那分層負責層層節制的官僚體系，以個人魅力、個人意志衝破士紳架構的長城，出入那「天蒼蒼野茫茫」的世界。這樣，「賢臣」必須勤苦耐勞。

范築先先生就是在那樣的時代、那樣的環境，做了那樣的人、那樣的事。

有兩件事，我對范氏留下難以磨滅印象。

我一共只有兩次機會看見他。

第一次，他巡視蘭陵，順便看看我們讀書的小學。我們停課，大掃除，奉命要穿乾淨衣服，洗臉洗到脖子，洗手要剪短指甲。當天在校門內操場上排開隊伍，隊伍臨時經過特別編組，把白白胖胖討人喜歡的孩子擺在前列。

縣長出現，大家一齊拍手，照事先的演練。原以為他要訓話，他沒有，只是從我們面前走過，從排頭走到排尾，仔細看我們。他的個子高，面容瘦，目光凌厲，門牙特別長，手指像練過鷹爪功。然而他並不可怕。他每走幾步就伸出手來摸一個孩子的頭頂，大家都希望被他選中。

他沒有摸我。他的手曾經朝著我伸過來，從我的肩膀上伸過去。他的目標在我左後方。天地良心，那個同學的長相沒有我這麼體面。也許正因為他比我黑，比我憔悴。受他撫摩的，多半不是飽滿嬌嫩的中國洋娃娃，換言之，位置多半在後面一排，以及排尾。

第二次能夠看見他，是因為他要離開臨沂了，去聊城赴任之前，他到臨沂縣的每一區辭別。蘭陵是第八區。

在歡送的場面裡，我們小學生是必不可少的點綴。主體是大街兩旁長長的兩列一望無盡的香案，香案後面站著地方士紳，基層官吏。這些人物背後牆上高掛著紅布條製成的大字標語，感激德政，祝賀新職。標語連接，灰撲撲的蘭陵好像化了妝，容光煥發。那年月，標語是用毛筆一筆一畫寫出來，蘭陵很有幾位寫家，這一次都動員上場，不啻一場大規模的書法展覽。

香案上並不燒香，擺著清水一碗，鏡子一面，豆腐一塊，青蔥幾棵，用以象徵范縣長的「清似水、明似鏡」，「一清二白」。還有清酒兩杯，主人的名片一張，表示餞別。只見縣長在許多人簇擁下一路行來——區長、鎮長、警察局長、小學校長，少不了還有隨從護衛——鞭炮震天，硝煙滿地。這一次他沒有多看我們，一逕來到香案之前。

香案上有兩杯酒。范氏站立桌前，端起右面的一杯——右面是賓位——洒灑於地。就這樣，一桌又一桌。蘭陵本來就滿街酒香，這天更是薰人欲醉。隨員取出范氏的一張名片放在桌上，把主人擺在桌上的名片取回來，放進手中的拜盒。就這樣，鞭炮聲中，范氏一桌挨一桌受禮，臨之以莊，一絲不苟。

范氏的路線是進北門，出西門。西門內外，香案還在不斷增加。四鄉農民，聞風而至，帶著他們剛剛摘下的新鮮果菜。來到蘭陵，才發現需要桌子，需要酒杯，就向臨街的住戶商借。我家共借出方桌兩張，酒杯六只。有些遠道而來的扶老攜幼，闔第光臨。

據說，根據傳統，卸任的官吏必須在鞭炮聲中離去，最忌冷場。所謂辭別，通常是在前面十幾二十桌前行禮如儀，自此以下，俗套概免，以免時間拖延太久。范縣長那天打破慣例，即使是臨時增添的那些桌子，那些沒有鋪桌布、沒有擺名片的桌子，他也平等對待。那天，蘭陵鎮雖然準備了很多鞭炮，還是不夠。這種長串的百子鞭，得到縣城去採購，臨時無法補充。范縣長並不在意，他的誠意絲毫不減。

范氏出外，一向不接受招待，這一次更是在午飯後到在晚飯前離去。等他坐上汽車，已是夕陽西下。他還沒吃晚飯，我也沒有，我們的隊伍這時才解散，所有的香案也在這時開始撤除。那時，我覺得好餓！我想，他也一定餓了。

毫無疑問，這個人也給了我很大的影響。

一九九一年六月十日台北《新生報》副刊發表，劉靜娟女士主編

第二章　吾家

蘭陵王氏自丙沂公傳至十三世思字輩，有思兆先生，就是我的曾祖父。兆公再傳，和字輩，是我的祖父翔和先生。祖父有五子五女，我父親行二，諱毓瑤，是毓字輩。

當年，人事資料要記載曾祖父、祖父和父親的姓名，每個人都要記自己的「三代」，否則就是大笑話，倘若求職，寫不出「三代」的人一定落選。

那時，有一個人出外求職，忘了曾祖父的名字，情勢斷不容許回家查問，就臨時替曾祖父取名「曾傑」，意思是，我的曾祖父是位人傑。管人事的跟他有點交往，好心提醒他：「名字哪有用破音字的？」他急忙在「曾」字旁邊添了個土字旁，成為「增傑」。

他得到這個職位。後來他查出曾祖父的本名，他請管人事的喝酒，要求悄悄的把紀錄更正過來。管人事的想起破音字加土字旁的往事，笑而言曰：「他老人家已經入土為安啦，你也別再輕舉妄動啦！」

這「入土為安」和「輕舉妄動」兩個成語，成了嘲笑他的典故，被他的好朋友沿用了很多年。

我們小時候受過幾項嚴格的訓練，其中一項就是牢牢記住誰是你的三代尊長。

我的伯父毓琪先生，和我的父親是一母所生，老弟兄倆的名諱隱含「琪花瑤草」之意。可是這兩位老人家並未生長在仙境，他們要面對塵世間的一切磨練。

後來祖母去世了，由繼祖母持家。繼祖母生育了四叔毓珩先生，五叔毓珍先生，七叔毓瑩先生。

我記得，伯父是個胖子，走路時呼吸有風箱聲，性情隨和，像一個商人。四叔比伯父稍稍清秀些，平時沉默寡言，但是有自己的原則。五叔那時是一熱血青年，眉宇間有英氣，關心國事，批評社會。七叔瘦小靈活，和他的四位哥哥不同。

傳統的大家庭內部照例有許多矛盾，我家不幸未能例外。傳統的大家庭也都注重觀瞻，不斷修飾自己的形象，我家也力求納入此一規範。

小時候，我主要的玩伴是一隻狸貓。貓愛清潔，但是自己無法洗澡，惟一可用的工具是自己的舌頭。牠拿舌頭當刷子，把身上的每一根毛舐乾淨。多虧牠有個柔軟的身體，能運用各種姿勢、從各個角度清理身體的許多部位。

看牠那樣辛苦，那樣勤奮，使我十分痛惜。不錯，牠的外表是乾淨了，可是所有的汙穢都吞進肚裡。

看到貓，常常使我想起家庭，傳統的大家庭。

貓有能力把肚子裡的汙穢排泄出去，大家庭也有嗎？

貓，如果身上太髒，牠就自暴自棄，任其自然，大家庭也會嗎？

余生也晚，從未見過祖父。我想，他老人家一定是個卓越的商人。具有當時一般商人沒有的世界觀。他開設了一家酒廠、兩家酒店，字號是「德源湧」和「德昌」，除了批發以外，在臨沂和嶧縣縣城都有門市部。歷來談蘭陵美酒的文章，點名舉例，必有「德源湧」的名字，它是蘭陵開業最早規模最大的酒廠，北京設有分銷單位。

一九一五年，祖父帶著自家釀造的蘭陵酒，以蘭陵美酒公司的名義，參加舊金山太平洋萬國博覽會，得到金質獎章和銀質獎章，出國參展之前，一九一四年，蘭陵酒先在山東省第一屆物品展覽會上奪得第一名。這段史實，由王玉久先生從當年出版的《申報》和《中國參加太平洋博覽會紀實》一書中發掘出來，至今猶是中國對外貿易反覆引述的資料。我納悶的是，在玉久先生的文章裡，我祖父的名字是王祥和。但是，我從小受教育，熟讀勤寫祖上三代的名諱，祖父的名字分明是王翔和。

他老人家要伯父管理產銷，伯父正是一個經理型的人物。他要四叔管家，四叔為人小心謹慎，又深得繼祖母信任。他老人家的這些舉措，堪稱知人善任。

可是，他老人家送我父親到濟南去讀法政專門學校，卻是一步失著。在那年代，「法政」的意思是政治經濟，法政專門學校培養的是官場人物。我父親不能做官，尤其不能在軍閥混戰天下未定的時候做官。

等到我能夠認識這個世界，祖父早已去世，生意早已結束，酒廠空餘平地上一棵梧桐，酒店的門面租給人家賣酒。伯父和我父親也早已奉繼祖母之命分出去獨立生活，酒廠的空地的一半，酒店的門面，以及相連的一所四合院，由我們這個小家庭居住使用。

我大約八、九歲的時候，受好奇心驅使，「搜索」了我父親的書房。據說，每一個孩子在成長過程中都做過類似的事。我找到父親的同學錄，一部善本的《荀子》，一部石印的金批《水滸》，一枚圖章。母親告訴我，圖章上刻了四個字：「德源長湧」。每個字的筆畫都長長的向下垂著，有瀑布的趣味。這一方印章，也許是祖父一生事業的僅存的遺跡吧。

也許，這偌大的祖宅，才是祖父的事業的遺跡。

這所住宅，由大街口向南至小街口，由小街口向西至槐樹底，成為一個方塊。我不知道一共有多少平方公尺。這種住宅的結構，是用一個一個四合院連接而成。一個四合院稱為一「進」。估計它大約共有十進，外加一片廠房。

我在緊靠大街的青灰色瓦房中出生、長大。房頂很高，沒有天花板，我躺在床上可以清清楚楚的看見屋頂和屋脊的內部結構，那是一種勻稱的精巧的懸在空中的手工，用三角形的木樑支撐著。自從有了空調機以後，很難再看見這麼高的屋頂了。

老式的建築方法不用水泥，用三合土。三合土是把細砂石灰混入土內調製而成。那時，蘭陵的房子幾乎都是用三合土砌磚為牆，這種磚牆內外兩層單磚，中間再用三合土填滿，每隔五尺處加鋪一條青石板，再在石板上繼續加高。

那年代，小偷這一行裡面有人專在土牆上挖洞出入事主之家。叫「挖窟子」，文言的說法是「穿窬」。我記得當年轟動蘭陵的一大新聞，有人夜半聽見不尋常的聲音，知道「挖窟子」的來了，就抄起菜刀，蹲在牆邊等候，等小偷從洞裡伸手進來，狠狠一刀砍下去。這件事發生在天寒欲雪的冬夜，更使人覺得十分悽慘。

大戶人家用「夾心磚牆」蓋屋，用意在防盜，冬天也防寒保暖。同樣的理由，我出生的房間只向天井開窗，臨街的一面乃是單調的嚴峻的「高壘」。室內的光線很弱，據說最暗處與祖宗在天之靈相通。

據說，所有的嬰兒都應該在這一角黑影裡呱呱墜地。

四合院四面是房，依方位稱為東屋、西屋、南屋。北面的一排房子有個特別的名稱，叫堂屋。堂屋是這一組房子的主房。

堂屋的中間是客廳，兩旁是臥室，稱為「一明兩暗」。客廳正中有門，門左右有窗，門窗正對天井，光線確實是明亮。

這種房子選材施工都很考究，興家立業的人為後世費盡苦心。鳩工建造之初不但要請專家選日期、定方位，還要請全體工人吃酒席，並且特別送工頭一個大紅包。否則，據說，工人有許多「壞招兒」，使你敗家。

據說，有人發了財蓋房子，房子蓋好之後家運開始衰落。這家主人心知有異，重金禮聘一位專家前來察看。

專家勸他拆房子。

一排新蓋的堂屋拆掉了，牆根的基石也挖起來，專家從下面找到一個黑盒子，盒子裡放著三粒骰子。

骰子的點數是么二三。

么二三是最小的點數，擲出么二三的人準是輸家，建築工人把這樣一個邪祟之物埋伏在牆壁下面，咒詛這個新興的家庭。

那專家伸出兩根手指，輕輕的、慢慢的把骰子翻轉過來，么二三不見了，露出來四五六。

四五六是王牌，莊家如果擲出四五六來，立刻通吃。

黑盒子仍然放回去，房子再蓋起來。從此，門迎喜氣，戶納春風，三代康寧，六親和睦，百事順遂。

這故事，也許是建築工人編造出來、用以提高專業地位的吧？蓋房子的人寧可信其有。任何一種神話，一種謊言，只要可能對子孫有利，他們一概接受。

也許，建築工人在我出生的這座房屋下面埋藏了「么二三」吧，我家的境況一年不如一年。

我記得，我家後院，梧桐樹附近，曾經有一個敞棚，棚下有長方形的石槽，槽上拴著兩頭騾子。小時候，大人一再告誡我不可接近騾子，使我留下極其深刻的印象。

騾子最大的功用是駕車。想來那時我家有車，那種木製的鐵輪大車，用薄薄的棉褥和油布圍成車廂。車廂形如轎子，稱為轎車。這種車早已淘汰了，名字卻留下來，歸新式汽車使用。

既有車，想必也有駕車的人吧。我不記得我家有過這樣的人，也不記得我家有過這樣的車。我只記得確實有騾子，傲慢倔強的騾子。

然後，我彷彿記得，騾子不見了，石槽旁邊拴著兩頭黃牛。

為甚麼是牛？我家號稱耕讀傳家，卻不直接種田。回想起來答案可能是，那時候，常有佃農感到勞力不足，要求東家養牛供耕種使用。

記得冬天，我常在寒夜中被父親叫起，他提著草料，我掌著馬燈，冒著雨絲雪片，一同走到後院。父親在昏黃的燈光下，把草料倒進槽內，拿起一根頂端分叉的木棒攪拌。夜很靜，草料在攪拌中互相摩擦，發出沙沙的聲音，頗似我後來在爵士樂中聽到的沙錘。

想必也是應佃戶之請，牛棚旁邊有了堆肥。人畜的糞便不能直接用於施肥，必須混入稻草、爐灰、樹葉、泥土，經過發酵。把堆肥放在我家後院，是防止有人偷竊。

我記得，老牛怎樣用牠的舌、把剛剛生下來的小牛收拾乾淨。我記得，小牛本來俯在地上，四肢無力，忽然一陣風吹過，小牛拉長了脖子，頭往前一伸，就站了起來。

我還記得，那天，母牛除去韁繩，離開石槽，在後院裡陪伴小牛，算是牠的產假。

後來，不知怎麼，牛已不見了，只剩下一頭驢子。

家鄉的主食叫「煎餅」，鄉音近似「肩明」。煎餅是用石磨把小麥黃豆磨成稠糊，再放在鐵鏊子上烙成，所以推磨是人生大事。我家沒有勞力，必須用驢拉磨，這驢子遂成為我家一顆明星。

我記得那是一頭公驢，俗稱「叫驢」，仰天長嘯是公驢的特長。那驢毛色光澤，身軀高大，頗有桀驁不馴之氣，普通婦人童子來牽曳牠，牠往往置之不理。

驢子喜歡在地上打滾，俗語說驢打滾兒天要下雨，多半靈驗，也許是空氣裡的濕度使牠發癢，牠沒有搔抓的能力，只好躺在地上摩擦。可是，那突然而來的震耳欲聾的吶喊又代表甚麼？抗議嗎？求偶嗎？或者如幽默家所說，「驢子喜自聞其鳴聲」，自我欣賞嗎？

在我的記憶中，我家驢子的鳴聲很驚人，音量極大，音質粗劣，而且抑揚轉折連綿不歇，一口氣很長，有時牠突然在你身旁發聲，使你魂飛魄散，耳鼓麻木。

鄉人常說，世間有三樣聲音最難聽：銼鋸刮鍋黑驢叫。我家的驢正是黑驢。口技專家似乎還沒有人能模仿黑驢的叫聲，那是獨一無二的特別警報，黔驢大叫一聲嚇退了老虎。

大概是我家漸漸容不下這種自命不凡的驢，就換了一頭牡的，鄉人稱牡驢為「草驢」。草驢沉默、柔順，比較配合我家的環境。

抗戰發生，蘭陵一度是兩軍攻守之地，我們全家逃難，驢子跟著我們顛沛流離，忍辱負重。

最後，我離開家鄉的時候，我家已沒有驢子。

我常常回憶、簡直可以說是紀念我家最後一個使女。

我不知道她在我家工作了多久，也不知道她的年紀，只記得她個子矮，豐滿，比我的姐姐胖得多——那時還有姐姐在世——天足，臉上紅是紅，白是白，前額梳著瀏海，後頭紮著大辮子。

那時，衡量中產之家的境況，要看他有沒有「天棚石榴樹，肥狗胖丫頭」。肥狗與胖丫頭並舉，顯然出於極落伍的思想，屢受革命家和婦女運動家的呵斥。但在那時，這兩句話是存在的。在那時，這兩者我家都有——曾經都有。

我和這位使女的關係並不融洽，她有一個任務是照管我，我總是不跟她合作。例如，她催我吃飯，或者想給我加一件衣服，或者從街上叫我回家，總是惹得她不愉快。

在時而清晰時而模糊的記憶中，她幫助我的母親料理家務，由我還在吃奶到我斷奶。為了斷奶，母親在奶頭上塗了黃蓮水。我初嘗苦果時，她還站在旁邊，一臉笑容。

由我穿開襠褲到穿合襠褲。換裝之後，一時不能適應，常常尿濕褲子，由她幫我把濕褲子換下來。

由我可以隨地小便，到我必須在後院的糞堆上撒尿。

由我可以跟女孩子一同遊戲，到我跟她們劃清界線。

由我必須請她替我摘石榴，到我自己可以摘到石榴。

有一天，我看見她坐在客廳的地上哭泣，母親找出幾件首飾給她，她一再把母親的手推開。我不知道發生了甚麼事情。

一個中年婦女，鄉下大嬸的模樣，想把她拉起來，可是不容易。我不知道發生了甚麼事情。

這大嬸是有備而來。她出去了幾分鐘再回來，就有兩個壯男跟進，兩個男子抓住那使女的兩臂，把她硬拖出去，腳不沾地。

她號啕大哭。可是，出了大門，她就停止了掙扎，一切認命。

後來我知道發生了甚麼事，家裡替她安排了她極不滿意的婚姻。

我們那惟一的、最後的使女走後，母親的工作陡然繁重，她自己烙煎餅。

烙煎餅用的「鏊子」，是一塊圓形的鐵版，直徑嘛，我想起飯館裡的小圓桌，也就是供五、六個人圍坐的那種桌面。

鏊子的中央微微隆起，略似龜背。下面有三條短腿，撐住地面。烙煎餅的人席地而坐，把柴草徐徐推進鏊子底下燃燒，使這塊鐵板產生高溫。烙煎餅的人左手舀一勺糧食磨成的糊，放在鐵板中央，右手拿一根薄薄的木片，把「糊」攤開，布滿，看準火候迅速揭起。

煎餅就是這樣一張又一張的東西。

剛剛從鏊子上揭下來的煎餅，其薄如紙，其脆如酥，香甜滿口，可說是一道美味，蒲松齡為此作了一篇〈煎餅賦〉。

如果在煎餅將熟未熟之際打上一個雞蛋，蛋裡拌入切碎的蔥花辣椒，那就應了山東人的一句話：「辣椒煎雞蛋，辣死不投降。」

還有簡便的辦法：在煎餅裡捲一根大蔥。山東大蔥晶瑩如玉，爽脆如梨，章回小說形容女孩子「出落得像水蔥兒似的」，這棵蔥必須是山東大蔥！

有個笑話，挖苦山東人的，說是兩個山東人在吵架，你不必勸，你只要在地上丟幾棵蔥，他們就不吵了，為甚麼？他們搶大蔥去了！

烙煎餅是在高溫中工作，滿身大汗，滿臉通紅，頭髮貼在臉上脖子上如斧劈皸，汗水滴在鏊子上吱吱拉拉響。鄉人說，天下有四熱；鐵匠爐、鏊子窩、耪豆壠子拉秫棵。其中鏊子窩就是烙煎餅的地方。

年年夏天有人在鏊子窩昏倒。

可憐復可恨，每逢母親烙煎餅的時候，也就是我興高采烈的時候，我能吃到我最愛吃的東西。

吃飽了，我就吹我用蔥葉做成的哨子。

我家曾遭土匪洗劫，不但財物一空，還籌措了一筆錢贖肉票。那時我尚在襁褓之中，全不記得。

有一年大旱，我記得全家不能洗臉，飲水從多少里外的河裡運來。田裡的莊稼全枯死了，大家以收屍的心情去收拾殘餘。陽光實在毒辣，每一個人的動作都急急忙忙像逃難。

求雨的場面驚人，幾百壯男赤身露體在鑼鼓聲中跳商羊舞，受烈日燒烤，前胸紅腫，後背的皮膚乾裂，嘴唇變形，喝水張不開口。

然後是蝗災。頭頂上蝗陣成幕，日影暗淡，好像遇蝕的日子。不久，蝗蟲把天空交還給我們，卻沿著屋頂的瓦溝水一般流瀉而下，佔領了院子，還有街道，還有田野。

蝗蟲是害蟲，炒蝗蟲卻令人饞涎欲滴。平時想炒一盤蝗蟲，要到野外去奔波半日，手足並用，勞形傷神。現在只要朝院子裡抓一把。每一隻蝗蟲都很肥，而且雌蟲正待產卵，是廚師眼中的上品。

幾盤炒蝗蟲的代價極大，田裡的莊稼被牠吃光了。

還有一次火災。有一天，不知為甚麼，四合院的南屋突然起火。那是學屋，父親請了老師在屋中設塾，教我讀書。

主要的學生是我，二姐。照慣例，親鄰的孩子可以加入，免費。學生一度增加到六、七人。

開學儀式卻只通知我一個人出席。我記得很清楚，早晨，客廳裡的光線還黯淡。迎門正中牆壁上貼一張紅紙條子，端端正正寫著「至聖先師之神位」。老師站在左邊，我父親站在右邊，兼任司儀。我對著神位磕了頭。本來還該給老師磕頭，老師堅辭，說是已經拜過師了。然後到南屋上課。這位老師的名字我忘了，只記得留著八字鬍，不凶。

好像沒多久，南屋就起了火。四鄰八舍都來救火，可是最近的水源是五百公尺外的護城河，救火的人沿街排列，用水桶挑水提水接力傳送，快步如飛。

那天我真正感受到甚麼是「杯水車薪」。功夫不大，南屋燒光了，火勢自然停止。大家都說幸虧當天沒有風。

災後第一件事是在院子裡擺了好幾桌席，請參加救火的人來一醉，幸好沒有人「焦頭爛額」。南屋沒能再蓋起來，索性四面牆拆掉三面，改成院牆。

我改到別家的學屋裡去念「人之初」。

就在這樣的環境裡，我的大姐二姐相繼去世。

蘭陵這個小地方，偶然有陌生人闖進來，定要引起觀眾議論。即使來了個從未見過的乞丐，也是新聞。

這天，大家看見兩個穿中山裝的人。沒人認識他們，他們倒是不客氣，拿大刷子蘸石灰水，在我家對門圍牆上刷字。寫的是：反對共產共妻。藝術體，有稜有角，整整齊齊。

我家臨街的門面租給人家開酒店了，那地方閒人多，口舌不少。口舌出口才，口才也生口舌。

有個人，議論風生出了名，他年紀大，輩分長，論人論事有特殊角度，語驚四座，是吾鄉吾族滑稽列傳中人物。但保守派人物認為他口德不修，稱之為「壞爺」。小酒館裡他常來，不為喝酒，為了找聽眾。

「壞爺，這共產，我們聽說過了，可是共妻是怎麼一回事？」

壞爺一向問一答十。「這共產黨，想盡了辦法跟有錢的人作對。你不是有錢嗎，把你關在黑屋子裡，餓上三天，給你一根打狗棒，自己討飯去。」

「可是共妻？」

壞爺一眼看見我。「小孩子不能聽，回家去！」

不聽怎麼可能，我躲到店外去偷聽。

只聽見壞爺滔滔不絕。「共產共妻，妻子兒女都是產，他要共，你敢怎麼樣？」

「天下哪有這種事！我偏不信！」說這話的人是胡三。

「不信？你自己到江西去看看！」

「沒王法了？」

「他們有他們的王法。」

「那倒好，」胡三話鋒一轉。「反正我胡三沒老婆。」

男掌櫃的說：「胡三，你喝醉了。」

胡三的確喝了不少。「共妻就共妻，你決你的定，我通你的過！」

「胡三，你給我趕快回家，今天不要你的酒錢。」男掌櫃的下了逐客令。

良久。沒料到下面還有精采可聽的。

「這些穿中山裝的人真糊塗，甚麼不好寫？何必寫共妻？」

「胡三今夜一定睡不著。」

「何止一個胡三？你有黃臉婆，難道不想趁機會換一個？」

就在這樣的時代、這樣的環境，我的弟弟和妹妹次第出生。

我對妹妹最早的記憶是，替她摘石榴。

我家有兩棵樹，一棵是石榴，還有一棵也是石榴——我寫在作文簿裡的句子。老師眉批：很好，可惜並非自出心裁。

兩棵石榴，並排長在堂屋門側窗下。不知何故，樹姿像叢生的灌木，開花的時候，紅蓬蓬兩團落霞。總是樹頂的石榴先熟，一熟了就裂開，展示那一掬晶瑩的紅寶石，光芒四射。那高度，我也得站在板凳上才搆得著。可是我的上身向前突出太多，板凳歪倒，我撲在樹上，四肢懸空，一時魂飛天外，連喊叫都沒了聲音。

幸虧那是一叢「灌木」，它撐住我的身體，我抱住零亂的樹枝，下身懸在空中。就這樣，我像抱住木板的溺者那樣煎熬著，直到有人來救援。而妹妹安靜的等待，並不知道發生了變故。

嶧縣石榴天下馳名。蘭陵距嶧縣縣城五十華里，一度屬嶧縣管轄，蘭陵石榴就是嶧縣石榴。我家這兩棵屬於紅皮石榴，結成的石榴大如飯碗，粒子肥大，甜美多汁，親友鄰舍哪個不想嘗鮮？每年這石榴的分配，是母親的一大難題。

彷彿記得，母親的肚子越來越大，簡直不能出門。

我問肚子怎麼了，她說，生病。

我絕未料到那「症狀」和弟弟有關。我對弟弟最早的記憶是，有一天，我忽然奉命到別人家中去玩一天。我去了，到底是誰家，已經忘記，只記得也是四合院，客廳裡空無一人。在這個家庭裡吃了午飯，又吃了晚飯，閒得無聊，可是他們不讓我走出客廳一步。

晚上，有人來接我回家，在天井裡聽見內室有嬰兒的哭聲。

「誰哭？」我問。

「你的兄弟。」

「我哪來的兄弟？」

那人向上指了一指。「從天上掉下來的。」

我仰面看天，又驚又疑。從那麼高的地方掉下來，怎麼得了！那麼高，又怎麼上去的呢？

我家最後一個小高潮，是有一位縣長登門造訪。

我不清楚他到底是臨沂的縣長、還是嶧縣的縣長。他是濟南法政專門學堂畢業的，上任以後，想起這裡有他一位老同學。

那年代，家鄉還沒講究「童權」，貴賓臨門，孩子一律趕上大街。那縣長也沒問：「你的孩子呢，叫過來我看看！」所以我對他的印象模糊。

有時我會這麼想：他失去了一個機會，這機會可以使一個相當敏感的孩子記得他的聲色笑貌，進而注意他的嘉言懿行，在五十幾年以後為他「樹碑立傳」。

那天父親請廚子來做菜，宴開三桌，一桌擺在客廳裡，招待縣長，兩桌擺在天井裡，招待縣長的隨從。

滿天井太太小孩「偷看」縣長，我也混在裡面。只聽見有人低聲驚歎：「縣長吃饅頭是揭了皮兒的！」

縣長拿起饅頭揭皮的時候，同席的人也連忙效法追隨，每人面前降起一個白色的小丘。

縣長是戴著黑手套進來的，飯後，又馬上把手套戴好。回想起來準是義大利上等皮貨，又軟又薄，緊緊貼在皮膚上，與手合而為一。院子裡，遲到的觀眾低聲問早來一步的：「他又不做粗活，為甚麼手這樣黑？」

以後個把月，我出門玩耍，走到大街口，準有人買包子給我吃。大街口就有賣包子的固定攤位。

那時候，父老有個習慣，到大街口去，找個蔭涼蹲著，看人來人往，互相交換新聞。那時候，孩子們受到嚴格的教導，在外面接受了人家的吃食或玩具，馬上回家報告父母。父親不許我到大街口玩耍。

個把月後，沒人再請我吃包子了，因為，有許多人來央求父親到縣長那裡說情，父親一概拒絕。

現在由黑色的手套說到黑色的燕子。

我家的客廳，地上鋪著方磚，方磚上一張八仙桌，兩把太師椅。八仙桌和後牆之間，是又窄又長的「條几」。八仙桌上擺茶壺茶杯，條几上擺文房四寶，花瓶，以及把成軸的字畫插在裡面存放的瓷筒子。

瓷器至少是道光年間的製品，桌椅準是紫檀木做的。紫檀很黑，微微泛著紫色，威嚴深沉，能配合大家庭的環境氣氛。紫檀的顏色天然生成，從木材內部滲出來，這正是玉石之所謂「潤」，中國士大夫最喜歡這種自內而外的色澤，認為它象徵有內在修養的君子。

那時，家家都是這個樣子。

由條几垂直向上，緊貼著屋頂的內部，有一個燕巢。燕子利用屋頂的斜度，把春泥塑在縱橫的椽間，春來秋去，在裡面傳宗接代。

總有需要關門加鎖的時候。所以，客廳的門框上面，門楣下面，預留一條五寸寬的空縫，供燕子出入，稱為「燕路」。每年春天第一件大事就是清理燕路，把防風避寒的材料取出來，不敢慢待來尋舊壘的遠客。人人相信燕子有某種靈性，專找交好運有福氣的人家託身，所謂「舊時王謝堂前燕，飛入尋常百姓家」，就是說燕子捨棄了衰敗，尋求新的機運。因此，倘若誰家的燕子一去不回，可要引人費盡議論猜測了。

那時，家家都是這個樣子。

我家的燕子一直和我們同甘共苦。可是有一天，突然啪嗒一聲，燕巢掉下來一半，碎屑四濺，剛剛孵出來的雛，還未能完全離開蛋殼，光著身子張著嫩紅的大嘴，在八仙桌上哭起來。牠們的父母滿屋亂飛，像沒頭的蝙蝠。

母親立刻給雛燕布置了一個臨時的窩，放在條几上。老燕多次冒險低飛，在雛燕面前盤旋，不論牠們的孩子怎樣掙扎號叫，牠們始終沒敢在條几上停下來。

父親找人把燕巢補好，把雛燕送回巢內，可是牠們的父母再沒有回來。巢，一旦有了人的指紋，燕子立刻棄之不顧。

第二年，我們也有了覆巢之痛。

第三章　我讀小學的時候

我進小學似乎是從中間插班讀起的。

插班要經過學力測驗，那時測驗學力不考算術只考國文，多半是寫一篇自傳，視文字表達能力為國文程度之最後總和。

我考插班連自傳也免了，只是由校長王者詩先生口試了一下。那時抗日的情緒高漲，學生天天唱吳佩孚的〈滿江紅〉，歌詞第一句是「北望滿洲」。校長隨機命題，問「北望滿洲」是甚麼意思。

那時我也會唱這首歌，但從未見過歌詞，只能照自己的領會回答。我說：「很悲痛的看一看東北三省。」

校長很驚訝的望了我一眼，告訴我沒答對，可是插班批准，我沒有再被問第二個問題。

我糊裡糊塗過了關，心裡一直納悶。後來知道，校長認為我錯得很有道理。

那時為求歌聲雄壯，〈滿江紅〉用齊步走的唱法，第一個字佔一拍，激昂高亢，這個字應該很有感情，使音義相得益彰。我聽音辨字，不選「北」而選「悲」，校長認為我在語文和聲韻方面有些慧根。

好險，校長如果多問幾個問題，一定發現我的根器極淺。吳佩孚的這首得意之作被我們唱得鏗鏘有聲，我們並不明白他到底說些甚麼。

入學後看到歌詞。「北望滿洲，渤海中風潮大作」，這兩句聽得懂。「想當年吉江遼瀋人民安樂」，吉江遼瀋？聽不清楚。「長白山前設藩籬，黑龍江畔列城郭」，這兩句勉強可以聽懂。「到而今外族任縱橫，風塵惡。」聽不懂。「甲午役，土地削」，可以懂。「甲辰役，主權奪」，不大懂。「歎江山如故夷族錯落」，不懂。「何日奉命提銳旅，一戰恢復舊山河。」這兩句很響亮，深入人心。

最後還有兩句：「卻歸來永作蓬山游，念彌陀。」山東半島上有座蓬萊山，山上有廟，可以出家，我們懂。可是一想到吳大帥突然變成和尚，忍不住有滑稽之感。加以「念彌陀」的「陀」字人人唱成輕聲，在舌尖上打滾兒，增加了我們的輕佻，露出揶揄的笑容。

這最後兩句，我們能看懂字面，不懂它的境界。如果這首〈滿江紅〉在前面喚起了人們的慷慨悲壯之情，到最後恐怕也抵銷了。

吳大帥虎符在握的時候，曾把他的這首詞分發全軍晨昏教唱。那時的士兵多半不識字，問長問短，官長解釋：大帥說，他要打鬼子。

打鬼子，好啊，可是念彌陀做甚麼？

大帥說，打倒了東洋鬼子，他上山出家。

士兵愕然了，他們說，大帥打倒了鬼子，應該做總理、做總統，我們以後也好混些，他怎麼撇下咱們去當和尚？他當和尚，咱們當甚麼？

大帥是想用〈滿江紅〉提高士氣的吧，他知道後果嗎？

我想，那做大官的全不知道後果，又把這首私人的言志之作推廣到全國。

也幸虧有這首歌，我才記得我是怎麼入學的。

有些事真的記不清楚了，我入小學，又好像是從一年級讀起的。

我確實讀過「大狗叫，小貓跳」。貓字筆畫多，想寫得好，比養一隻貓還難。

這開學第一課的課文，被那些飽讀詩書的老先生抽作樣品，反覆攻擊，責怪學校不教聖人之言，淨學禽獸說話。我印象深刻，沒有忘記。

上「習字」課時，我也曾反覆摹寫：

上大人
孔乙己
化三千
七十氏

一直不明白這幾句話是甚麼意思。後來潘子皋老師給了我一個解釋：

至高至大的人物，
只有孔夫子一人，
他教化了三千弟子，
其中有七十二個賢人。

這也是我永遠、永遠不會忘記的事。

音樂老師教唱〈葡萄仙子〉的時候我也在場，一面唱，一面高低俯仰做些溫柔的姿勢，不化妝，並不知道在反串小女孩。

還有一項鐵證說來不甚雅馴，我在放學回家途中尿濕了褲子。那時我還不很習慣連襠的密封式的褲子，沿途又絕對沒有公共廁所。回到家中，母親一面替我擦洗，一面給我如下的訓練：

一、出門之前，先上廁所。

二、小孩子，尿急了，可以在沒蓋房子的空地上小便。

這些記憶，跟插班口試是衝突的，看來這中間有許多脫漏。脫漏的部分可能很重要，可能很有趣，也可能很蒼茫或者很蒼白。

我已永遠不會知道那到底是甚麼。

一個人不可能完全洞察他自己的歷史，每個人都依靠別人做他的史官，那人一定是他最親近的人，也是最關心他的人。慈母賢妻良師益友，也不過都是盡責稱職的史官罷了。人生得一史官，可以無恨。

小時候，望著天上的白雲，只幻想自己的未來，不「考證」自己的過去。

小時候，在老師命題下作文，寫過多少次「我的志願」，從未寫過「七歲以前的我」。

就這樣，飛奔而前，把歷史，把史官，都拋在身後腦後，無暇兼顧了。

故鄉的小學歷經「三代」：私立的時代，區立的時代，到我入學讀書的時候，是縣立的時代。

私立小學在一九一九年就成立了，那是民國八年，五四運動發生之年。十幾年後，我入學的時候，到處有人還在說「進了洋學堂，忘了爹和娘」，反對新式教育，回頭想想，一九一九年興學也就很難得，很及時了。

在小城小鎮辦學，校址本來是個難題，可是天從人願，故鄉有三座廟連在一起，一座叫三皇廟，一座叫插花娘娘廟，還有一座聖廟，也就是孔廟。廟不但有房屋可以做教室，有空地可以做操場，還有廟產可以做經費。

於是，跟我曾祖父同輩的王思玷先生，跟我父親同輩的王毓琳先生，自告奮勇拆除神像。他們沒好意思動孔夫子，讓他還是溫良恭儉讓站在原處，對配享的顏曾思孟可就一點也沒客氣。孔像雖在，大殿的空間足可以做學生集會的大禮堂。

到我做學生的時候，鄉人還是很迷信。例如說，火車經過的時候，人必須遠離鐵軌，以防被火車攝走靈魂。例如說，中國人不可看西醫，因為西方人的內臟構造與中國人不同，其醫理醫藥對中國人無用。例如說，照相耗人氣血精神，只能偶一為之，常常照相的人速死。

我做學生的時候，鎮上架設了電話線。電話為甚麼能和遠方的人對談呢？鄉人說，你看，每棵電線桿上端都有一個小瓷壺，電線繞著壺頸架起來，每個小瓷壺裡有一個小紙人，電話是由這些小紙人一個一個傳去，傳回來。所以，千萬不要得罪外國人，外國人會把你的靈魂變成小紙人，囚在瓷壺裡，一生一世做傳話的奴隸。

回想起來，在我出生以前，那些長輩們決定拆廟興學，確有過人的膽識。據說他們動手拆除神像的時候，消息轟動而場面冷清，沒有誰敢看熱鬧，惟恐看著看著天神下凡殺人來了。神像拆除之後，多少人等著看後果，而廟中風和日麗，絃歌不輟……

私立學校的教師，有璞公（王思璞，字荊石）、玷公（王思玷，璞公之弟），還有跟我祖父同輩的松爺（王松和，字伯孚）。這幾位長輩都在外面受過高等教育，眼見政治腐敗，做公務員只有同流合汙，決定回桑梓教育子弟，為國家社會植根奠基。他們都是有錢的地主，不但教學完全盡義務，還要為小學奔走籌款。

到我開始讀書的時候，大學畢業生仍然很金貴，名字記載在地方志上，一官半職有得混。在我出生以前，這些受完高等教育的人能不慕紛華，獻身自己的理想，回頭想一想，大仁大勇也許就是如此了。

我入學以後，孔像還立在那裡幫助學校教化我們，學生犯了過失，要面對孔像罰站。

可是，不久，縣政府來了命令，孔像必須拆除。執行命令的是王者詩校長，他借來耕牛和繩索。牛只當是耕田拉車，向前一用力，嘩喇喇神像倒坍。我記得，孔子的臉破成好幾片，還在地上一副溫良恭儉讓的樣子。

小學裡的學生百分之八十以上姓王，好像是王氏子弟學校。同學彼此之間以「宗人」之道相處，例如，選班長要選個輩分高的，由輩分高的管那輩分低的。

瞰族班輩尊卑按「紹、庸、思、和、毓、才、葆、善」排列，那時紹字輩俱已作古，庸字輩碩果僅存，思字輩和字輩是棟樑精英，我是才字輩，輩分很低，平常受那些叔叔爺爺們指揮，不在話下。

這時發生了一件事。

早期畢業的學長裡面有一位靳先生，家境清寒，與寡母相依為命。他們破家之後，前來投靠親友。

這位姓靳的學長天資優秀，刻苦自勤，以極高的分數畢業，順利考入師範。我讀高小一年級的時候，他在師範學校畢業了。

當年，在我們那個小地方，這是一件大事，家長和老師一再引述稱道，勉勵我們上進。

可是，當這位姓靳的學長申請回母校教書的時候，學校卻不願意接納。由這件事可以看出那幾位少爺同學的影響力。

當靳先生申請回校的消息傳來，班上的幾位叔叔對我們下達了指示。靳某既不姓王，又不是本地人，他是外鄉來的難民，在我們眼裡沒有地位，這人怎麼可以來做我們的老師？尊卑之分怎麼可以顛倒？結論是，大家一致反對。

理由本來不能成立，可是校長宋理堂先生是個有行政經驗的人，他認為那幾個「驕子」的意見多多少少反映了他們家長的心態，「為政不得罪巨室」，他不願接受這位高材生的回饋。

小學自改為縣立，三任校長都是外來的，外來的校長對本地本族的人很尊重。記得有一次，我犯了校規，照例該打屁股，那時，校長是王者詩先生，他對訓導處說，最好請姓王的老師執行。王者詩，字輶軒，和我們同姓，沒有宗親關係。王者詩，這個名字真好，後來讀《詩經》，知道典出〈大雅〉。這麼好的名字，竟沒見有人和他同名。他一張紅臉膛，一身結實的肌肉，嗓音宏亮，是個行動型的人，也有心思周密處。幾經斟酌，孫立晨老師接受了委託。孫是我的表叔，物望甚隆，與潘西池、魏藩三並稱蘭陵三傑，被認為是適當人選。他朝我屁股上打了一棍子，我就叫起來，他也收手不打了。

主持靳案的宋校長是車輞鎮人，他也是大戶人家，宋王楊趙是魯南的四大家族。宋校長白淨文雅，說話細聲細氣，另是一種風格。他認為王家的問題仍由王家的人解決，找璞公荊石老師商量。

荊石老師輩分高，學問好，創校有功，人人尊為大老師，是本族的聖賢。自學校改為縣立，他老人家除了上課不多說話，若是備諮詢、做顧問，就像孔子那樣「小叩之則小鳴，大叩之則大鳴，不叩則不鳴。」他對校長說：本校的學生，學成回母校服務，學的又是師範，有甚麼理由不用他？

校長估量荊石老師壓得住，就把靳請進來，先安置在教務處辦公，叔叔們的指示又下來了：只能給他叫靳先生，不准給他叫靳老師。

回想起來，那時候，敝族的精英份子已經僵化了，他們看不清時勢，也不了解自身的處境。一年以後，發生了驚天動地的對日戰爭，八年以後，掀起了天翻地覆的無產階級革命，靳先生蛟龍得雨，騰雲而上，所謂喬木世家卻在驚濤駭浪中浮沉以沒，無緣渡到彼岸了。

受害最大的是一位蘇老師，提起這件事來我有無限歉疚。

蘇老師的長相與眾不同。他方面大耳，下巴比一般人寬些，稍稍超前，是所謂蛤蟆嘴。

他的前額有一條直立的皺紋，形如三角釘，據說相書上稱之為「殺子劍」。但他的臉自有一種吸引力，使人覺得親切和藹。

回想起來，他那時大概二十幾歲，來教我們國文，也許是他踏入社會的第一步吧，他對教學真是可以用熱情洋溢、無微不至來形容呢。也許就因為如此，他才一碰到挫折就受了重傷吧。

教國文的老師喜歡作文好的學生，那是當然的。於是，我們幾個多得密圈的孩子，得到他特別關注。時間久了，那在班上目空一切的少爺們覺得自己受到冷落，沒有面子，那似乎也是當然的。再加上我，常常提出問題向老師請益，在國文課堂上不時有老師放下書本和我對談的場面，足以增加某些人對國文課的反感，這恐怕也是當然的吧。

有一次，那是對我最重要的一次，蘇老師講文章作法，他說，同樣一件東西，同樣一片風景，張三看見了產生一種感情，李四看見了產生另一種感情。他舉的例子是，同樣是風，「吹面不寒楊柳風」是一種感情，「秋風秋雨愁煞人」是另一種感情。

我對這兩個例證起了疑慮。我說，春風和秋風不是一樣的風，是兩種不同的風，人對春風的感覺和對秋風當然不同。蘇老師一聽，微笑點頭，他說：「我們另外找例子。我們不要一句春風一句秋風，要兩句都是春風，或者兩句都是秋風。」

下課時，他把我叫到辦公室，拿出一本書來交給我，封面上兩個大字：「文心」。這是葉紹鈞和夏丏尊兩位先生專為中學生寫的書，我一口氣讀完它，蘇老師舉的例子，是從這本書中取材。雖然書中偶爾有不甚精密的地方，但我非常喜歡它，它給我的影響極大，大到我也希望能寫這樣的書，大到我暗想我也將來做個夏丏尊吧。

蓄積已久的暗潮終於澎湃了。國文考卷發下來，有人拍著桌子大喊不公平，另外一些人揮手頓足，隨聲附和，儼然雛形的學潮。教務處勸蘇老師休息一兩天，不要上課，蘇老師馬上辭職了。我真難過。我非常非常難過。

蘇老師離校前找我單獨談話，很安靜的問我究竟是哪幾個人領著頭兒鬧，我只是哭。我也不知道究竟為甚麼沒有回答他。若說是怕事，我那時沒有那麼賴，若說希望他學呂蒙正、不要知道仇人的名字，我那時也沒有那番見識。我只是在心裡反覆默念：「蘇老師，我要報答你。」

他很失望。也許我應該把心裡的那句話說出來，沉默是金，然而並非任何場合都可以使用金子。

幾個月後，我忽然遇見他，他不教書了，改行經商。那麼熱愛教學的一個人，居然放棄了他的志業，可見那件事讓他太傷心了。我曾經是他最愛的學生，可是他那天沒理我，一張臉冷冷淡淡。

我更說不出話來了，可是在我心底，我不住的默念，蘇老師，我一定報答你！

在這苦悶的日子裡，五姑忽然插班進來。那年，五姑也許有十七八歲了吧，大大超過了讀小學的年齡。她以少女的燦爛吸引了所有的視線，確乎是鶴立雞群。

繼祖母持家有方，但也做過幾件令人不解的事。她老人家最喜歡五叔，五叔早年喪偶，離家投入黃埔軍校，留下兒子驥才由祖母撫育，驥才也是她最疼愛的孫子，可是她老人家不讓驥才進學校讀書。

在五位姑姑中間，繼祖母最愛五姑。在那「女子無才便是德」的環境裡，五姑固然不曾讀書升學，在那「女大不中留」的時代，五姑也遲遲不曾訂親，繼祖母拒絕了所有的媒妁。

五姑忽然加入了女學生的行列，在當時當地是一大新聞。

回想起來，五姑不但漂亮，也活潑開朗，心直口快。每當我受人歧視的時候，她坐在最後一排，總看得見。她會大聲叫著那人的名字說：「王××，不要當著我的面欺負人，我不高興。」

姐姐訓斥弟弟，弟弟不應該反抗，而且，他們也還不知道怎麼跟一個身材和口才都超過自己的女生吵架。這些人的行為慢慢收斂了些。

五姑在音樂和體育方面有天賦。那時，學校裡只有簡譜和風琴，人聲就特別重要。她的年齡，足以把人聲的優美完全發揮出來，有些歌曲是她唱成名曲的——我是說在我家那個小地方。

這裡有一首歌，我不會忘記：

春深如海　春山如黛
春水綠如苔
白雲快飛開
讓那紅球現出來，
變成一個光明的美麗的世界
風小心一點吹
不要把花吹壞
現在桃花正開　李花也正開
園裡園外萬紫千紅一齊開

桃花紅　紅豔豔
李花白　白皚皚
誰也不能採
蜂飛來　蝶飛來將花兒採
常常惹動詩人愛

如今寫下來才發現歌詞很長，當年從不覺得。五姑唱這支歌的時候，正值她生命中的春天，歌聲中有她的自畫像，凡是經過教室門外的人都駐足傾聽。那年代，女孩子唱歌有節制，只可在音樂教室裡唱，只要一步走出室外，就得「重新做人」。所以，我猜，五姑的天賦並未得到充分的發揮。

當她主持公道的時候，有人敢怒而不敢言，當她唱歌，所有的人都是臣服的，所有的聲音都是她的附庸，別人的歌聲只有一個用處：把她的音質音色之美襯托出來、彰顯出來。我相信，那是母校的一種絕響。

唉，該死的「女子無才便是德」！

就在我「剝極必復」的時候，學校收到了省府發給的一套「萬有文庫」。文庫由商務印書館出版，王雲五主編，是王氏早年對出版界教育界的重大貢獻。那時有人說，王雲五一生事業是「四」、「百」、「萬」，即四角號碼，百科全書，萬有文庫。

各地小學能有這一套書，是省主席韓復榘接受了教育廳長王壽彭的建議，以公款購置發給。韓復榘不讀書，王壽彭不讀新書，兩人居然有此善舉，也是異數。

我不記得這套書一共多少本。總之，我有生以來從未見過這麼多書。學校為它蓋了一間房子，成立了圖書館，派我在課外管理圖書。為了工作，我可以不上體育和勞作。從此我有了避難所，下課以後，我就離開教室，坐在圖書館裡。那些人從未到圖書館裡來過。

文庫裡面的童話和神話，開了我的眼界。我不記得有小說。文庫也給了我科學和歷史方面的知識。那時，在同儕中我相當博學。

不久，我又多出一件工作來。校長宣布，他要把這座小學當作一個縣來演練實行地方自治。當然，他是奉了上級的指示。

本來，我對這件事沒有興趣，校方公布的規章，我只瞄了一眼，全校學生投票選出一位縣長，我早已忘了他的名字。可是「縣政府」成立，我被委派為第五科科長，主管教育，給我的生命注入了活力。

那時全國文盲很多，政府推行掃盲。學究辦事，先就「文盲」的定義辯論一陣。有人說，只要認識一個字就不算文盲。中國人重視祖先姓氏，沒受過教育的人也認得自家的姓，豈不是國中並無文盲？有人說，只要有一個字不認得，仍是文盲，那麼打開《康熙字典》看看，豈非全國皆盲？何況《康熙字典》也沒把國字收全。

掃盲是教育科的工作。「縣政府」成立了許多識字班，選一些高年級的同學去教人識字，稱為「小先生制」。我每天晚上去巡迴觀察教學的情形，撰寫工作報告。當然，所有的工作由老師在幕後策畫推動。

一個小鎮也有「中央」和「邊陲」嗎，不識字的大都住在靠近城牆的地方，識字班也多半設在那裡。五姑任教的那一班，簡直就在荒野裡。那時沒有路燈，手電筒也很希罕，逢到陰天下雨，一路上確實黑得「伸手不見五指」，五姑熱心勇敢，從不缺課。

開班以後，臨沂城來了一位督學，說是要視察實施的情形。那天晚上校長陪著他出動，由我帶路。識字班的班址很分散，他走了三家，站在五姑教學的地方旁聽了一會兒，就對校長點點頭：「回去吧，下面不必再看了。」

他們回去，我和五姑一同回家。第二天，全校傳遍了督學的話，督學說，他看見一個優秀的小先生，發音準確，儀態大方，精神貫注全場，頂難得的是懂得教學法。有這麼一個人，足為視察報告生色，其餘一筆帶過就可以了。他說的就是五姑。可是五姑說，她那時十分緊張，根本不知道自己說了些甚麼。

「小先生制」給了我信心和愉快，從頭到尾沒受到甚麼干擾，這等事，有「干擾癖」的叔們爺們絕對不插手。回想起來，我這一生在那時就定了型：逃避干擾，只能有個狹小的天地。

那時，日子過得如同在一燈如豆之下做功課，眼底清晰，抬頭四望昏昏沉沉。

雖然歷史老師王印和（心齋）先生痛述近百年國恥紀錄，全班學生因羞憤而伏案痛哭，仍然打不破那一片昏沉。

雖然日本軍閥出兵攻佔了東北三省，〈流亡三部曲〉遍地哀吟，仍然覺得雲裡霧裡。

雖然日本在華北不斷搞小動作，要華北自治，要國軍撤出華北，幾百名大學生臥在鐵軌上要求政府和日本作戰，日子仍然像睡裡夢裡。

印和大爺心廣體胖而個子不高，大臉盤永遠不見怒容，一尊活生生的彌勒佛，可是那天在國文課堂上發了脾氣。

誰也沒料到他會發脾氣，昨天這時候，他還發給每個學生一塊糖呢，上課有糖吃，大家直樂。

他帶糖來有原因，那一課的課文是：

台灣糖，甜津津，
甜在嘴裡痛在心，
甲午一戰清軍敗，
從此台灣歸日本！
……

他由「宰相有權能割地」講到「孤臣無力可回天」，糖不再甜，變酸。「明天考你們，這一課的課文一定要會背，誰背不出來誰挨板子。」他很認真，同學們不當真，誰料第二天他老人家帶著板子來了……

日子仍然像泥裡水裡。

唉，倘若沒有七七事變，沒有全面抗戰，我，我這一代，也許都是小學畢業回家，抱兒子，抱孫子，夏天生瘧疾，秋天生痢疾，讀一個月前的報紙，忍受過境大軍的騷擾，坐在禮拜堂裡原諒他們七十個七次，渾渾噩噩壽終正寢，發一張沒有行狀的訃文，如此這般了吧。

可是，日本帝國到底打過來了。那天校長的臉變紅了，脖子變粗了，他說，對著全校師生握著拳頭說，小日本兒貪得無饜，把台灣拿了去，還嫌不夠，又拿東北；東北拿了去，還嫌不夠，又來拿華北。小日本兒他是要亡咱們的國滅咱們的種！這一回咱們一定跟他拚跟他幹！

全校，全鎮，立即沸騰，到處有人唱「把我們的血肉築起我們新的長城」，到處有人念「地無分南北，年無分老幼，無論何人皆有守土抗戰之責任，皆應抱犧牲一切之決心」。學生昂然從老師用的粉筆盒裡拿起粉筆，來到街上，朝那黑色磚牆上寫下「打倒日本帝國主義」。

戰爭來了，戰爭把一天陰霾驅散了，戰爭把一切悶葫蘆打破了。戰爭，滅九族的戰爭，傾家蕩產的戰爭，竟使我們覺得金風送爽了呢。竟使我們耳聰目明了呢。唱著「把我們的血肉，築起我們新的長城」，由口舌到肺腑是那麼舒服，新郎一樣的舒服。這才發覺，我，我這一代，是如此的嚮往戰爭、崇拜戰爭呢。

雖然我們都是小不點兒，我們個個東張西望，在戰爭中尋找自己的位置。

戰爭給我帶來了好幾個第一。

校長從大城市裡買來一架「飛歌」牌收音機，小小的木盒子，有嘴有眼睛，蠶吃桑葉似的沙沙響，忽然一個清脆的女聲跳出來，喊著「XGOA」。我第一次知道那叫廣播，無線電廣播。

晚上，老師收聽中央台的新聞，記下來，連夜寫好蠟板，印成小型的報紙，第二天早晨派學生挨戶散發，我參加了工作。那是我第一次「做報」。

我還第一次演戲，演《放下你的鞭子》。

還有，我第一次慰勞傷兵。

戰局自北向南發展，韓復榘不守黃河天險，不守沂蒙山區，日軍一下子打到臨沂。傷兵源源南下，從西門外公路上經過。

這天鎮公所得到通知，大隊傷兵取道本鎮，中午在鎮上休息打尖。鎮公所立即動員民眾燒開水、煮稀飯，把學生集合起來，每人發一把蒲扇，等到躺在牛車上、擔架上的傷兵停在街心，用蒲扇給他們趕蒼蠅。

那天烈日當空。那天蒼蠅真多，蒼蠅也有廣播和報紙嗎，怎麼好像是從四鄉八鎮聞風而來？牠們才不管誰是烈士誰是英雄，牠們不問誰已復甦誰在昏迷，只要是血，不管甚麼樣的血，即使是繃帶上曬乾了的血，紫色的硬如鐵片的血。

我們站在擔架旁邊，揮動蒲扇，跟蒼蠅作戰。右手累了換左手，左手累了用雙手。女生閉著眼睛攻擊，不敢看浴血的人。女生的母親來了，跟女兒壯膽。有些母親，包括我的母親，發現僅僅用蒲扇還不夠，端一盆水來跟傷兵洗手擦臉。那手那臉真髒，把半盆水染黑了。那手那臉任你擦，任你洗，原來閉著的眼睛睜開，表示他知道。母親用濕手巾像畫一樣像塑一樣使那張臉的輪廓清清楚楚顯示出來，才發現那是一張孩子的臉。母親流下眼淚，很多母親都流下眼淚。

我們曾經恨兵，我們曾經討厭兵。可是那天，我們覺得兵是如此可愛。我們覺得那樣髒的繃帶，用門板竹竿網繩做成的那樣簡陋的擔架，實在配不上他們的身分。那天我們最恨蒼蠅，可是，頭上空中出現了敵人的偵察機，我們又希望全省全國的蒼蠅都來，組成防空網，把地上的一切蓋住。

那時的防空常識說，你只要原地不動，飛機上的敵人看不見你。蒲扇馬上停下來。那時，流傳基督將軍馮玉祥的名言：天上的烏鴉不是比敵人的飛機更多嗎？烏鴉拉屎可曾掉在你身上？我們一致默誦那首詩：「鐵鳥來，我不怕，烏鴉拉薄屎，我沒攤一下。」

偵察機來了，去了，然後，是我遭受的第一次空襲……

由「七七」日軍在盧溝橋起釁到日本空軍轟炸蘭陵，其間相距半年。這半年沒有上課。我們不上課，我們聽廣播，廣播裡有沙沙的雜音，輕時如蠶食桑葉，重時如雨打芭蕉，但我們只聽見新聞，聽不見雜音。那時新聞中盡是傷亡與撤退，我們非但沒有沮喪的感覺，反而興奮得睡不著覺。不管眼前是勝是敗，中國動手打鬼子了，到底打起來了。

那時，收音機是新奇玩藝兒，每天晚上有許多人堵在辦公室門口見識一番，校長宋理堂先生嚴格規定不准我們動手摸弄，我就坐在辦公桌旁等候老師開機。那時收音機的體積大，有木製的外殼，正面分布著三個鈕，一條標示波長的尺，還有送音的喇叭，它的構圖常常使我想起人臉。開機後，那一聲女高音「南京中央廣播電台ＸＧＯＡ」，使人精神大振，手舞足蹈。廣播真是個神祕的行業，不料十三年後我也成為這一行的從業人員。

稍後，在靳耀南老師主持下，我們分組到四鄉募集銅鐵，供給兵工廠製造子彈。我參加的那一組負責蘭陵北郊的農村，那是我第一次親近北郊的田園人家。我們天天出動，記得曾有一位少爺同行，有一天，他進了村莊把任務交給村長，我們坐在村長家裡喝茶，功夫不大，一陣乒乒乓乓，裝滿了一輛獨輪車。回想起來，這一番舉動的效用乃是在教育和宣傳，藉著募捐深入而普遍的宣揚了「抗戰人人有責」和「抗戰人人有用」。

為「喚起民眾」，學校的老師們演了一天戲，這件事最是轟動四方。學校的大禮堂原是孔廟正殿，殿前有一座高台，寬大平整，想是當年祭孔的地方，而今是現成的舞台。國語文老師田雪峰先生，臨沂城人，長於皮黃，荊石老師和靳耀南老師博通話劇，戲碼不難安排。

演員就地取材，台上台下都有趣事。戲裡有日本兵有漢奸，演漢奸的那個小夥子有天分，第一次上台就引得台下唉聲歎氣罵他壞。他老娘在台下顧不得看戲，人叢中擠來擠去找熟人，找到熟人就再三表明她兒子孝順、誠實、也愛國，是個好人。

大軸是新編的京戲，劇情是日軍侵略，人民流離失所。田雪峰老師演老生，靳耀南老師反串老旦，這兩大主角事先請了說戲的師傅來研究身段，又吊了個把月的嗓子，鄭重其事，演出時感動了許多人。

老旦的戲本已賺人熱淚，結尾時老生又有一段碰板：

難民跪流平　尊一聲列位先生仔細聽　獨只為我們的家鄉遭了兵　逃難來到蘭陵城　可憐我舉目無親腰內空　腹內無食活不成　但願得蘭陵鎮上有救星　發發慈悲　給我煎餅熱湯熱水救救殘生　救人一命勝似念經

演到此處，台下觀眾紛紛掏出銅元來往台上丟撒，（那時買鹽打油還使用「當十」「當二十」的銅元。）全劇遂在主角道謝配角撿錢中落幕。

學校並沒有正式宣布停課，我們仍然天天到校，也看見每一位老師都在學校裡。每個都有做不完的事情。這期間，縣政府的視察來過，走馬觀花，誇獎我們新編的壁報。

後來，老師漸漸減少，他們打游擊去了。

然後，同學也漸漸減少，每個人的心都野了，散了，不能收其放心了。

然後，就是那次擊碎現實的轟炸。

一九九二年二月號台中《明道文藝》月刊發表，陳憲仁先生主編

第四章　荊石老師千古

「天降下民，作之君，作之師」，這句話已經被民主主義者批倒鬥臭了，不過，小時候，我對這話深信不疑。那時候，我以為領導民主運動的人，也屬於「作之君，作之師」一類。人，雖然都是圓顱方趾，都屬靈長類、二手類，怎麼有一種人天生具有令人信服的力量，怎麼有一種人，你和他一見面就覺得他影響了你……

後來懂一點美術，知道線條顏色怎樣左右你的情感，我想，也許是那些人的肌肉骨骼模樣輪廓恰好符合了美術上的某種要求吧。

後來懂一點音響，知道什麼樣的聲音能造成什麼樣的氣氛、產生什麼樣的幻覺，我想，也許是那些人的談吐言笑、音質音色、有某種魅力吧。

為什麼只有生公說法能使頑石點頭呢，那祕密的力量，一定藏在生公的容貌體態聲調裡。

後來又知道，人的內在學養形之於外成為氣質，氣質可以有吸引力親和力。種種如此，這人就不是尋常一人了，他就是造物有私、得天獨厚了。

也許，我只能如此解釋璞公荊石老師對蘭陵人發生的影響。

荊石老師排行居長，人稱「大老師」，他有兩個弟弟，二弟叫王思玷，人稱「二老師」，三弟叫王思瑕，人稱「三老師」。單看名字可以猜出這是一個不同流俗的家庭，依取名的習慣，「思」字下面這個字該是精緻華貴富麗堂皇之物，他們三兄弟不然，一個想的是「璞」，璞，原始石頭也；一個想的是「玷」，玷，玉石上的缺點也；一個想的是「瑕」，瑕，玉石上的斑痕也。

他們想的是真誠的品德和行為上的過失。蘭陵千門萬戶，如此取名字的僅此一家。

大老師首先影響了他的二弟，使二老師成為小說作家和革命鬥士；接著影響了他的三弟，使三老師成為自學有成的經濟學者。同時，他影響我們的父兄，並且辦學校影響我們。

我沒見過他青年時期的照片，等我有幸「親炙」的時候，他已過中年，頭髮半白，手背上鼓起青筋，加上身材瘦小，名副其實的喚起「荊」和「石」的意象。但是，你絕不認為他是個乾巴巴的老頭兒，我從來沒有這樣的意識，我只感覺到尊嚴，權威，然而並不可怕。

那時，我們開始發展少年期的頑皮，但是，在他老人家上課的時候，我們是鴉雀無聲的。

那時，我們逐漸有了拖拉逃避的惡習，但是，他老人家規定的作業，我們是準時呈交的。

他老人家從未大聲呵斥任何人，從未威嚇警告任何人，從未用體罰或記過對付任何人。可是我們總是用心聽他的話，照他說的去做，惟恐自己太笨，又惟恐他對我們的期望太低。

那時，我們小孩子夾在大人的腿縫裡仰著臉聽高談闊論，時時可以發覺大老師是家鄉的「意見領袖」。

我記得，小時候，夏天，有一位長輩在院子裡乘涼，忽然看見空中出現了宮殿街道與人群。他以為南天門開了，他以為看見了門內的天堂，連忙跪下祈求神靈讓他兒子做官。

第二天，消息轟動全鎮，但是大老師說，那不是南天門，那是光線折射造成的海市蜃樓，那根本是某地一座大廟的幻影。哦，原來如此！「南天門震撼」立刻消失。

那年月，中共在江西成立蘇維埃組織，鬥爭地主，鄉人皺著腦袋瓜兒想，想這是什麼道理。「有人問過大老師嗎？」據說有人問過，據說大老師面無表情，口無答語。據說大老師向某人說了八個字：事有必至、理有固然。眾家鄉人只好暗自猜這是個甚麼理，這是怎麼一回事。……

敝族在明末清初昌盛起來，有清一代，出了五位進士，若干舉人秀才，酒香之外，兼有書香。民國肇造，新學勃興，我們家鄉是個小地方，驟然跟新時代新潮流脫了節，幸虧還有青年子弟剪了辮子出去受教育，璞公玷公是其中之佼佼者。

這兄弟倆本來是學鐵路的，那時都相信「建設之要首在交通」，畢業後本可以在外面做官，可是那時做官，要陪上司打麻將吃花酒，替上司弄紅包背黑鍋。那時軍閥混戰，政局不定，一朝天子一朝臣，做官的隨時準備另找職業。這兄弟倆一看，算了吧，不如回家辦個小學。

這個決定何等了得，弟兄倆承先啟後，把文化的命脈在我們家鄉接通了。

那時，家鄉有四位有實力有聲望的少壯精英支持辦學，願意跟大老師共同擔任校董，他們的名諱是王思澄，王思慶，王思敬、王思璜。在他們的支持下，二老師親自率眾拆掉廟裡的神像，改建教室。

私立蘭陵小學成立，大老師以校董主持行政，同時教國文，教歷史，教美術，除了音樂以外，他都能教，是一位全能的教師。他和二老師自稱義務教員，不支薪水，後來，與我祖父同輩的王松和來做過校長，松爺學貫中西，有領導才能，他也沒拿過一文報酬。

通過教學，大老師把許多新生事物引進家鄉。

他引進注音符號，時間在國民政府通令正式以注音符號列入教材之前。拼音時，他先把前兩個字母拼成一音，再用這個音去拼最後的韻母，可說是兩段拼法，與各地流行的一次拼法不同。他似乎吸收了「反切」來推行拼音，這個兩段拼法一直使用到「縣立時代」，成為母校教學的一項特徵。

他引進話劇，不僅劇本，還有道具服裝布景效果一整套東西。他編寫的《正義的話》，自己導演，演出一個純樸的烏托邦，國王和農夫在阡陌間對談，上下之間沒有隔閡和壓迫。

他引進木刻。他大概在一九二五年左右就把木刻列入美術課程。他要求學校供應木版和刻刀，只收成本費。學生把他刻成的作品拓下來，貼在木版上，描紅一樣照著刻。為了替學校籌款，他刻了一張很大的海報，畫面主體是一把熊熊燃燒的火炬，火頭上懸著一枚制錢，下面一行大字：「就差這把火！」這種「訴諸群眾」的方式，也是他第一個在家鄉使用。

他引進荷馬、安徒生、希臘神話和《阿Ｑ正傳》。他也引進了許地山。他本來不主張背誦，他以補充教材講授《阿Ｑ正傳》的時候，偶然讚歎「這樣精煉的白話文，應該背誦，值得背誦」。於是他老人家最喜愛的一些學生展開了背誦競賽，幾天以後，這一部幾萬字的中篇小說，竟有好幾個人能夠從頭到尾一字不漏的背出來。

這些先進學長也背誦了荷馬的《奧德賽》。

還有，我必須記下來，他老人家引進了馬克思。……

朱子說，有個朱晦庵，天地間就多了些子；沒有朱晦庵，天地間就少了些子。大老師之於吾鄉，也許就是如此了！

大老師有反抗世俗的精神，不僅見之於還家不仕，拆廟興學，還有很多行誼。例如，他的書法。

吾鄉吾族以書法家衍公（王思衍）為榮，習字皆以衍公的楷書為範本。那時習字用毛邊紙鋪在範本上摹寫，稱之為「仿」，這底下的範本叫做「仿影」。

衍公的墨寶並不易得，外人慕名求字，多半由他的得意門生（也是他的本家姪子）王松和以行草應付，頗能亂真，不過，若是本家子孫向老人家要一張「仿影」，幾天內一定可以拿到真跡，不論遠房近房，富家窮家，有求必應。

所以家家有衍公寫的「仿影」。收到仿影的人，多半以「雙鉤」描出輪廓，用墨填滿，保存原件，使用副本；也有人並不那麼講究，直接使用真跡，墨透紙背，漸漸把仿影弄髒了。沒關係，等到仿影髒到不能使用時再去要一張來。

衍公寫出來的仿影，近顏似柳，端正厚重，均勻整齊而又雍容大方，正是清代士子必習的館閣體。族人在這一字體的薰陶中成長，寫出來的字差不多同一面目，外人戲稱「蘭陵體」。

那時，過年家家貼春聯。舊年最後一天，家家都把春聯貼好了，這時有一個非正式的節目，三三兩兩到街上散步，左顧右盼，欣賞春聯。林林總總，春聯上的字天分有高低，功力有深淺，但同源共本，確有所謂「蘭陵體」。

大老師不學蘭陵體，他寫漢隸，不是因為寫得好，而是因為要寫得不同。

還有，他主持的別開生面的婚禮。

他的公子王綸和先生結婚，是吾鄉一大盛事，世家聯姻，郎才女貌，大老師又改革了婚禮。

大老師的故居在蘭陵西南隅，與我家祖宅為鄰，門前有一行槐樹，鄉人稱他家為「槐樹底」。我們兩家門外有廣場相連，平坦潔淨，供收割莊稼使用，鄉人管這種廣場叫「場」，陽平，讀如「常」，他家和我家一帶地區統稱「西南場」。大婚之日，「場」中肩並肩腿碰腿擠滿了觀眾。

我是那次婚禮上的小觀眾，並且努力擠進了大門，眼見拜天地廢除了叩首，改用鞠躬。新娘似乎未用紅巾蒙頭，即使有，也老早揭掉了，新娘新郎當時就站在院子裡照相，大老師擠在觀眾當中著急，認為新郎的表情生硬，需要改進。他老人家也許認為這張照片應該像他在南京上海所見、一雙璧人露著幸福的笑容吧。

大老師「欲迴天地入扁舟」，他老人家畢竟是「思想的人」，二老師才是「行動的人」，思想的人與入室弟子坐談論道，行動的人提著頭顱走向戰場。大老師成為先進，二老師成為先烈。從二老師的實踐看出大老師的觀念。

典型在夙昔，古道照顏色。大老師如乳，二老師如酒；大老師如杜甫，二老師如李白；大老師如諸葛，二老師如周郎；大老師如史，二老師如詩。

大老師三讀《資本論》，贊成社會主義，歡迎共產黨。我沒聽他親口說，只聽他的得意高足這麼說，「槐樹底」的子弟也這麼說，人證鑿鑿，要懷疑也難。

我只知道大老師同情——甚至尊重——窮苦而又肯奮鬥的人。

有一個人，算來和大老師同輩，半夜起來磨豆腐，天明上街賣豆腐，他兒子在小學讀書，成績極優。當他的太太沿街叫賣熱豆腐的時候，那些大戶人家深以辱沒了王家姓氏為憾，惟有大老師，若在街頭相遇，必定上前喊一聲三嫂子。這一聲三嫂子出自大老師之口，給他們全家的安慰激勵是無法形容的。

有一次，全縣的小學舉行演講比賽，本校要派一名代表參加。為了選拔代表，各班先舉行班內比賽，選拔好手，各班好手再舉行校內比賽，產生本校的代表。比賽由大老師主持其事，他特別識拔一個叫管文奎的同學。管文奎的父親去世了，母親做女傭撫養子女，是真正的貧戶。大老師認為文奎的演講有「擒縱」，抑揚頓挫，節奏分明，聲音也響亮動聽。文奎果然不負厚望，贏得這次比賽的亞軍。

那時，蘭陵的清寒人家有些是敝族的佃戶或傭工，他們的孩子和「東家」的孩子一同讀書，那些少爺小姐把階級觀念帶進了學校。在那種環境裡，連某些老師也受到習染，走在路上窮學生向他敬禮的時候，他忘了還禮。我們的大老師不是這個樣子，大老師的兒子姪女也不是這個樣子。

我只知道這些，別的全不知道，余生也晚，及門受教時學校已改縣立，國共已分裂，江西剿共已進行，大老師思不出位，言談絕不涉及國文以外。但是我想，他老人家那些「入室」弟子也許仍然有些「異聞」吧？

其實，那時候，某種思想已經瀉入政府編印的國文課本，例如：

> 春種一顆粟，秋收萬石子，四海無閒田，農夫猶餓死！

例如：

嫂嫂織布，哥哥賣布，賣布買米，有飯落肚。
土布粗，洋布細，洋布便宜，財主歡喜。
土布沒人要，餓倒哥哥嫂嫂。

這一類課文，與最早的「天子重英豪，文章教爾曹」固然反其道而行，跟稍後的「春遊芳草地，夏賞綠荷池」也大異其趣。關心民瘼的大老師，對此也許不能「予欲無言」吧。

一個不可抹煞的事實是，七七事變發生，蘭陵人奮起抗戰，國共競賽，各顯神通，大老師最欣賞最器重最用心調教的學生全在紅旗下排了隊，他們的大名是：王言誠（田兵），靳耀南（榮照），魏潔（玉華），楊冷（文田），王川（生傑），王秋岩（思菊），孫立晨，陳桂馨（德吾），孫縉雲，王立勳，管文奎。這些人都做了建造「人民共和國」的良工巧匠，其中王言誠，王川，靳耀南，更是勞苦功高。這，恐怕不是偶然的吧！

言誠先生說，大老師接受社會主義，他並非從階級觀點出發，他是從孔孟的仁愛和釋迦的悲憫出發，他老人家認為儒家釋家都空有理想，只有共產黨能夠付諸實行。所以，就讓共產黨來幹吧。

或者，大老師好比新約裡的施洗約翰，在曠野裡「預備主的道，修直他的路」。

也許，大老師不像施洗約翰，他未必了解「那後之來者比我大，我就是替他提鞋也不配」。

回想起來，我並非大老師的好學生。那時，人人稱讚我的作文好，大老師卻說不然。那時我們愛寫抒情的散文，所抒之情，為一種沒有來由的愁苦悵惘，不免時時墜入傷春悲秋的濫調。那是當時的文藝流行病，我們都受到感染，而我的「病情」最嚴重。那時，我已經覺察國家危難，家境衰落，青年沒有出路，時時「悲從中來」，所以不能免疫。

「愁苦之詞易工」，我那時偶有佳作，受人稱道，只有大老師告訴我們，這樣寫永遠寫不出好文章。

他老人家說，文章不是坐在屋子裡挖空心思產生，要走出去看，走出去聽，從天地間找文章。

天下這麼多人你不看，這麼多聲音你不聽，一個人窮思冥索，想來想去都是別人的文章，只能拼湊別人的文句成為自己的文章，這是下乘。

他老人家最反對當時流行的「新文藝腔調」，例如寫月夜：「一輪皎潔的明月，掛在蔚藍色的天空，照著我孤獨的影子。」例如寫春天：「光陰似流水般的逝去，一轉眼間，桃花開了，桃花又謝了，世事無常，人生如夢。」當時，這種腔調充斥在模範作文或作文描寫辭典之類的書裡。他不准我們看這些書。

他老人家說，說書人有一種反覆使用的「套子」，死學活用。說書說到官宦之家，大門什麼樣子，二門什麼樣子，客廳裡掛著什麼字畫，擺著什麼家具，有一套現成的說法，這一套可以用在張員外家，也可以用在李員外家；可以用在這部書裡，也可以用在另一部書裡。作文一定要拋棄你已有的「套子」。

依他老人家的看法，學文言文和學白話文，方法大有分別。學文言是學另外一套語言，那套語言只存在於書本裡，在別人的文章裡。你必須熟讀那些文章，背誦那些文章，才可以掌握那一套語言。你寫文言文的時候，先要想一想你能夠背誦的那些句子，把它從別人的文章裡搬過來使用。你寫的文言文是用古人的句子編聯而成，頗似舊詩的集句。

那時去古未遠，大家對學習文言的過程記憶猶新，自然拿來用它學習白話文學。可是大老師認為這是歧途，白話文學的根源不在書本裡，在生活裡，在你每天說的話裡，不僅如此，在大眾的生活裡，在大眾每天說的話裡。

回想起來，大老師這番教導出於正統的寫實主義，是堂堂正正的作家之路，對我們期望殷切，溢於言表。可是，那時候，我並沒有完全了解他的意思，我相信，別的同學也沒有聽懂。回想起來，這段話，也許是說給我一個人聽的吧？遍數當年全班同學，再沒有像我這樣醉心作文的。

可是，那時，我完全沒有照他的話去做。

他說，文筆一定要簡潔。

國文課本裡有這麼一個故事：敵人佔據了我們的城池，我軍準備反攻，派一個愛國的少年偵察敵情。這少年在午夜時分爬上城頭，「看見月色非常皎潔」。

看見月色非常皎潔！全課課文只有這一句寫景，大老師稱讚這一句寫得恰到好處。為甚麼到了城頭才發現月色皎潔？因為這時他需要月色照明，好看清楚城裡敵人的動靜。他說，倘若由俗手來寫，恐怕又是「一輪皎潔的明月掛在蔚藍色的天空」，一大串拖泥帶水的文字。受降城上月如霜！月如霜三個字乾淨俐落，用不著多說。

他老人家的這番訓誨，我倒覺得不難。我把這種寫法首先用在日記上。我記下，參加一個親人的葬禮，「四周都是哭紅了的眼睛」，大老師給我密圈。我記下，有一天因事早起，「星尚明，月未落，寒露滿地，鴉雀無聲」，大老師又給我密圈。

通常，學生的作文都很短，老師總是鼓勵大家寫得長些。有一次，大老師出題目要我們比賽誰寫得又好又短。題目是「我家的貓」。我寫的是——

我家的貓是一隻灰色的狸貓，是三歲的母貓，是會捉自己的尾巴不會捉老鼠的貓，是你在家裡的時候牠在你腳前打滾兒、你不在家的時候牠在廚房裡偷嘴的貓，是一隻每天挺胸昂首出去、垂頭喪氣的回來的貓。你說，這到底是一隻甚麼貓？

據說，大老師看到我的作文時微微一笑：「這孩子的文章有救了。」作文簿在老師們手上傳來傳去，有人認為「的貓」兩個字太多了，刪掉比較好；也有人主張「的貓」很有趣，而且扣題，題目就是「我家的貓」嘛！

在那一段日子裡，我對作文又愛又怕，怕我那些「妙手偶得」的佳句不能通過大老師的檢驗。有一次，我在作文簿上寫道：

時間的列車，載著離愁別緒，越過驚蟄，越過春分，來到叫做清明的一站。

大老師對這段文字未加改動，也未加圈點，他在發還作文簿的時候淡淡的對我說：「這是花腔，不如老老實實的說清明到了。」

又有一次，我寫的是：

金風玉露的中秋已過，天高氣爽的重陽未至。

他老人家毫不留情的畫上了紅槓子，在旁邊改成「今年八月」。

回想起來，大老師提倡質樸，反對矯飾，重視內容。他朝我這棵文學小草不斷的澆冷水，小草受了冷水的滋潤，不斷的生長。這一番教導對我的影響太大、太大了。

二老師玷公完全實踐了他大哥的文學理論。

玷公一八九五年出生，一九二六年響應北伐起事戰死，得年三十一歲。他在一九二一至二四年間，也就是二十六至二十九歲之間，在茅盾主編的《小說月報》上連續發表了七篇小說，被茅盾驚為彗星。

這七篇小說經王善民、靖一民兩先生合編為《午夜彗星》一書，它們是：

風雨之下——描寫一個老農在天災下的掙扎。

偏枯——泥瓦匠因為癱瘓，不得不出賣兒女的故事。

劉并——莊稼人受地痞欺負，無處申訴的故事。

歸來——「浪子回頭」故事的現代版。

瘟疫——描寫老百姓對軍隊那種入骨的恐懼。

一粒子彈——一個農村青年熱中從軍的下場。

幾封用S署名的信——一個下級軍官怎樣由升官發財的夢中醒來。

七篇小說都是很完整的藝術品。一如大老師所主張的那樣，這些小說的題材來自觸目所及的現實，透過精細的觀察而取得，摒棄了玄想夢幻；小說的語言因靠近日常生活而樸實真摯，不賣弄修辭技巧去刻意雕琢。更重要的是，作者玷公雖然是出身地主家庭的知識份子，卻以無限的關懷描寫了貧農下農的痛苦，這想必更是大老師所樂見的吧。

二老師提筆創作的時候，距離胡適提倡白話文學才四年，「新文學第一篇短篇小說」〈狂人日記〉發表後三年，許多小說家還不曾嶄露頭角，二老師居然能把短篇小說的形式掌握得如此完美（增一分則太長，減一分則太短），居然使節奏的流動、情節的開闔、情感的起伏三位一體，我們只有驚歎他的天才，惋惜他的天不假年！

《小說月報》是當年小說作者的龍門，茅盾先生以小說祭酒之尊來此掌門，他根本不知道王思玷是何等樣人，來稿七篇一一刊出，採用率百分之百。他又把七篇中的三篇選入《新文學大系》，入選比率為百分之四十。茅盾在《新文學大系》小說卷的序言裡以一萬九千字推介入選作品，玷公佔了一千多字。由此可以看出，那時領導文壇的人，對於有潛力有發展而又符合意識取向的作家，是多麼勤於發掘、樂於揄揚！深耕易耨，無怪乎有後來的遍野豐收！

那時白話文尚未成熟，二老師受時代限制，小說語言有生糙處（不是生硬）。方今白話文精雕細鏤，熟極而流，又有故作生糙以示返璞的趨勢，二老師的小說今日讀來，反而別有風味。他蒼勁似魯迅，沉實似茅盾，〈瘟疫〉一篇顯示他能寫諷刺喜劇，〈偏枯〉、〈劉并〉、〈幾封用S署名的信〉，都在結尾處顯露冷酷中的人情、絕望中的轉機以及最後可能有的公道。千里冰封，一陽來復，不似後來某些作品之趕盡殺絕、決裂到底。種種跡象，他本來可以成為偉大的小說家。可惜天不假年，他老人家三十一歲就因為響應北伐起義成仁了。

第五章　血和火的洗禮

戰史記載：一九三七年七月七日，日本在中國發動盧溝橋事變。日本軍閥打算滅亡中國，戰局逐步擴大。中國軍隊的訓練和裝備遠不及敵人，但作戰英勇，傷兵源源南下，過蘭陵，轉台兒莊，送入徐州的醫院。

小酒館裡塞滿了談論戰局的人，大家無心工作，甚至無心飲酒。佟麟閣趙登禹兩位將軍陣亡，大大震撼了父老們的神經。他們一生只見師長旅長生殺予奪，從未反過來設想過。

金星熠熠佩劍鏘鏘的巨人應該不容易死。即使是該死如韓復榘，鄉人也編造謠傳是用暗殺的方式行刑的。小酒館裡的父老們實在無法想像，把一個統兵數十萬的大員押赴刑場如此這般，和一個鄉愚的結局相同。

不容易死的人接二連三死去，可見天下大勢十分十分嚴重。老天爺決定要減少世上的人口，小百姓要背鄉離井，惶惶然去尋找自己的葬身之地了。

在小酒館裡，我那些可敬可愛的父老，以如此淳樸的頭腦面對五千年未有之變局。

戰史遺漏了一些事情。

這天中午，來了滿街的傷兵，也來了一架偵察機，在蘭陵鎮上空轉了兩圈，低飛，機翼下面清清楚楚的貼著紅膏藥。那時制空權在敵人手中，偵察機走了，好像無數個血紅的斑點還貼在天上，密密的貼了兩圈。

下午，轟炸機臨空，想必是根據偵察機的報告而來。傷兵早已走了，飛機依然充滿自信、肆無忌憚的飛臨上空，等因奉此丟下幾顆炸彈。

我那時在我們大家宅的前門口遊玩。前門有門樓，門樓下面兩側都有青石製成的石凳，石面可能有一尺厚，光滑清涼，坐上去十分舒服。門外是大樹和廣場。

我家奉命住在大家宅的後面臨街的部分，我們無故不到前面來，那天不知怎麼我來了。

我坐在門樓下左側的石凳上。不知怎麼繼祖母也出來了，七叔陪著，她老人家望望廣場裡的陽光抽一口旱菸袋，在右側的石凳上坐下。

就在這時，敵機臨空，天朗氣清，我抬頭看它，如看兩隻專心覓食的大鳥。據說一共來了五架轟炸機，可是我只看見兩架。

忽然我一陣眩暈。恍惚間我看見祖母哭了，念著菩薩的名號，鼻涕流出來，渾身發抖。七叔連忙上去抱住她。

那時，所有的人都說，敵機投彈之前先要俯衝，俯衝時螺旋槳的聲音改變，好像蜜蜂掉進玻璃瓶裡。但是我那天看得清清楚楚，飛機踱著方步一如故常，聲音、高度、姿勢都沒有變化，漫不經心，好像這地方它不屑一炸。

說老實話，我也沒看見垂直下落的炸彈。

轟炸的時間很短，等我覺得恐懼時，恐懼已成過去。

雖然我們祖孫一同度過大劫，她老人家在起身離去時卻是反而又藐視又憎惡的瞧了我一眼。她在七叔攙扶下蹣跚入內，我仍然坐在原處仔細回味方才的光景。

我想起我聽到的種種傳說，回想以前一些模糊的回憶。我常想，如果轟炸的時候我們不在一處，或者她老人家臨去沒有看我，那有多好！那有多好！

這次轟炸，炸倒了一些房子，炸死了五個人。

敵機臨空，傷兵早已走了，可是原來停留傷兵的那條街正好有人辦喪事，滿街的親友弔客，不是穿著孝服就是戴著孝帽子。也許，轟炸員以為這些幢幢白影就是傷兵。

可是敵人投彈不準，彈落點偏離目標，否則，我家的情況不堪設想，因為「傷兵」就在我家牆外。

我家平安無事。由我家向東，距離大概三個家庭，天井裡炸了一個大坑，是離我家最近的彈著點。

那家的主人也是吾族的一位長輩。小學停課以後，他成立了家館，有二十幾個同學到他家讀《論語》，我是其中之一。萬幸！挨炸那天學屋裡沒人。

這一炸，家館當然辦不成了，我去取回我的書本和文具。

炸彈在四合房天井的中心炸出一個深坑，我站在坑沿向下看，那深度，如果我跳下去，一定爬不上來。

炸彈儘管炸出一個深坑，卻沒有把四面的房屋炸倒。好像是，炸彈在天井中央爆開的時候，四面的房屋恰巧都在死角之內。日光之下竟有此事，即使出於計算和設計，也未必能控制得如此精確。鄰人雖然驚魂未定，也都來看這戰時的奇景。

當然，炸彈的震撼力很大，房屋的結構恐怕會受到傷害，糊在窗櫺上的紙成為碎片，簷瓦大半脫落下來，屋子裡一步一個腳印，老屋百年積藏的灰塵被迫降落，掩埋了掉在地上的書本文具。

老師面無人色，他說飛機臨空的時候，他正躺在床上抽鴉片，炸彈一響，他趕緊鑽到床底下去。感謝祖先，當初房子蓋得這麼結實……

家家戶戶連夜外逃，逃難起初像搬家，甚麼東西都想帶著，後來慢慢學習割捨。那時我弟弟尚在學步，妹妹也太小，不能多走路，局勢對我家非常不利，可是仍比有產婦的人家要「幸運」一些。母親告訴我，《聖經》提到末日災難時說過：「懷孕的人有禍了。」

幸虧魏家兩兄弟來挑擔推車。那時我家的田產已經不多，全由魏家耕種。

魏家老大身形魁梧，滿臉麻點，人稱魏麻子。母親嚴厲囑咐，不可管他叫麻子，只能叫老魏。但是母親又不叫他老魏，只叫麻子。後來我明白，女人之中，叫老魏是魏太太的專利。

我對老魏很崇拜，他力氣大膽子也大，能做許多我們做不到的事情。我模糊認為，他如果去投軍，可以做將軍。

要丟掉一個家卻也不易。母親要把家裡的雞全都殺死，一共四隻。這件事以前做過無數次，這一次有了困難。母親一手持刀，一手把雞脖子彎過來，可是割不破雞的喉管。

只好把老魏請過來。老魏殺雞的方法很特別，他把雞頭按在地上，手起刀落把脖子砍斷。沒有頭的雞站起來逃走，在五步以後倒下，想飛，只能用翅膀掃地，飛不起來。

四隻雞費了他四刀，真是游刃有餘。四隻雞的身體向東西南北不同的方向逃去，都逃不多遠。一路留下血漬，像被一條血索牽著。

敵機投彈的時候，這四隻雞大聲啼叫，而且忽然恢復了飛翔的能力，一同騰空而起，然後跌下來，伏在地上喘息。敵機走後，四隻雞全變了樣子，有驚惶的眼、抖動的頭。所謂鳥驚心，大約就是如此了。

有一隻是大公雞，紅色的羽毛帶著金光。平時誰家殺雞，如果殺的是公雞，總是圍上來一群孩子討那從尾部拔下來的長長羽毛。這一次沒有，大公雞死得寂寞。

母親做了一鍋紅燒雞，但全家人已喪失食慾和味覺，為了連夜趕路，又必須吃些東西，這一餐很痛苦。最後，所有的雞肉都送給魏家。

從那天起，我不能正確的判斷雞肉的滋味。那時我尚未了解，從災難中走過來的人會對許多東西喪失品鑑欣賞的能力。

第一站，南橋，蘭陵之東，外祖母家。

我從未見過外祖父，他老人家是我的上古史。

我從未見過大舅父。據說，他因為沒有考中秀才，而他之所以落第又由於考場舞弊，於是愧憤交加，一病不起——有人說他上吊自殺。那也是好久以前的事了。

大舅母從廿二歲開始守寡，並無兒女。她並不和外祖母住在一起，也從未邀請我們去她家作客。

大舅父留給我的回憶是書房裡重重疊疊的線裝書，大舅母留給我的回憶是南橋村外一座貞節牌坊。旌表由國民政府批准，一位姓蔣的內政部長署名。

貞節牌坊有一定的式樣，中間最高處照例雕出一個長方形的平面，上面有兩個大字：「聖旨」。輪到大舅母，這聖旨兩個字換成國民政府的大印，甚為怪異。

依照通例，寡婦必須累積了許多艱苦的歲月，耗盡青春，再無戀愛或改嫁的可能，才可以得到旌表。所以，我推測，這時大舅母一定不年輕了。

通常，受旌表的節婦多半身兼賢母，也就是說她辛苦撫養的兒子做了官或者發了財，官署和親族看子敬母。大舅母在門衰祚薄之家，這一點封建虛榮得來不易。

我那時對人生的痛苦了解不多。在我的想像中，大舅母以堅強的性格過著神祕的生活，自己有特殊的人生哲學。她一生清心寡慾，血肉盡成冰雪，臨終將輕如蟬蛻。

外婆家另一個令我難忘的人物是我的小舅，他排行第六，叫任富才。

小舅身材瘦小，一副「小弟」模樣。可是他不安於「小」，日本軍隊在河北一動手，他就著手組織游擊隊，自封為「大隊長」。

我這位六舅似乎並沒有領袖的魅力，也缺少領導才能，他的號召來自「財散則人聚」，肯花錢。他自己鬧窮，惟一的經濟來源是變賣外祖母的田產。那時候，外祖母已是風燭之年，六舅是惟一的繼承人，置產者和六舅立下契約，六舅收下一筆錢，某一塊田地算是人家的了，但正式手續等外祖母死後再辦。

那時，像外祖母家這樣的家庭很多，用「先上車後補票」的方式買賣田產不是新聞。當時有三句話描寫這種敗家子弟的心情，說他「恨天不冷，恨人不窮，恨爹娘不死」。恨天不冷，因為他有皮襖，恨人不窮，因為別人有一天買盡他的家業。至於第三句，我想用不著解釋。

六舅有一條腿伸不直，是個跛子，經常騎驢代步。鄰人笑問跛子怎能打游擊，他很自負的說，歷史上從此出現第一個跛腿的游擊司令。我想，如果他真個百戰成雄，名垂竹帛，他這句豪言壯語也就流傳眾口、廉頑立懦了，可惜這事認不得真，一撮人捧著他使槍耍刀，和捧著他鬥雞走狗並沒有區別，也趁機做點別的事，那些事比鬥雞走狗更壞。

六舅打游擊的笑話不少。有一次，他們行軍，大夥兒走著走著回頭一看，他們的頭頭兒不見了，只有空蕩蕩的驢子心不在焉的跟在後面。平時六舅上下坐騎必須有人攙扶，斷無中途獨自下馬之理，不用說是從驢背上摔下來了。大家急忙回頭尋找，見他躺在一塊新耕的農田裡，頭枕著大塊坷垃對天抽菸呢！這樣精采的掌故，發生在與草木同腐的六舅身上，入不了漁樵閒話，成不了名人軼事，這一摔太可惜、太冤枉了！

那時六舅是個大忙人，對外甥、外甥女從來沒有功夫正眼瞧一下。我不知道他住在哪裡，但我認為我了解他，他是外祖母家的唐吉訶德。

我那五姨嫁給卞莊的王家，卞莊在蘭陵之北五十華里，附近有蒼山，據說是安期生得道的地方。卞莊王氏大都是王覽的後人，蘭陵王氏與瑯琊王氏敍了譜，同出一源，不通婚媾。日軍的攻擊路線是自北而南，卞莊比蘭陵更接近戰場，所以五姨丈也把五姨和他們的女兒送到南橋來，以減少內顧之憂。

外祖母有三個女兒，以五姨最是聰明漂亮，五姨把這兩大優點都遺傳給女兒，他們的獨子兆之表兄一樣也沒撈著。

我和五姨見過幾次面，和她的女公子是初會。母親問五姨：「他們倆誰大？」意思是要確定稱謂。五姨不考慮我們的出生年月，立刻對我說：「叫姐。」我喊了聲二表姐。五姨又說：「一表三千里，也別表來表去了。」我連忙更正為「二姐」。五姨大喜，一再的誇獎我。

回想起來，五姨是「防微杜漸」。古來許多戀愛悲劇生於中表，這表哥表妹之親的字樣往往引人遐想，產生不良的暗示，同胞姐弟以下事上，恭敬嚴肅，教她老人家比較放心。五姨之敏捷周密，可見一斑。

我管她的兒子叫表哥，她倒沒有任何意見。

我常想，「暮氣沉沉」一語，準是為外祖母家這樣的庭院創用的。青磚灰瓦蓋成的高屋高樓四面圍住灰色方磚鋪好的天井，整天難得曬到陽光，白晝也給人黃昏的感覺。房屋的設計毫未考慮到採光，偶然得到一些明亮又被紫檀木做的家具吮吸了。建造這樣的家宅好像只是為了製造一片陰影，讓自己在陰影中蒼白的枯萎下去。

那時，外祖母家的房子已經很老舊了，磚牆有風化的現象，轉角處線條已不甚垂直。造牆用的青磚本來顛撲不破，現在用兩掌夾住一節高粱稈，像鑽木取火那樣往牆上鑽，可以弄出一個個小圓洞來。好像這些用泥土燒成的青磚即將分解還原，好像一夜狂風就可以把這片房屋揚起，撒落在護城河裡，在田塍上的牛蹄印裡，在外祖母的眉毛和頭髮裡。

而這時，來了雲雀般的二姐。

一切馬上不同了，好像這家宅凝固成堅厚的城堡。從窗外看，只要二姐站在窗裡，那窗口就不再是一個黑洞，滿窗亮著柔和的光。

每一間屋子都甦醒了，都恢復了對人世的感應，都有一組複雜的神經，而神經中樞就是二姐的臥房。

隨著這神經一同悸動的，首先是風，後來是鴿子，滿院鴿子從傷古悼今的悽愴中解脫出來，化為藍天下的片片白雲。

回想起來，年輕的生命對一個家庭是何等重要。

推而廣之，對一個社團，對一座軍營，對整個世界。

我的活動範圍在西廂房，本是大舅父的書房，有滿架的線裝書，好一片大舅父科場奮戰折戟沉沙的景象。我翻看那些沒有圖畫的書，暗想，古人怎能讀這樣枯燥艱澀的東西終其一生！

有一天，我發現書桌上有一本不同的書，一本用白話寫成的長篇小說，蘇雪林的早期作品《棘心》。這本小說的故事並不曲折驚險，可是它寫女子對抗大家庭的專制，淋漓痛快，看得我廢寢忘餐。

大舅父命中註定看不到這本書，不知我的母親看過沒有，我要留著，有一天拿給母親看。

兩天以後，我的書桌上出現了《沈從文自傳》。書很薄，讀的時間短，想的時間長，依書中自序和編者的介紹，沈氏生長於偏僻貧瘠的農村，投軍為文書上士，憑勤苦自修成為有名的作家，最後做了大學教授。這個先例，給籠中的我、黑暗貼在眼珠上的我很大的鼓舞。這本書展現了一個廣闊的世界，人可能有各種發展。恨大舅命中註定也看不到這本書。

又過了幾天，二姐交給我巴金的《家》，我恍然大悟《棘心》和《沈從文自傳》也都是她送來的。她對新文學作品涉獵甚廣，我崇拜她的淵博。那天我們談了整整一個下午的新文學。

此後，二姐借給我魯迅的《野草》、茅盾的《子夜》，以及郁達夫、趙景深等人的文集。巴金的《家》，在當時和後來都極受推重，但我並不愛讀這部有「現代紅樓夢」之稱的傑作，一如我那時不愛讀《紅樓夢》。在傳統社會和大家庭壓力下粉身碎骨的大舅父，當然沒看到這本為他們鳴不平的書，也許他無須，他自己就在書中。

二姐提供的讀物之中，有一本小說甚為奇特，它的作者雖非名家，我至今還覺得醍醐灌頂。

故事大意是，一個人矢志復仇。由於復仇是人生惟一的意義，生活不過是復仇的準備。他時時偵察敵人的舉動，為了對付敵人而隨時改變職業、嗜好、住所、朋友和生活習慣，完全失去自己。他甚至因此失去了家和健康。他耗盡一生，終於宿願得償，可是他也變成一個一事無成的老人，心性邪惡，氣質鄙劣，不能過正常的生活。

這本書何以進入二姐的書單，是一個謎。回想起來，那時的流行思想是「為目的可以不擇手段」、「有鬥爭才有進步」、「對敵人仁慈就是對同志殘酷」，忠恕之道難以成為文學主題，那本小說能夠出版，堪稱奇蹟。它在我眼底曇花一現之後再無蹤跡，想已速朽，我常以悼念的心情想起：夭折並不等於沒有生存價值。

我開始夢想有一天做作家。

有一天，我問二姐：「要怎樣才會成為一個作家？」

二姐說：「我得回去問我的老師。」她帶來的書都是那位老師借給她的。

可是她不能回去，即使回去也找不到那位老師了，所以，我一直沒能得到答案。做不到的事情，可以先在幻想中幹起來。我夢見我寫小說了，我的小說在《中學生》雜誌上登出來了。

我告訴讀者，少年愛上一個女孩，那女孩的智慧比少年高，高出很多。智力懸殊的人是難以相愛的，可是那聰明的女孩想，得到一個男孩的崇拜迷戀也不壞，她給他希望也給他失望，總是不讓他絕望。他迷惑了，他覺得她太難了解了，他到野外去像無頭蒼蠅一樣亂走，胸膛裡滾來滾去只是同一個問題：女孩到底是什麼樣的人？他忽然來到河邊，他目不轉睛看那波浪漩渦，他想起曹雪芹的名言：「女孩是水做的。」是了，是了，他脫掉衣服，向急湍中跳去。

我好快樂好快樂，沒有人知道作者是我。

我夢見我的書出版了。我對讀者說，少年辭別了母親，獨自到很遠很遠的地方去，他一面走一面忍不住回頭看母親。母親漸漸遠了，少年快要望不見母親了，母親趕快登上高處，讓少年繼續看得見。就這樣，母親越爬越高，少年越走越遠……

我好快樂好快樂，沒有人知道作者是我。

我晝夜經營這不見天日的文章，臉色蒼白，神思恍惚。一天，在飯桌上，外祖母注視我，好久。

「把這兩個孩子隔開，」外祖母對著空氣說：「七歲寢不同席，八歲食不同器。」

母親和五姨只是笑。

然後，二姐就像個仙女，轉瞬失去蹤影。

我這才去注意那一排垂柳。

外婆家靠近護城河，在村中的位置最西，護城河兩岸都是柳樹。

蘭陵人愛種槐，過年貼對聯總有「三槐世澤長」，跟北宋的王佑王旦拉關係。南橋人愛種柳，沒人高攀陶淵明，只是圖柳樹長得快，長得漂亮。

水邊的柳樹，沒幾年就綠葉成蔭、亭亭如蓋了。所謂「十年樹木風煙長」，也只有柳樹當得起。

我在南橋住到那貧血的柳枝柔柔軟軟的好像能滴下翠來，一面吐葉一面抽長，開出淡紫的花穗。樹是那麼高大，柳條卻那麼細密，細葉小花像編辮子一樣一路到底，曠放和纖巧都有了。憑你怎麼看，百看不厭。

奇怪的是柳枝彎成穹頂，四周越垂越低，對大地流水一副情有獨鍾的樣子，使你看了不知怎樣感謝當初種樹的人才好。

所有的樹梢都向上拉攏關節，只知道世界上有個太陽，垂柳卻深深眷顧著我，給我觸手可及的嫩綠，使我覺得我的世界如此溫柔。

即使是在雨天，我也從未覺得垂柳是「哭泣的樹」。我只覺得它是「愛之傘」。

有一天，看見雨，我到柳下靜坐，全身濕透，為的是永不忘記這些樹。「愛之傘」往往並不能抵擋風雨，它只是使我們在風雨中的經驗不朽。

柳樹也有高峰手臂趨炎附勢的，可是書本上說，那叫「楊」，下垂的才是柳。南橋西頭護城河岸全是柳，全是朝著清流微波深情款款的垂柳。

我沒能住到柳樹結出那帶著絨毛的果實來，我知道，那些果實會靠著風力漂泊游走，尋找安身立命之處，形成另一種景觀。那時，老柳將非常無奈也非常無情的望著孩子們聚成盲流。偏是柳絮飛也不遠，總是牽牽絆絆黏黏纏纏的流連，使老柳心硬心疼。

儘管柳絮年年飛到漫天滿地，我可沒聽說更沒看見哪顆種子落地發芽。好形象好品德好到某種程度，大概就不能遺傳。

我見過鄉人怎樣繁殖柳樹，他們用插枝法。據他們說，要得到垂柳，你得把楊枝倒過來插進地裡。這麼說，垂柳無種，靠後天環境扭曲。我一直想推翻這個說法，可是一直沒辦到。

從那時起，以後好多年，我每逢走到一個沒有垂柳的地方，我就覺得那地方好空虛好寂寞。

那時，我還不知吾家已破，直到父親帶著魏家全家匆匆到來。

一九九一年七月七日台北《中央日報》副刊發刊，梅新先生主編

第六章　戰神指路（一）

戰史記載：一九三八年三月，日軍磯谷師團沿津浦路南下，破臨城、棗莊，東指嶧縣、向城、愛曲，志在臨沂。同時，坂垣師團由膠州灣登陸，向西推進，與磯谷師團相呼應。

這是台兒莊會戰的一部分。日軍為了徐州，必須攻台兒莊，為了佔領台兒莊，必須攻臨沂。

當時臨沂由龐炳勛駐守，張自忠率部增援，後來在安徽阜陽收容流亡學生的李仙洲參加了此役。兩軍血戰，傷亡難計，國軍部隊的連長幾乎都換了人。

連為戰鬥單位，連長紛紛傷亡可見戰鬥之激烈。近在咫尺、有名有姓，一位老太太的兒子在張自忠將軍部下擔任班長，一個衝鋒下來，連長陣亡，排長升為連長，這位班長奉命擔任排長。又一個衝鋒下來，新任連長陣亡，這位剛剛升上來的排長奉命代理連長。一日之內，連升三級，再一個衝鋒，他也壯烈犧牲了，這回不用再派人當連長當排長了，全連官兵沒剩下幾個人。

我未能立刻記下、永遠記住這位鄉親的名字，我沒有養成這種良好的習慣。那時，政府也沒有養成這種習慣，最愛說「無名英雄」。

那時，日本有世界第一流的陸軍，坂垣師團又是日本陸軍的精銳，卻在這場戰役中一再敗退。

在那以步槍為主要武器的戰場上，一個訓練良好的步兵裝子彈，舉槍，瞄準，扣扳機，擊發，子彈射中目標，一共需要十秒鐘，而在這十秒鐘內，對方另一個訓練良好的士兵可以躍進五十公尺。

這就是說，如果在五十公尺以內，有兩個敵兵同時向你衝過來，你只能射死其中一個，另一個衝上來，你只有和他拚刺刀。

可是，同時有十個敵兵衝過來，你怎麼辦？

所以，那時候就應該知道，「人海戰術」是有用的。

大批難民擁到南橋，空氣緊張起來。五姨丈全家到齊，父親從蘭陵匆匆趕到，帶著魏家一家人。一連幾天幾夜誰也不敢上床睡覺，所有的人集合在客廳裡倚著行李假寐，連鞋帶都繫好。靜夜聽自己的脈搏，感覺到前方在流血。

難民，在他第一天當難民的時候，一點也不像難民。僅僅換上一身舊衣服而已，依然很自信，幽默感也沒有喪失。他們從最接近戰場的地方來，有許多嶄新的見聞，公眾凝神傾聽他們所說的每一句話，甚至每一個字，這時候，他們簡直就是明星。

他們說，日本兵喜歡殺人。他們說，日本軍隊進了村子先控制水井，來到井口向下一看，井裡藏著一個人。日本兵就毫不遲疑的朝井裡放了兩槍，那一井水全不要了。

日本兵為甚麼處處殺人，是一個他們解不開的謎。有人說，日本兵信一種邪教，要在生前殺多少人，陣亡以後才可以魂歸故里。他們自己也不知道哪天會死，所以急急忙忙殺人湊數。

有一次，一隊日兵進入村莊搜索，老百姓都逃走了，有個男人偏偏不逃，他用白紙紅紙剪貼了一面日本國旗，朝日本兵揮來揮去。

日本兵毫不客氣，給了他一顆子彈，望著他倒下去。

下面一個動作就更出乎人們意料之外了：那日本兵走到屍體旁邊，從地上拾起那面簡陋粗糙的太陽旗，恭恭敬敬的摺疊起來。

一位老太太告訴我們，她在河北有個親戚，糊裡糊塗送了命。那人正在田裡工作，抬頭一看，前方遠處公路上有一小隊日軍經過。本來誰也不礙誰的事，偏有一個日兵走出行列，朝著他跪下。

你可以想像他是如何驚愕，他簡直不能相信這一跪跟他有任何關係。他從未聽說過跪姿射擊。只聽得「八勾」一聲——當然，沒法確定他到底聽見了沒有。

還有，日本兵對中國婦女的暴行。

日軍在魯南一帶的作風似乎是，殺男人，不殺女人，對女人只是強姦。

在那還沒看見日軍的地方，流行著這樣無可奈何的幽默：「日本日本，到哪裡『日』到哪裡！」

通常是，獸性大發的日本兵堵住房門，朝屋子裡隨意放一槍，這一槍縱然沒把屋子震倒，卻把屋子裡婦道人家的膽震碎了。就在這女子喪失自主能力的時候，他們進入。

那時候，在魯南戰地，日本兵似乎並不搜劫財物，他們以姦殺見長。據說，他們如果私自藏有金銀飾物，定要受到嚴厲的處罰。

殺人顯然奉命行事，姦淫則是出於默許，劫財卻懸為厲禁，奇怪的紀律。

那時，中國的新聞記者指控，日本兵連七十多歲的老嫗都不饒，消息傳到大後方，讀者搖頭晃腦。

寫新聞的人太懶，沒有交代清楚。魯南小城小鎮，日本軍隊還沒到，居民聞風先逃光了，尤其是壯漢和年輕婦女，走得最早。

往往只剩下老年的婦女。她們體力不濟，難以遠行。她們窮苦，窮人膽子大。她們可能還有一個想法，你們家境比較好的人不是逃走了嗎，你們家現在門戶洞開，任人出入，你們只能帶走必需的用品和一些細軟，那剩下的家當只有任憑我挑肥揀瘦了。

這勾當，叫做「拾二水」。日本兵來了，「拾二水」的老太太自是首當其衝。

也許，報紙顧到窮苦婦女的尊嚴，把這一段刪去了。

婦女逃難，偶爾也有脫不了身的時候，日本人有騎兵。

日軍一向沿著交通線推進，行軍時，為了軍隊的安全，常常派騎兵向兩側搜索。騎兵速度高，無意中追上難民。

這群難民總有好幾百人，沿途拉成一條黑色的蜈蚣，一聲「騎兵來了」，人人奪路，隊形縮短擴大，人擠人結成疙瘩。

奔馬飛砂走石，一分為二，對難民群兩路包抄，截住去路。等到最前面的騎兵回轉馬頭，切入人群，難民已是東倒西歪，妻離子散。

只見那比馬低級的動物騎在馬上，那比馬高級的萬物之靈匐匍在馬蹄之間。馬橫衝直撞。馬向那個家庭衝過去，那個家庭就互不相顧了，然後，馬向那個女子衝過去，那女子就倒地癱瘓了。

然後，日本兵下馬，昂昂然走來……

就像這也是戰場上的軍事動作一樣，沒有失誤，沒有遲疑，沒有浪費，在一瞬間準確完成。

就在這受蹂躪的人替他們爭取來的一瞬間，其他難民逃得無影無蹤。

這種事，報紙也沒登過。好像是，嫌難民太窩囊太沒有種了，不提也罷。

那一小撮日本騎兵怎麼會有那麼大的膽子？中國難民的人數超過他們十倍，他們竟敢當眾卸裝。

他們是在戰備行軍之中，何以竟敢放棄警戒，多作無益？他們哪來的這份自信和從容？不對？不該如此順利，不會如此簡單，這教人太不甘心。

有一個傳說比較圓滿。一個小媳婦，當她被日本騎兵掀翻在地的時候，她仰臉望見湛湛青天，皇皇白日，忽然覺得羞愧難當。

本來日兵應該羞愧，可是日兵不知道羞愧，反而是她羞愧。

本來蒼天應該羞愧，可是蒼天不知道羞愧，反而是她羞愧。

她的羞愧也許是由於苟活瓦全、不能抵死拒賊吧？總之，她不能以這樣的姿勢坦然對天。

她伸手摸起身旁的一把傘，一把紅色的陽傘。

她撐開傘，舉高，遮臉。

那侵犯中國的日兵，當他決意在中國土地上侵犯一個中國女子的時候，先把馬韁拴在自己的小腿上，這樣可以放手行事，馬也不至於任意遊走。

那在日光下突然撐開的紅傘驚了那匹馬。受驚的馬狂奔不停，把牠的主人在阡陌間活活拖死。

你蹂躪中國的土地，現在土地反撲。

你仗著你的馬橫行，現在你的馬背叛。

你看那女子，她突然無恙站起來，頂天立地。

這件事，報紙立刻登出來了，而且這一家登完另一家還要登，明年後年還有人引用。

整個情節令人戰慄。尤其是，想那土地是怎樣凶狠的、快意的、一絲一絲撕下敵人的肌肉，一口一口吮吸他的血，一寸一寸拆開他的骨骼。

想他的頸骨斷了，一個分不出臉頰和後腦的圓球在地上滾來滾去。

那夜，我夢見那十幾名騎兵都把韁繩拴在小腿上，他們的馬又同時受驚逃逸了，我竟然也被一匹馬拖著跑。大哭而醒，不敢說夢。

中國也有騎兵。一位退伍的老兵說，哪有這種事，這是外行人的空想，騎兵不需要把馬拴在自己的腿肚子上，他的馬訓練有素，人馬一致。他還說，即使需要找個地方拴馬，那也拴在小媳婦的脖子上。

不會發生那樣的事情。也就是說，某些人並未受到應得的處罰。

我們終於聽到砲聲。

砲聲在西，我們立刻往東逃。砲聲像號令一樣，把這一方百姓全變成難民。滿地是人，路太窄，踏著麥苗走。空中無月，還嫌前途不夠黑，恨那幾點星。

砲在後面撲通撲通響，不回頭也感受到砲口的火光。每個人向自己心中的神禱告。母親常常誦念耶穌的一句話：「祈求上帝，教你們逃難的時候不要遇上冬天。」而現在是陽曆三月。

那時候，人們常說：「日本鬼子一條線，中央軍一團亂，八路軍一大片。」日本軍隊只沿著交通線推進，要躲開他們倒也容易，所以難民在砲聲中仍然沉著。中央軍重點防守，常常依戰局變化倉促部署，人仰馬翻。八路軍則深入基層，組織民眾。我們在戰場邊緣遊走，中央軍八路軍都沒碰著。

走著走著，滿地黑壓壓的顏色淡了，不惟天光漸亮，人也越走越稀。各人有各人的判斷，各人投奔各人的親友，大地真大，悄悄的吸納了這多出來的人口，不露聲色。日出前但見一片雲塊向地平線外急奔，絡繹不斷，一如逃避追殺，而地面不見有風，景象詭異，令人好不忐忑。

我們離開大路，沿著一條小溪前行，兩岸桃林，正值花季。我那時已讀過〈桃花源記〉，比附的念頭油然而興。幾棵桃花看起來很單薄，幾十畝桃花就有聲有勢，儼然要改變世界。一直走進去，好像深入紅雲，越走越高，戰亂憂患再也跟不進去。

林盡，果然有屋舍桑竹雞犬，果然有男男女女問長問短，消息不少，倒不怎麼驚慌。你們看見過鬼子沒有？當然沒有，不然，還有命？你們家房子給燒掉沒有？誰知道，也許正在燒著呢。聽說鬼子兵也有高個子，個子越高越凶惡，當真？問得津津有味。

村上的人都說，他們位置偏僻，這「耳朵眼兒胳肢窩兒」的地方，日本軍隊不來。一老者拿出一本地圖給我們看，日本軍隊專用的地圖，不知怎麼有一本遺落了。老者說你們快走，日本人已經把這個村子畫在地圖上，他們早就算計在內了。

我搶過地圖，打開一看，蘭陵當然畫在圖上，蘭陵四面的衛星村莊也畫上，蘭陵鎮西的丘陵、鎮南的小河溝也標出來。至於這個「耳朵眼兒胳肢窩兒」裡的小村莊也赫然俱在，連這一座桃林也沒漏掉，我從沒見過這樣詳細的地圖。

我越看越慌張，頓時覺得內衣內褲襪子鞋子全被人脫下來看過。傳說前幾年那些賣仁丹的郎中、賣東洋花布的貨郎、牽著駱駝遊走行醫的蒙古大夫全是日本派出來的測繪員。這可怎麼辦。老者說，咱們這種小地方，十里以外就沒人知道，這種地方是不能上地圖的，如果小地方的地名也登在報上，也畫在地圖上，這地方就要遭殃了。這種小地方永遠只能在「胳肢窩兒耳朵眼兒」裡，是上不得檯面的啊。

那是戴著氈帽、撕一段布束腰的老者，衣領衣袖全是油垢、牙齒薰黃的老者，叼著旱菸袋、吐著唾沫的老者。言之諄諄面對聽者藐藐的老者。

青天四垂，雖然不見敵機，卻好像上面有日本人的眼睛。桃林茂密，擋不斷遮不住甚麼。村子雖小，卻有乾乾淨淨的禮拜堂。這教會的主持者跟蘭陵教會有往還，跟南橋任家也沾些親故。憑這層關係，我們才到這個村子上來。

教會給我們安排了住處。第二天就下起雨來，五姨說：「逃難時固然不要遇見冬天，也最好別遇見雨天」，她慶幸這時我們不在路上。

第三天是作禮拜的日子，我們參加本村的聚會。他們請五姨主講，五姨有佈道的天才，在台上滿面榮光，成了另外一個人。

五姨引用的經文都與逃難有關。依照《聖經》，耶穌再來之日，基督徒在世上的一切災難都要結束，耶穌把他的信徒提升到寶座旁邊，共享永久的幸福，但是，在這個好日子的前夕，卻是災難最多最重的時候，好像所有的災難都把握最後的機會傾巢而至，好像災難也知道來日無多，孤注一擲。

所以，災難來了，不要怕，災難不過是幸福的預告，災難是一種喜訊，是耶穌提供的一項保證，災難越嚴重，基督徒的膽子越大，和上帝的距離越近。那天，坐在這個小小的禮拜堂裡的人似乎都很興奮，我敢說他們有幾分志得意滿。

我本來就不覺得我在逃難。由蘭陵到南橋，那是「搖到外婆橋」。由南橋東行，我家還能維持一輛「二把手」，那是一種木製的獨輪車，由魏家弟兄前後駕駛，車輪特大，把車座分成左右兩個，母親抱著弟弟坐在左邊，妹妹坐在右邊，妹妹腿底下放些麵粉大米，準備沿途食用。

我們還有一頭驢子。

還有這一溪桃花，一種太平歲月溫柔旖旎的花，落下一瓣兩瓣來貼在你手背上，悄悄呼喚你。

紅玉拼成的花。紅雲剪成的花。少年氣盛嫉妒心極重的花，自成千紅，排斥萬紫。從沒見過也沒聽說桃林之中之旁有牡丹芍藥。

桃花林外只是一望無際的麥苗，以它的青青作畫布，來承受、襯托由天上傾下來的大批顏料。

從沒聽見有人把遍野桃花和漫天烽火聯繫起來。

直到第五天，雨歇。

連宵風雨，幾乎洗盡鉛華，這傾城傾國，也抵不過風雲一變。

父親和姨丈天天出去打聽消息。姨丈決定往東走，因為南方就是台兒莊，父親卻要往南走，走到台兒莊以南去，因為陸軍可能在連雲港登陸。誰也不敢勸對方改變心意，各行其是。

外祖母和四姨也在這裡。大舅母信賴她的娘家，六舅籌畫打游擊，都沒有同行。現在決定五姨帶著外祖母，我家帶著四姨。

在患難中和我家相伴的，除了魏家，還有顧家，顧娘和我母親是教會中結交的好友，他們窮苦，可是他們有個壯健的兒子，必須躲避。

現在是真正逃難，不宜再坐在車上，車子會給盜匪某種暗示和鼓勵。於是在出發前賣掉那輛「二把手」，售價很低，也算是對東道主的一種答謝。車上的行李由魏家老二挑著，糧食則放在驢背上。

清晨，在禮拜堂裡作了禱告，分手上路。人數少了一半，頓時覺得孤單。走到中午，忽然有大批難民來和我們合流，似乎可以證明南行是對的，內心寬慰不少。可是，傍晚投宿又只剩下我們三家，那些不知從哪裡來的人，又不知到哪裡去了。我很憂鬱，覺得他們遺棄了我們。

母親是纏過小腳的人。她拄著一截竹竿，上身前傾，划船似的奔波，走得慢，但是不休息，常常在我們停下的時候越過我們，奮勇前進。

那時，弟弟的年齡是，指著地上的螞蟻，滿臉驚異，嘴裡含著模糊不清的句子，等我答覆。他一次大約只能走一里路。

但是，弟弟掙扎著不讓老魏抱他。老魏對他不友善，他感覺得出來。小孩子不管多麼小，都能分辨人的善意惡意，據說，連胎兒都能感應母親的喜怒哀樂。這次逃難，一覽無遺的暴露了我家的沒落，根據當時的慣例，魏家不能不來幫助東家，但是，他如果開始考慮對我們是否值得這樣做，也是人情之常。

於是，大部分時間由父親抱著弟弟。父親的體力並不強，沿途流汗喘氣，露出另一種窘態。

妹妹的年齡是，剛剛可以和我吵架，走起路來不會輸給我，但是常常坐在路旁喊累了。我的任務是專門盯住她，平心而論，我對她走走停停並沒有反感，可以趁機會也休息一下，但魏老大就不免嘖有煩言了。

回想起來，當時的情勢真危險，一個在天地間無以自存的家庭，幾枚在覆巢下滾動不停的卵。

一天中午，大地靜得連飛鳥也沒。只走得腿越來越軟，屁股越來越重，只想坐下，尤其是，到了村頭上，連驢子也表示應該歇歇。可是老魏說，不對，這村子好像是空的？

南方，忽然，機關槍響，回想起來是重機槍。重機槍是正規軍才有的武器，通常用以射擊遠距離的目標，怎麼在這地方這時候有人使用？父親辛苦打聽來的消息和他謹慎小心所作的決定都錯了？

槍聲好像向我們屁股上踢了一腳。轉個彎，踉蹌西行，一口氣走到太陽偏西。這時又出現了大隊人流，我們跟著大夥兒，人多了膽子壯，叫「群膽」。沒人說話，個個低著頭。

想攀談幾句也不可能。冷漠，但是有吸引力，我們像鐵屑沾附在磁石上，腳不點地。可是在大隊右側，北方，又響了一槍，這一槍清脆輕細，回想起來是手槍。大隊人馬的呼吸急促起來，沒人抬頭看，也沒人快跑。這才想到，難民群平時的速度就是它的最快速度了。

又是一槍。一個人飛奔而至，插進我們的隊伍。這人一定不是難民，只見他一頂呢帽，一身短打，新襖新褲新鞋新襪，袖子捲上來，露白。回想起來，他就是某人槍擊的目標，借難民隱蔽自己。

他看中了我們的驢子，小毛驢很瘦，很髒，一副不中用的樣子，然而牠是縱目所及惟一的驢子。他說：「老鄉，驢子借給我騎一騎。」老魏一拳打在驢屁股上，喝道：「你看這驢，快要趴下了。」老魏的拳頭又大又重，打得小毛驢後腿猛烈彎曲，真個幾乎趴倒。

那人歎口氣。「老鄉，你何苦，一頭驢子又能值多少錢！」回想起來，有恫嚇的意味。不過他驚魂未定，語氣軟弱，無意堅持，匆匆忙忙向前趕去。

這件事，使父親到了窯灣以後決定賣驢。

第七章　戰神指路（二）

「一二三，到窯灣」，一首童謠使窯灣這小地方出了大名。

窯灣在江蘇新沂，近前一看，也是一個尋常鄉鎮，沒看見灣，也沒看見窯。

雖然是漫天烽火，窯灣依然很安靜，各人慢吞吞的過日子。所有的複雜來到這裡都簡化了，沒人準備逃難。

這才像個桃源，可是沒有桃林。

父親帶著我們來投奔他的老同學，我不知道他的名字，也始終沒見到他本人，只記得他家房子很多，庭院深深，雖然一下子湧進來許多兵荒馬亂，也不過漣漪盪漾，無礙那波平如鏡。

主人把我們安置在客廳旁的東屋和南房裡，單獨給我在客廳裡鋪了一張床。客廳朝天井的那個牆用木櫺代替了，透過那些格子往外看，院子裡的景觀像是一小塊一小塊拼湊成的，於是生出幻想來，那些格子可不可以拆開重拼呢，下面一叢青竹，頂著許多茶花……

這地方，好像我來過，我在這裡隔著櫺格看分割了的世界，卻不知櫺格的影子落在我身上，把我也分割了。不是現在，是很久以前，以前……

為我鋪設的那張床，用剖開的籐條編成床面，籐下還有一層用棕繩織成的網托著，叫做「反棕鋪籐」。

褥子，再加一條天藍色的床單，四周繞著雲紋。枕頭，帶荷葉邊的枕頭套子，裡頭裝滿了沖泡過又曬乾了的茶葉。

客廳門外走廊盡頭掛著一隻竹籃，泡茶之前，先把茶壺裡色香味俱已失去的茶葉倒在籃子裡。用廢茶裝成枕頭，據說可以醒腦清火。這是殷實的世家才辦得到的事情，惟有他們才消耗這麼多茶葉。

枕頭、褥子、床單，散發出淡淡的香氣，一種由清潔和乾燥而生的香味，一種沒有汗水沒有油垢而生的清香。

這氣味，我也很熟悉，我覺得既恍惚又真實。

然後，我躺在床上，雲裡絮裡一般的床上。我聽見燕子細碎的殷勤的童音，斜陽在對面屋脊上塗抹餘暉，如夢如幻，如前生來世。然後，燕子飛進來，站在樑上，挺著肚皮。然後尾巴一翹，白色的糞便在屋樑上畫下漏痕。

空樑落燕屎！

我想起來了，種種光景正是我從前的家。那時候，我或者尚在襁褓之中吧，舊家的浮光掠影還殘存在我的某處。當我第一次讀到名句「空樑落燕泥」時，我模模糊糊的想過，實情實景似乎不然，應該是「空樑落燕屎」。

恍惚間，無意中，我回到那已失去的家裡。

我們在窯灣休息了好幾天，同行的顧娘天天出去討飯。自出發逃難以來，我母親籌辦全體的伙食，顧娘和她兒子一起吃大鍋飯。可是顧娘說：「我是難民，難民討飯不丟人。」她的用意是為我們節省開支。

我在一旁怦怦心動，暗想：「我能去嗎？我也去好不好？」

那年代，我見過很多少年乞丐，從很遠的地方來，向很遠的地方漂去，並不懼怕，好像也沒有憂愁。有些乞丐叫「響丐」，吹著樂器遊走，有一種自得的神色。

那年代，人心也還柔軟，老太太們還有一星半點從兒子身上剩餘的慈愛。少年乞丐的生活並不艱難，似乎還很浪漫，千山萬水收藏祕密也留下祕密，使我們羨慕和好奇。

每逢過年，母親必定特別蒸一籠特別的饅頭，用它打發乞丐。這種饅頭用白麵做成，外面包一層高粱麵，看來粗糙，可是一口咬下去便不同。

千真萬確，長輩們對乞丐的臉色比對我們的臉色要好看一些。外面的天地也比四合院裡的天井要寬闊些、光明些。

那時不知有多少篇小說描寫青年是如何苦悶，左衝右突之後終於一走了之。這些小說即使寫得不好，最後一走總是教人悠然神往，他走了，八成是做乞丐去了！

那時，「反對共產共妻」的大字標語出現不久，跟著一句「反對共產黨誘騙青年脫離家庭」。誘騙青年脫離家庭？有這種事？為甚麼從來沒有碰見？

像「我的志願」這樣的題目，永遠永遠也不會在作文課堂上絕跡的吧，可是，在那年代，這個題目還真教人難以落筆呢。有人寫他要做文天祥，有人寫他要做戚繼光，有人寫他要做齊天大聖。

有一個人寫他要做乞丐！

這還了得！

那時，陶行知等人「勞工神聖、雙手萬能」的主張盛行，編選國語課本的人頗受影響，選了一些謳歌勞動的文章。有一天，我在家中溫習功課，高聲朗誦：

早打鐵，晚打鐵，
打把鐮刀送哥哥。
哥哥留我歇一歇，
嫂嫂留我歇一歇，
我不歇，
我要回家去打鐵。

湊巧一位親族中的長輩來串門子，他對我厲聲喝道：「有那麼多的事情你不幹，偏偏要打鐵！你太沒有出息了！」

打鐵都不行，還想做乞丐？

那位教作文的老師自認為了解兒童心理，倒是給那篇文章許多雙圈，每一排圈圈是一場風波，一陣口舌。

現在，我真要做乞丐去了，父親母親都不反對，日本鬼子給了我特准行乞的執照。

乞丐也不是赤手空拳可以做的，他必須有兩樣東西：一根打狗棒，鄉人稱之為要飯棍；一個隨身包，鄉人稱之為要飯包。

乞丐的隨身包，多半用舊蓆改造而成，也叫蓆簍子。如果乞丐把簍子點著了烤火，那是只貪享用不計後果，這就是「燒包」一詞的內涵。

我的打狗棒不是一根光溜溜的棍子。顧娘特地砍下一棵荊棘，修理成傘形的防禦武器。我這個小乞丐，除了衣著不符，手持的獨門兵刃也很怪異。

大家一同出發。窯灣真可愛，家家的大門都虛掩著，一推就開。我先把荊棘傘伸進去。狗狂叫，跳得很高。

走出來一個小夥子。「甚麼人？」

回答是：「要飯的！」

他轉身入內，叫喊：「爹，他說他是要飯的！」

他爹出來了，打量我，向廚房走去。

他拿了一張熱騰騰的煎餅出來。毫無疑問，剛從鏊子上揭下來，摺成四開。廚房裡正在烙煎餅，用小麥、黃豆、玉蜀黍混合磨糊。

這是很大方的施捨。通常打發乞丐，只給一小片冷煎餅，兩三天前的剩餘。我沒有要飯包，只好捧著這張煎餅急步回家。我知道摻了玉蜀黍的煎餅最好趁熱吃，現在它最香最酥，冷了以後就滿口滓渣。

我急忙獻上我的所得。我此生第一次憑自己的能力報效家庭。我認為現在可以吃了。我只想著吃玉蜀黍煎餅必須趁熱。可是父親說：「等一等，出去把你的弟弟妹妹找回來。」

等三個人聚齊了，煎餅還沒冷。父親下令弟弟妹妹先動手，然後三人一同大嚼。父親不吃，他只說話。他說：「也許有一天，你得帶著弟弟妹妹討飯。那時，你要記住，若是討到好吃的東西，一定要讓他倆先吃。」

第二天，顧娘趁著人家都在吃早飯的時候出發，她說人在吃早飯的時候心腸最軟。她不肯再帶我同行。昨天晚上，魏家老大對她表示，我去討飯，他的自尊心很受打擊。

沒關係，我自己也可以去。

我碰上一隻惡犬，纏鬥了很久還不見主人出來。今天的運氣沒有昨天好。我年紀小，又沒有經驗，可是狼牙傘真管用，到底人為萬物之靈。

背後有人說：「你閃開。」我側身後退一步，讓一個真正的乞丐出面。只見那人把手中一根東歪西扭骨節倔強的棗枝伸出去，一直伸到狗前面，朝地上點了兩下，那狗就低低的嗚咽一聲，低著頭向後退去。

那乞丐很髒，做乞丐哪能不髒？可是他露了這一手，我馬上覺得他不髒了。他大約有五十歲了吧，那年代，五十歲的人算是老人，可是他露了這一手，我馬上覺得他不老。

我問：你教我好不好？

他不答，腋下夾起打狗棒就走，我在後頭跟著。

你想學？

當然。

你得拜我做師父。

當然。

做了我的徒弟，就得跟著我走。

這個當然不行。我只是想學會了你的打狗法，每天可以多討些吃的，帶回家去。

他笑了，想學本事，哪有這麼容易？

一個有本事的人怎麼會做乞丐？

他說，世上有一種人，他做乞丐，正因為他有本事。他說，他的師祖，本來在皇宮裡保護皇帝，順便教導一批太監習武。自然，那是很久很久以前的事了。老皇帝駕崩，他們奉遺命效忠小皇帝，那也是很久很久以前的事了……

他說，小皇帝畢竟太小了，朝中奸臣亂政，叛賊奪權，發生驚天動地的改變。一場大火焚毀了宮殿，幼主下落不明。他的師祖帶著那批學武的太監逃出宮外，師祖說，改朝換代是無法挽回的了，但是，咱們誰也不投降。師祖說，既然連當朝皇帝都不配做我們的老闆，世上還有誰能做我們的老闆？從今以後我們不侍候任何人，不受任何人的管轄，不接受任何人的俸祿，我們不服王法，我們的名字不在戶口。

那麼，我們做乞丐吧。

我們一面做乞丐，一面抒散亡國之痛吧。

我們一面流浪行乞，一面挨家挨戶尋找幼主吧。

我大吃一驚。

這是一個乞丐的故事。我怎麼愛上這個故事了呢？

這是一些消沉遁世的人，我怎麼反而景仰那些人呢？

這時候，如果有人拿「我的志願」做題目，要我作文，我寫的也是「做乞丐」。

我比現在年紀更小的時候，曾經拉住長輩的衣襟問：「為什麼有人做乞丐呢？」

那長輩仰著臉回答：「有人天生是做乞丐的命。」

我也是做乞丐的命嗎？要不，怎麼搞的呢！

父親說，該賣驢啦。母親說，不能賣給屠戶。

經紀來了，左看右看。主人有兩個馬棚，裡頭拴著騾馬，也有驢子。我們這頭驢禁不起同類異類踢咬，單獨拴在棚外。

我們這頭驢真瘦，背脊上的毛快磨光了，肚子上的毛比較長，就胡亂打結。

經紀說，年頭不平靜，買牲口的人家比較少，還是賣給屠戶吧。

如果賣給屠戶，這頭驢就要變成醬肉。母親說，只要不是屠戶，由你出價。

經紀說，賣給屠戶，這驢值五塊錢，賣給種田的只值四塊。

四塊就四塊，有個鹽販子要買。驢馱鹽，農種園，世上最辛苦的兩件事。母親心疼起來，要求再換主顧，情願減價。

經紀有些不耐煩，不過到底是生意人，又帶了個賣麵粉的來。驢進了麵粉店一定晝夜拉磨，活兒也不輕。經紀說，人家買驢當然是為了要驢出力，哪有買個驢子養著玩兒的？

說的也是。

我們這頭驢子真聽使喚，是一頭老老實實的驢。驢也有玩世不恭的，也有趨炎附勢的，你在前頭牽牠，牠後退，你到後面趕牠，牠一路小跑害得你氣喘吁吁的追。你要牠馱東西，牠躺在地上打滾。

你若氣極了，拿籐條抽牠的屁股，牠立刻連屎帶尿一大堆，又騷又臭，好像，你對我不客氣，我也對你不客氣。

俗語說某人屬驢，不打不屙屎。

賣給磨麵的了，三塊錢。

驢子一點精神也沒有，自離家逃難以來，牠沒好好的吃過一頓草料。牠的嘴唇極薄，據說註定命苦。眼睛很大，可是沒眼神，幾乎像個瞎子。腿也太細了，擔心不知甚麼時候那樣腿會斷成兩截。

牠實在是一頭溫馴的驢。可是，單憑溫馴就能安身嗎？

牠也沒把握，跟在新主人後面走，回頭看了一眼。

這一回顧，母親的眼淚掉下來一大串。

主人的兒子真體面，前衛中鋒的身材，大一大二的年齡，四月五月的臉。

瞧他這身裝扮：白色球鞋、機器織的線襪子、西裝褲、嗶嘰夾袍，襟上插一枝金星鋼筆。衣服都是新的，居家亦如作客。

客廳右側一道牆，中間開了個月門，其實並沒設門板，一個正圓形的洞，周圍用磚砌了花邊。

這家的少主人跨過月門，來到客廳前的天井裡，正要往外走。一雙腳，穿著天藍色緞面的鞋子，鞋面上繡花，從裡面追出來。

「喂！喂！」女郎壓低了嗓子。

就這麼把他喊回去，兩人站在月門裡頭靠近一叢青竹說話。竹子是栽在一個很大的瓷缸裡，那種又粗糙又結實的陶器，也許不該叫瓷。

在自家院子裡植竹，都得用這種缸，要不，竹筍跑得快，不知甚麼時候從鄰家院子裡冒出來，或者從自家花圃裡往上鑽，一大片，很麻煩。

現在，竹子旺盛的生機鬱結在大瓷缸裡。男女兩個人都用一隻手扶著缸沿，一個在缸的左邊，一個站在缸的右邊，缸很大，可是有缸沿做紅線，一頭一個牽著。

顧娘說，女郎手上戴著剛訂婚的鑽石戒指。

顧娘說，少主人是女郎的未婚夫。

雖然已經訂婚，而且顯然受新式教育，女郎仍有些「奴為出來難」的樣子。見這麼一面好像不是很尋常的事。

顧娘說：「嬌生慣養的，好漂亮喲！」

女郎拭淚。果然不尋常。可是家裡沒有人走過來問問瞧瞧，這不尋常的事又好像在意料之中，而且樂於任其發展。

顧娘說，男孩要去從軍抗戰，女孩跑來勸阻，勸了兩三天了。

兩個人就在委屈求活的竹叢旁邊站著，手扶著冰冷堅硬的缸沿，很久。

好像勸不醒。

這裡仍然不是世外桃源。

為了以後的行程，昨晚有一陣小小的辯論。

父親決定繼續南行，可是魏家老大說，往南是徐州府地面了，徐州那能不打仗？

老魏認為應該往北走，「日本鬼子一條線，」躲著這條線走，走到蘭陵附近看動靜，蘭陵是故土，離蘭陵不能太遠太久。

無奈我們這一家，三個孩子，一個纏足的婦女，一個書生，零零落落，沒有快速行動的能力，不夠資格跟日軍捉迷藏，只有找一個地方住下，藏起來。那時日本軍隊不侵犯外國教會，宿遷有個大教堂，是美國長老會的財產，可以容身。

老魏認為他一家人不需要教會保護，而且教會也不一定安全。彼此商量了，魏家老二挑著行李送我們南下，只限必需的東西，那帶不完的由老大挑著回家保存。

願意到宿遷去的人，除了我家，還有四姨和顧娘，都是基督徒。大家禱告，上路，人數少了一半，有些冷清孤單。

窯灣和宿遷之間隔著駱馬湖——我一度以為是「落馬湖」。雖說是湖，並沒有水，只見天地茫茫方圓一百五十里的一片大窪。

一百五十里的圓周，其直徑約為五十里。不幸駱馬湖形如一條南北豎立的番薯，我們的路線是自北而南穿過，湖中無處打尖投宿，這天我們只有拚命的走。

魏家老二挑著行李，走在前面。挑東西要用扁擔，扁擔有彈性，上下忽閃忽閃的飛。這一上一下的功夫，挑擔的人邁出一步，兩者節奏必須互相配合，他不能慢，慢不了。他只有走一段歇一段，等我們趕上。

這一次，母親展示了小腳的痛苦。凡小腳都是腳背弓起，腳趾壓斷、摺疊，只剩大趾伸在前面。小腳的人走路只能用腳跟著地，平時重心後移，搖搖擺擺，現在母親拄著竹杖，彎腰探身，一如面對七級強風。

在故鄉，母親是天足運動的先驅者之一，她曾經遍告親友，古今多少纏足的女子在逃難途中遭人擄去，因為她逃不快。她說，逃難的時候，別人可以踏著冰過河，小腳女子會踩出冰窟窿來，陷下去。別人可以拖泥帶水過沼澤，小腳女子會兩腿插在水裡泥裡，動彈不得。即使路上沒有泥水，小腳也會把腳脖子走斷了。親友的反應是掩口暗笑：為甚麼不想些稱心如意的事，偏要假設自己逃難？這些親友，此刻不知哪裡去了？

駱馬湖，上帝用祂特大的湯匙，朝地表輕輕舀走一勺。祂舀去了村莊、樹林、岩石，連麻雀、野兔也沒留下。

方向感完全失去，頭頂上有太陽，靠太陽指路。地表在這裡偷偷的凹下去，走路的人並不覺得傾斜。可是走到中午，地平線近了，天空小了，好像有人收緊袋口的繩子。

想起碗裡的蒼蠅。蒼蠅喜歡飯碗，即使是洗乾淨了的碗，蒼蠅也愛落下來散散步。牠只在碗口邊沿爬行，從不深入碗底。有時候，蒼蠅也想探險，爬到離開碗口一寸左右的地方，立刻飛出碗外。牠要躲避想像中的災難。凹度使牠恐懼。

在駱馬湖裡，我們也有這種恐懼，身陷絕境的恐懼。
妹妹哭了，說她走不動了，我從背後推著她走一段，顧娘抱著她走一段。
我問宿遷還有多遠，魏家老二說：「快了！快了！」
父親一直抱著弟弟，我見他嘴歪了，帽子掉了，衣襟開了，鼻孔流出清水來，他把弟弟放在地上，喘氣。
弟弟看見母親，迎上去，想撲在母親身上，可是母親不能改變姿勢，不能改變步伐，不能改變她臉上拉直了的肌肉，像個忍受酷刑的人一樣不能有別的感覺。她目不轉瞬往前走，那一刻，我十分十分擔心她的腳脖子。
我又問甚麼時候才走到宿遷，魏家老二說：「快了快了！」
後來，我也走不動了。回想起來，我們一家那時開始有連根拔起的憔悴。
宿遷還遠。那時，我就該知道，「快了快了」就是「很久很久」的另一說法。
走著走著，地勢漸高，太陽偏西，我們的影子很長很長，使我忽然以為我們是迎神賽會踩著高蹺的巨靈。我從未料到我造成這麼大的影響，我知道這是駱馬湖顯現的奇蹟，在村落參差分布的地帶，我們不可能有這麼長的影子。

我們本來累極了，一個累極了的人，會忽然不累了，精力不知從哪裡湧進來，生命在反撲。首先是母親忽然昂揚，順利走完全程，事後，她說，這是主賜給她力量。

終於，我們看見鴉陣了。

我們看見樹木了。

然後有房屋市街。

終於，我聽見一群孩子高唱：「一二三，到宿遷。」

宿遷長老會關著大門，門板很厚，用手掌拍打幾乎發不出聲音。

門開了，弟弟跨不進去，這才發現門限很高。

執事登記了我們的名字，把我們安置在教堂旁的屋子裡。教會的建築大概都是：巍峨嚴肅的教堂，旁邊一排謙卑的小屋，外緣是高高的圍牆。

啊呀一聲，個個倒在地上，沒有伸腿彎腿的力氣。這才知道剛才「忽然不累」正是最累的時候。

只有弟弟不累，一心想到院子裡玩。我們很恐慌，生怕他走出小屋之後就不見了。

父親最緊張，春暖的天氣，全身出汗濕透了夾袍，因為累，也因為怕。他說，在駱馬湖裡，只要一個強盜，他手裡有一枝槍，我們全體束手無策。

父親一向想得多，他把我叫到身旁。

「我們在逃難，日本鬼子在追我們。」這個，我知道。

父親講鄧攸逃難的故事。

晉代的鄧伯道和鄧伯儉，是親兄弟。兩人都只有一個兒子，他們的兒子都很小。石勒造反，鄧伯道帶著兒子和姪子逃難，途中，兩個孩子都走不動了，伯道說，我背著姪子逃吧，把自己的孩子丟棄了吧，我以後還可以再生一個。如果把姪子丟掉，哥哥一支就絕後了。

父親問：「如果，我是說如果，沒有爸爸，沒有媽媽，只有你，你帶著兩個孩子逃難，一個是弟弟，一個是你自己的兒子。你只能抱著一個孩子逃，那時，你抱哪一個？」

他把我問糊塗了，兩個念頭在我的頭腦糾纏不清：第一，我怎麼會有兒子？第二，如果我有兒子，弟弟一定長成大人了，怎麼還會要我抱著走路？

我只顧做這道算術題，答不出話來。父親又氣又急，認為我的沉默就是對弟弟不負責任，他劈臉給了我一耳光。

恰巧教會執事一步跨進來，他愕然。

「你們到底是不是基督徒？怎麼打孩子？」

這一問，非常嚴重，倘若他認為我們假冒，就要拒絕收容。

因此，對我的責任問題，父親沒有追究下去。

一九九一年八月十五日台北《中央日報》副刊發表，梅新先生主編

第八章　戰爭的教訓

我不記得在宿遷住了多久。宿遷宿遷，到底幾宿而後遷？

只記得進了宿遷教會之後倒地便睡，足足睡了兩天，偶然起來喝點水。

這兩天，簡直是神仙了，不用再支持自己的體重，不再抵抗地心引力，由頸部到腳趾的肌肉關節都放了假，這幾尺乾淨土，就是大同世界、人間天上。難怪俗語說：「好吃不過餃子，舒服不過倒著。」想那莊稼漢在一天胼手胝足之後，突然躺下來慶祝釋放，才發明了那兩句格言吧。

誰知盤中飧，粒粒皆辛苦！如今轉了個彎兒，讓我知道。

這是頭兩天。

母親最愛〈馬太福音〉，說〈馬太福音〉是四福音裡的壓卷之作。

她對我說：「來，你是住在神的家裡，要天天讀一段《聖經》。」她教我讀〈馬太福音〉

第五章：

你們是世上的鹽，鹽若失了味，怎能叫他再鹹呢，以後無用，不過是丟在外面，被人踐踏了。你們是世上的光，城造在山上，是不能隱藏的。人點燈，不放在斗底下，是放在燈台上，就照亮一家的人。你們的光也當這樣照在人前，叫他們看見你的好行為。

忽然，警報，空襲警報中的預備警報，日本飛機要來。

那時，小地方發布空襲警報是派人沿街敲鑼，大地方如宿遷城，是由臂力強健的人搖一個類似轆轤的東西，「轆轤」轉動達到某一速度，發出電來，警報器就嗚嗚的響起來。除了入耳驚心的警報器，還有觸目驚心的警報球，一個球代表預備警報，兩個球代表緊急警報，三個球代表解除警報。

聽見預備警報響，我跑到大門外向天空張望，沒看見球，只見大人怒氣沖沖把我拖進去。教會有許多人口，大家慌忙進了教堂，他們是把這個高大寬敞的建築當作防空洞了。可是防空洞應該在地下。「城造在山上，是不能隱藏的」，大教堂的目標太暴露太突出了。城造在山上不一定就好。

躲警報的人進了教堂就跪下禱告。禱告完了，敵人的飛機並沒有來，空襲警報也沒有響。大家再禱告。天空依然很安靜，有些人就回家去了。

大教堂講壇後面有一個夾層，頗似戲院的後台，有梯子可以爬高。我沒回家，偷偷的往上爬，從玻璃窗看見了屋頂。想不到，大教堂的屋頂是洋鐵皮鋪成的，他們用整個屋頂漆了一面美國國旗，日光直射之下很鮮豔。距離太近了，幾乎蓋到我臉上，花花綠綠，令我眩暈。

這面國旗想必是給日本飛機的轟炸員看的，他一定看得見。城還是可以造在山上。

這是第三天。

第四天，我們讀〈馬太福音〉第六章：

> 不要為自己積攢財寶在地上，地上有蟲子咬，能鏽壞，也有賊挖窟窿來偷。只要積攢財寶在天上，天上沒有蟲子咬，不能鏽壞，也沒有賊挖窟窿來偷。因為你的財寶在那裡，你的心也在那裡。

這天下午，一隊中學生沿街募捐，穿著明盔亮甲的制服，洋號洋鼓，是一支小小的樂隊。

他們進了教會，列出隊形，驚天動地吹打起來。

許多人跑出來看，別人看樂隊，執事看捐款箱，一個很大的木箱，要兩個學生抬著走。箱口鄭重的加了鎖，貼了封條，還有標語：「打倒日本帝國主義。」執事的樣子有些為難。

他說：「我們這裡是教會。」那時候，教會在表面上中立。他說這句話，臉先紅了，我在旁邊也有些羞愧。

領隊的是個女生，面圓腰肥，但是很機伶，對當時的國際局勢也了解，她馬上指一指觀眾：「我來找他們。」

「可是這裡是教會。」執事又說。

「我們只唱一支歌。」女生說著，做出指揮的姿勢。那時抗戰歌曲不多，他們唱的是：

只有鐵，只有血，
只有鐵血可以救中國。
還我山河誓把倭奴滅，
醒我國魂誓把奇恥雪。
風淒淒，雨切切，

洪水禍東南，猛獸噬東北，
忍不住心頭火，
抵不住心頭熱。
起兮！起兮！
大家團結，努力殺賊！

這歌在當時流行，樂隊一開頭，院子裡的人都跟著唱起來。唱完，樂隊指揮趁勢喊道：「各位，抗戰的，愛國的，相信天理的，都到大門外來捐錢！」她的手向大門一揮，滿院子男女老少像秋風掃葉一樣擁到大門外去，然後樂隊抬著捐款箱退出，在巷子裡用洋簫洋號吹奏「起來，不願做奴隸的人們」。洋鼓打著拍子。在教會門外，大家紛紛掏出錢來，朝大木箱的小孔裡投下去。

包括那位執事在內。

然後，樂隊整隊，領隊三指併攏向大家行了童子軍禮。樂隊改奏進行曲，抬著捐款箱離開。沒有收據，那時街頭游募多半沒有收據，彷彿那箱子就是國家。

〈馬太福音〉第六章說：

不要為生命憂慮吃甚麼喝甚麼，為身體憂慮穿甚麼。生命不勝於飲食嗎？身體不勝於衣裳嗎？你們看那天上的飛鳥，也不種、也不收、也不積蓄在倉裡，你們的天父尚且養活他。你們不比鳥貴重得多嗎？……你們要先求他的國和他的義，這些東西都要加給你們了。

這是第五天，我讀經的時候心不在焉，忘不了昨天的樂隊，踩著進行曲，從這個幽靜的巷子裡像神仙一樣走出去。

我一向生長在鄉下，宿遷是我到過的第一個城市。它的人口比蘭陵多十幾倍。這些人為甚麼要擠在一起呢，他們過的是甚麼樣的生活呢，這麼多的人家裡是不是藏著一些鄉下沒有的事物呢。

雖然有禁令，我仍然忍不住想跑出去看看。教會的大門整天從裡面閂著，如果有人開門出去，得有另一個跟在後面替他把門閂好。有時候，出門的人找不到這樣一個助手，大門就在他走後虛掩著，這時，任何人都可以自由出入。

我出了門，朝昨天樂隊游募的方向走去，一直走，不轉彎，我不能轉彎，一轉彎就迷路了。只要直著向前走，自然可以直著走回來。

走過無數陰暗寂靜的住宅，忽然看見陽光明亮的街道，滿街都是軍人。戰場邊緣，他們都不佩階級符號，分不清官兵，老百姓一律稱為「老總」。老總是清末千總把總的簡稱，泛指下級軍官。用以稱呼士兵，自是「禮多人不怪」了。

看樣子，這些「老總」是出來逛街的。也許他們剛從別的地方開到宿遷來，像我一樣，對這個城市有些好奇。他們剛剛換上短袖的單衣，左袖外緣繡著「揚開」兩個字。新軍服的布料很好，字也繡得端正工整。

他們也許不是出來逛街，而是忙裡偷閒買一點日用品吧。我站在一家雜貨店門外看他們，一位老總進店買肥皂，他東摸摸，西看看，最後滿把抓起幾塊肥皂朝著店主一揚：「我給過錢了！」

我看見他並沒有給錢。店東的兒子想糾正他，可是店東點了點頭。

老總還不放心，鄭重加強語氣：「給過錢了！」那時軍紀森嚴，無故拿走老百姓的東西是要槍斃的，必須貨主明確的表示認可。

店東說：「好，沒錯。」老總這才把肥皂塞進褲袋裡，心滿意足的走出去。

小店東一臉的不服氣，他的父親開導他：「你沒聽說過嗎，當兵的人死了還沒埋，挖煤的人埋了還沒死。他今天還在，明天就難保。中國人正在跟日本的坦克大砲拚，台兒莊一天死一千兩千。你這幾塊肥皂算甚麼，你到他墳上燒一刀紙也比肥皂錢多。」

在宿遷的第六天，母親教我讀〈馬太福音〉第十八章：

這世界有禍了，因為將人絆倒。絆倒人的事是免不了的，但那絆倒的人有禍了。倘若你一隻手或一隻腳叫你跌倒，你就砍下來丟掉，你缺一隻手或是一隻腳進入永生，強如有兩手兩腳被丟在永火裡。倘若你一隻眼叫你跌倒，就把他剜出來丟掉，你只有一隻眼進入永生，強如有兩隻眼被丟在地獄的火裡。

我悄悄的溜出來。這次我換了個方向，背著太陽，我想是向東。膽子練大了，敢不停的走。

終於找到鄉下沒有的東西，一間小小的戲院。叫它戲院未免太小，叫說書的場子又太大了。門口沒人收票，儘管走，走進去，坐下，小女孩來倒茶，這才收錢。小孩子不佔座位，站在後頭沒人管。軍人進去，坐下，不花錢，也沒人來倒茶。

舞台很小，坐著個穿長衫戴禮帽的，操一把胡琴。後台有幾個女孩子，她們輪流出來唱京戲，一段一段的唱，不化妝，也沒做工。這些女孩子個個穿旗袍，領子高，低頭鞠躬都困難，卻又沒有袖子，整條胳臂露出來。下襬掃到腳面，似乎很保守，兩旁偏偏開衩開到腰部，蓋不住大腿。在那時，這是很性感的服裝。

回想起來，我對她們唱的戲全沒留下印象。最令我難忘的是，軍人和老百姓自然分座，這一邊喝茶，吃瓜子，用熱毛巾擦臉，那一邊枯坐靜聽，目不邪視。碰上那個女孩子唱得中聽，顧客可以特別開賞，女侍捧起盤子在旁邊接著，噹郎一塊銀元丟進去，嚇人一跳。女郎唱完了，走下台來，站在那出手賞錢的人身邊，低聲說一句謝謝，再回後台。出錢的人很神氣，坐在他周圍的人都好像沾了光。這一幕總算是個小小的高潮，可是那半壁軍人個個如老僧入定，無動於衷。

這個小戲院也總算是個歌舞昇平的地方了吧，我為甚麼心裡覺得不安呢？而且非常之惴惴。是怕警報忽然響起來嗎？是怕因私自外出而受到父親的責罰嗎？

我匆匆趕回，一路平安，家中也沒有異狀。可是仍然懷著不祥的預感。想了好久才理出頭緒來，小戲院裡的情景刺激了我。一個劇場，兩種人生，這一半如何能面對那一半呢，他們怎麼可以一同看戲呢？他們怎麼一點也不怕呢？

據說，這是第六天。

以後的日子很模糊。也許是第七天吧，沒有讀經的功課，我整天都在打算怎麼溜出去。毫無目的。總有些名勝古蹟吧，也不知道去尋找。

如果這天下午我在外遊蕩，後事如何就很難想像了，幸而我始終沒有得到機會。午後，警報響了。我們都進了大教堂，教堂裡的長凳子釘在水泥地上，搬不開，我們只好趴在凳子下面。

這回真的聽見了俯衝投彈的聲音，飛機忽然變了調，受了傷似的嚎叫，接著地動山搖。大教堂像個小舢舨，尾巴往上一翹。

也聽見高射砲聲。砲彈和炸彈不同，地面不會震動。

那時，一架轟炸機在翅膀底下掛兩顆炸彈，炸彈用黃色炸藥製造，威力小，要摧毀一個城市，得出動好多批飛機，一波一波輪番轟炸。我們在教堂裡，聽見飛機來了，走了，炸彈轟轟的響，附近的房子稀里嘩啦，沉寂了，可是轟炸沒有完，還有下一波。

兩波轟炸之間，那一段平靜才教人觳觫。你只知道逃過一劫，不知道是否逃得過下一劫。一根細絲把寶劍吊在你頭頂上。我是甚麼感覺也沒有了，活著和已死沒有多大分別。

警報解除，走出教堂，看見日色金黃。這次轟炸由午飯後炸到晚飯前，夠狠。

這一炸，我是嚇破了膽，再也不敢走出大門一步。以後幾年，我只要聽見汽車馬達聲，立刻魂飛魄散。

大轟炸後，日子過得渾沌，對日出日落全沒有印象。

不能忘記的，是斷斷續續傳進來的一些消息。

有些人失蹤。一個警察說，空襲時，他正在街頭值勤，敵機業已臨空，猶見一人行走。依照規定，空襲警報發出後，行人一律就地止步，但是，如果行人存心取巧，對攔阻他的民防人員撒個謊，伸手向前隨便一指，說「我的家就在前面」，可以越過封鎖。

在那種情形下，為甚麼千方百計要在街上行走？不知道。那時代，人喜歡賣弄自己的小聰明犯規。

警察說，他無法制止那個行人，他自己業已臥倒隱蔽，只能注視那人，為他著急。只見地面裂開，射出火和塵土來，那行人從此蹤影不見了。

那警察簡直以為自己白晝見鬼。

有很多家庭要辦喪事，喪家到處找棺材，找墓地。有人四出找一條人腿，他爸爸的腿。

他爸爸死於轟炸，一條腿不見了，孝子希望找回來再入殮。

轟炸時，有兩個棋迷正在下棋。房子左右都落了炸彈了，棋子飛走了，棋盤也飛走了，兩個棋迷還望著歪斜了的桌子發呆。

警報解除後，兩個棋迷又拾起棋子棋盤，回憶那盤沒下完的棋，把殘局擺好，一決勝負。誰料在這個時候房子忽然塌了！好像老天跟他們開玩笑。

這次宿遷炸死許多人。那死亡經過平淡無奇的，在死者家屬吞聲時就湮滅無聞了，能夠傳到教堂院子裡來的，都有些曲折聳動。然後，再經過眾人過濾，百中取一，進入街談巷議，然後，千中取一，進入漁樵閒話。最後成為故事。

故事的存在和流傳，已不是根據受難者的需要，甚至也不是抗戰的需要，而是根據聽眾的興會。不能仔細想，仔細想就會發現殘酷。我在這裡很殘酷的記下幾則故事，可以在茶餘酒後流傳的故事，而遺漏了千千萬萬摧心裂肝的家庭。

魏家老大忽然來了，我們有說不出的驚喜。

魏家和我們一同逃難，中途因意見不同分手。魏家兩兄弟，老二送我們南下，老大帶家人北上。我家的行李也因此分成兩擔，其中一擔由老大挑著走，暫時保管。

老魏突然出現，使人感到劫後重逢的情味。他對於我們帶著他的弟弟到宿遷來挨炸有些抱怨。他說，由他暫時保管的那一擔行李，半路上被強盜劫走了，有一番驚險。雖然他的臉色沉重，他仍然是我們非常歡迎的客人。

老魏也帶來兩個好消息：台兒莊會戰結束，蘭陵成為後方，可以回家了；回家以後，魏家將擇定吉期，為老二成婚。

動身離開宿遷，我才看見轟炸造成的瓦礫。每一片瓦礫，原都是這個家庭一代或幾代的愛心和奮鬥。碎瓦片是真正的廢物，甚麼用處也沒有，垃圾不如。經過了幾天清理之後，瓦礫下不會再有屍體，也許有血，我看見狗在上面用鼻子探測。

一個一個家庭，不招誰，不惹誰，就這樣毀了。飛行員大概從來沒有機會看見他留的彈坑，難怪他英俊瀟灑，一塵不染。

瓦礫場並不是很多。大轟炸時，簡直以為全世界都毀滅了，其實不然，宿遷只是像一張床單上灑了些墨水。我真希望能指給飛行員看，使他明白他的技倆不過如此。

日上三竿，陽光逐漸強壯。宿遷，我有點捨不得離開，它是我面對世界的第一個窗口，使我看見人生多麼複雜。

陽光下，一個一個宿遷人和我交臂而過，一臉前仆後繼的悍然。

回程完全照老魏的意見行事，出宿遷，經東海，轉赴郯城，到南橋。這些地名從小就熟識，古時的東海郡，後來的海州，現在的江蘇東海縣。古時的郯國，郯子故里，曾子講學處，「感天動地竇娥冤」的故事產地，現在的山東郯城縣。

老魏帶我們走小路，東海和郯城的縣城全沒看見。我只記得滿眼的小麥。投宿是在小村莊的街巷露宿，大人輪流值夜，一路所到之處非常寂靜，真空一般的寂靜，若不是莊稼長得那麼好，你真以為沒有人煙。

歸程十分從容，魏家兄弟倆輪流挑著行李走，不挑擔子的那個就抱著弟弟。一路不斷休息，母親能趕得上大家。看來光景美好，只是大戰後的寂靜還有壓力。

沿途休息的時候，老魏談說家鄉最近發生的事，他提到臨沂的教會。

從三月十三日開始，國軍和日軍在臨沂附近打了五十天，最後圍城，攻城，巷戰，雙方抱在地上打滾。傷兵運不出去，全送進美國教會，臨沂醫院的醫生護士也都跟了去。日本兵進了城，見人就殺。他們沿街敲門，趁裡頭的人開門的時候用刺刀刺死，大街兩旁，幾乎家家門框門限上有血。他們要教會把傷兵交出來，教會沒答應。那些傷兵總不能老是在裡頭躲著呀，怎麼個了局呢。

老魏也談到嶧縣的教會。嶧縣縣城在蘭陵之西，只有五十里路。對蘭陵影響重大的兩個城市，一個是嶧縣，另一個才是臨沂。

日軍先到嶧縣，後到蘭陵。嶧縣南關的教會收容了很多難民。有一個日本兵喝了酒，帶著刺刀，來敲教會的大門。大門裡頭院子裡坐滿了難民，有個人站起來把門打開。日兵一刀把開門的人殺了，衝進去又殺死一個老頭兒。他大喊「花姑娘的有」，意思是要找妓女。院子裡的人慌成一團；不敢回話，那日兵又順手殺死一個老太太。那一院子難民裡頭當然有許多壯丁。他們看那日本兵殺了一個又一個，眼也紅了，就到廚房裡一人拿一根木柴，一擁齊上，把那個小日本鬼兒亂棍打死。

這可不得了，日本人能罷休嗎？

日本人到教會去調查過，最後承認是他們自己的錯。

我鬆了一口氣。可是老魏說：

教會只有巴掌大，能藏幾個人，還得中國人不怕死，跟他拚，跟他幹！

對於回家，我缺少心理準備。

蘭陵城外有許多松柏，參天並立，排成方陣，遠望很有幾分森嚴。蘭陵王氏在明末清初發跡，開始經營祖宗陵墓，這些松柏，就是古人的傘蓋，這些松林，也象徵祖宗的餘蔭。

戰後歸來，那些松柏全不見了，每一棵樹都在齊腰的高度鋸斷，剩下一根一根木樁。鋸樹的人為了省力省事，沒有坐在地上朝根下鋸。戰爭來了，又走了，四鄉的窮哥兒們緊緊踩著戰爭的背影，搶伐搶運，一夜之間就光景全非了。

松柏不流血，你殺了它它冒出來的是香氣，事隔多日，還有松香附在塵土上逐人。這種樹林叫「老林」，老林是神聖不可侵犯的，俗語說誰動了誰家老林的土，那表示誰對誰有不可解的怨恨。唉，唉，這些事情現在都發生了。

回到家，大門，二門，房門，所有的門框門板門限都沒有了，窗也沒有了，桌椅家具當然更沒有了，總之，所有的木製品蕩然無存，出入暢通，毫無關防，完全不像私人住宅，完全不像。

那時的房屋，門窗上端有一塊橫木。叫「楣」，照例使用極好的木料。起朱樓蓋華屋叫「光大門楣」，人的氣運衰敗叫「倒楣」，可見「楣」之重要。現在，我家的每一處「楣」都沒有了！看樣子，有膂力強的人來，使用十字鎬一類的工具，硬生生的破牆取去，所以，每一個門窗都成了一個大洞，四周圍著犬齒形的磚塊。

還有，院子。

院子裡本來有一棵棗樹，我曾在樹下念誦：「我家院子有兩棵樹，一棵是棗樹，還有一棵也是棗樹。」也曾透過蕭瑟的固執的棗枝仰望奇怪而高的秋空。

院子裡本來有兩棵石榴，我曾在樹旁學會了「五月榴花照眼明」，數一數幾朵雄蕊幾朵雌蕊，計算能結多少石榴。

戰後歸來，棗樹沒有了，石榴樹也沒有了，院子裡的土被甚麼人翻過，好像準備在這裡種菜。

那些人從四鄉來，闖入有錢的人或者曾經有錢的人家中，檢查室內室外每一寸土地。他們用一根木棒撞擊地面，聽那響聲，如果有共鳴，鼕鼕似鼓，地下一定埋著一缸細軟，馬上動手挖。

通常，埋在室外院子裡的東西體積很小，例如玻璃瓶裡裝幾件首飾，得用另外一個方法檢查，那就是學農夫翻土，翻到埋東西的地方，土的顏色不一樣。如果院子很大，就把耕田用的牛和犁使上，小東西埋得淺，說不定犁刀過處它就跳出來。

我家的院子就像犁過的一樣。我聯想到成語「犁庭掃穴」……

那時，我就應該想到，階級鬥爭完全是可能的。

當天早晨弟弟聽說要回家，很興奮。他雖小，對舊家必定也有些記憶吧，站在院子裡，他一再問：「這是甚麼地方？這是誰的家？」

母親望著我：「這一回，咱家可是窮了！」

然後，她奮然說：「魏家老二結婚，我一定送一筆厚禮，厚得教別人沒有話說！」

一九九一年十月十日台北《聯合報》副刊發表，瘂弦先生主編

第九章　折腰大地

我家有五位姑姑。當我離家時，五姑還在家中，前面四位姑姑都已出嫁。我對二姑三姑四姑沒有任何印象。我不記得她們到我家來過，我也從未到她們家去過。她們也從未給我一塊糖果或一個銅元。我根本不記得她們的長相，料想她們也不記得我。只有大姑，留給我許多許多回憶。我們落荒逃難，在她家住過。

在我的老家蘭陵之西，大約二十五華里，有一個村子叫楚頭林——或作褚頭林，或作鋤頭林，我不知道官方文書是怎麼寫法。大姑嫁給那裡的趙家。

一九三八年，也就是民國二十七年四月，我們回鄉察看了劫後的殘破，就在大姑家暫住。那時蘭陵的秩序尚未恢復，日軍在蘭陵之北的卞莊安了據點，逐步向南發展，控制由濰縣到台兒莊的公路。

當時楚頭林的情勢是「三管三不管」。三不管，是說日本人不管、共產黨不管、國民黨也不管；三管，是說共產黨來了共產黨管，國民黨來了國民黨管，日本人來了日本人管。我們在那裡住了一年，國民黨、共產黨、日本人都沒來過。這個地方仍然有人管，由趙家的二伯，也就是大姑丈的哥哥管。趙家是那裡的首富，趙家的住宅是全村的精華，這位二表伯又是趙家「出乎其類、拔乎其萃」的人物。

二表伯的長相和他弟弟——我的姑父——不同，姑父胖、臉圓、皮膚白淨，說起話來客客氣氣。二表伯黑臉膛，眼睛經常放射著戒備的光，看春花秋月陰晴雨雪都是一副不屑的神氣。從那時起，我就發覺黑臉的人比較剛強。

二表伯常常獨自坐在客廳裡，坐在八仙桌旁的太師椅上，以凌厲的目光望著天井，忽然咳嗽一聲，聲音非常響亮，屋瓦屋椽跟著嗡嗡的響，這有個名堂，叫「客屋音」。他在咳嗽的時候，早把一口痰含在口中，用舌頭玩弄一番，選定適當的時機，朝天井中吐出去，聲音十分雄壯。回想起來，那距離怕不有四、五公尺，全部的痰和唾液化為一道白光，沒有一星一點落在客廳裡。

他是一個標準的鄉村領袖，具有一切必備的修養，包括長射程的吐痰。像他這樣一個人物，客廳裡並不經常準備痰盂，如果椅子旁邊擺著痰盂，人家會在背後議論，說甚麼氣血衰敗，家道恐怕要隨之中落。

二表伯獨坐時，你老遠就可以聽見他的聲音。這時誰也不願意穿過天井，只有我不懂得，冒冒失失闖進客廳。他指一指八仙桌另一邊、也就是左首的太師椅說：「坐！」我不得不坐。他吩咐聽差的：「給客倒茶！」原來我是客。茶來了，趕快喝，喝了趕快走，不喝怕他生氣，喝了不走也怕他生氣。

除了二伯以外，另一個活躍的人物，是二伯的獨子，我叫他表哥。回想起來，表哥那時不會超過二十歲，他已經結了婚，有了一個孩子。

我幾乎沒有見過表嫂，但是熟悉她的哭聲。表哥表嫂的臥室和我們借住的屋子相連。半夜裡，他們的孩子哭，拍也不行，搖也不行，奶頭塞嘴也不行。以表哥的年紀，他正需要酣眠，實在受不了這樣的騷擾。於是他捶床大罵。

孩子哭得更厲害，他就打。巴掌響過以後，小母親和孩子一起哭，表哥命令她們滾出去。既而一想，她們無處可去，就改口說：「你們都死了吧！」

孩子一哭，我母親就醒了。等到表嫂哭泣，母親披衣而起，她也知道不能做甚麼，就坐在床上看自己的女兒。妹妹和弟弟睡得很熟，甚麼也不知道。

有時，母親以極低的聲音說：「太早了！都太早了！都還是孩子！」雖然是氣音，夜裡聽得很清楚：「為甚麼不去上學呢？現在要是他們都在學校裡受教育，那有多好呢！」也許是自言自語，也許是說給我聽：「結婚太早了，太早了！一生都葬送了！」

表哥在白天出現的時候並沒有那種令人沮喪的感覺，他是活潑而精力充沛的少爺。他的父親輕易不出大門，他完全相反，整天村裡村外走走看看，不知他要做甚麼，他的樣子既像遊蕩又像巡邏。只要他說：「來，跟著我！」我就跟在他後面走，他有些行動能吸引我。

有一次，一隻狗遠遠跟著我們。他站定了，對我說：「家裡正在蒸包子，你去拿幾個來。」包子拿來，他才解釋：「我想起一句話：肉包子打狗。」他對準那狗投過去一個包子。狗似乎知道那不是石頭，並不躲開，反倒跳起來迎接。狗也有預感嗎，怎麼剎那間來了五、六隻，又爭又搶，擺出自相殘殺的決心。表哥把所有的包子都投過去也沒能使牠們緩和下來，你死我活的真嚇人。

表哥以新實驗推翻舊定理的那種得意對我說：「看見了沒有？肉包子打狗，狗咬狗。」

又一次，他說「跟著我」。一塊兒來到池塘旁邊，青蛙正鼓譟得厲害。我想起我讀過的一篇文章，那作者告訴我，帝俄時代的貴族到莊園消夏，因蛙鼓喧鬧不能安眠，命令佃戶連夜守在池塘周圍驅逐青蛙。

我把這件事告訴了表哥，他說：「俄國人真笨，為甚麼不朝水裡撒麥糠？」他向附近農戶要了半筐麥糠，抓幾把撒在池水裡，青蛙咕嚕幾聲，果然從此就沉默了。

表哥說，青蛙如果喊叫，麥糠就會刺牠的喉嚨。

我想這辦法很有趣，只是不忍心教這麼多青蛙喉嚨痛。

那時，他的確是個孩子，一個有妻有子的孩子。

我已經失學很久很久了。

那年代，在家鄉，官立的小學逐步淘汰了私人的學塾。戰爭發生了，小學停辦了，私塾又東一個西一個成立起來。「塾」是大門裡面兩側的房屋，俗稱「耳房」，猶如人之兩耳，是四合房建築最不重要的部分，學而稱「塾」，自有「小規模」、「非正式」的意思。

私塾授課，教的是《老殘遊記》所謂「三百千千」，即《三字經》、《百家姓》、《千字文》、《千家詩》，外加寫毛筆字，高年級學長則攻讀四書五經和唐詩。那時家鄉父老對洋學堂裡的「大狗叫、小貓跳」素不滿意，認為能教孩子「補習」一些舊學也是補偏救弊。

楚頭林正有這麼一家私塾，又稱學屋或家館，有一位趙老先生在村中設館授徒，是趙家的長輩。

父親把我送進學屋、走了，我不知道他到哪裡去了，後來聽人家說，他去打游擊。

私塾老師都是不苟言笑的人，不過趙老先生對我很和善，一則我是「客」，再則我的作文比別人好一些。學屋裡大約有二十個學生，由念「人之初」到念「關關雎鳩」的都有。我念《孟子》，算是中年級，若是編排之乎者也，我立刻顯得很傑出。

念「人之初」的幾個學弟常常挨打，他們總是背不出課文來。他們愛自己編的課文，「人之初，蓋小屋，蓋不上，急得哭。」「人之初，出門站，新興近，向城遠。」新興、向城都是附近的地名。那時我就想，也許課文應該照「蓋小屋」那麼編。「人之初，性本善」，我未入小學之前就讀過，不懂是甚麼意思，現在小學畢業了，依然不懂。

念《論語》的同學，每天背誦都能過關，那是因為老師沒仔細聽。如果老師知道他把「何莫由斯道也」念成「癩蛤蟆咬了四大爺」，一定勃然大怒。

說來功課不重，我們讀四書，一天只讀兩百字，上午受課（當地叫領書），下午背給老師聽，等於考試。一天除了寫大字小楷，中午回家吃飯，整天念那兩百字，一齊大聲念，拖著長腔念，老遠聽得見，這就是「琅琅書聲」。

按照正常的進度，老師對讀《論語》的學生講解課文內容，謂之開講，學生上午聽講，下午講一遍給老師審聽，謂之回講，如果回講時講不出來，老師重新講解一次，第二天再回講。倘若回講一再失敗，老師就對這個學生停講，這個學生仍然天天領書，有板有眼的念那些有音無義的句子，鄉人稱之為「念書歌子」。

為了使「書歌子」容易背誦，學生常常自己在亂聲誦讀中「發明」它的意義。所以，書上寫的是「皇駁其馬」，他心中想的是「癩蛤蟆咬了四大爺」。書上寫的是「何莫由斯道也」，他心中想的是「王八騎馬」。

學生挨打多半是為了背書。背誦時，學生離開座位，站在老師的教桌旁邊，轉過身去，面向同學，這時全體學生一齊高聲朗讀，以為掩護，說也奇怪，這種技倆從未被老師制止過。

從趙老師這裡我第一次看見「出恭入敬」的牌子。這是一面木牌，約有巴掌大小，一面寫著「出恭」，一面寫著「入敬」。牌子放在老師的教桌上，「入敬」的一面向上，如果有人要上廁所，他得先向老師報告，得到許可以後把牌子翻過來，露出「出恭」，事畢回屋，再把牌子翻回「入敬」。這是防止學生借尿遁屎遁逃課的一個辦法，以致「出恭」變成了「大便」的代號。

我還從趙老師這裡知道「戒尺」本名「戒恥」，意思是說，你如果被這個板子打了，那是你的羞恥，希望你知恥。又好像說，這個板子可以改正你的某些可恥的行為。「戒恥」的意義比較豐富，我很喜歡。

老師為我開了一門特別的課程。蘭陵是個小地方，古代顯赫過，後世文人留下一些詩篇，老師下功夫搜集了，他教我念這些詩。

首先是李白的〈客中行〉：

蘭陵美酒鬱金香　玉碗盛來琥珀光
但使主人能醉客　不知何處是他鄉

〈客中行〉入選《千家詩》，而《千家詩》是清代的兒童教科書，所以此詩幾乎是無人不知。其實它不過是太白一時即興之作，我從來不覺得有甚麼了不起。

劉長卿到過蘭陵附近的芙蓉山，有一首〈逢雪宿芙蓉山〉：

日暮蒼山遠　天寒白屋貧
柴門聞犬吠　風雪夜歸人

這種詩中的小品，讀來也是不過癮的。

清代的邵士途經蘭陵，寫過一首七律：

蘭陵古道一天晴　山色青青馬首迎
美酒臨觴懷李白　雄文佩筆訪荀卿
村村雞犬同豳國　戶戶絃歌近武城
停轡觀風民物好　與農閒話勸春耕

只有開頭兩句好，也只有前兩句我一直記得。後來費了許多功夫查出全文，才知道我為甚麼老早就把它忘記了：粉飾太平，平直無趣。感謝上帝！我們不喜歡的事物，我們總是先予忘記。

明代的張和有一首〈蘭陵秋夕〉：

碧樹鳴秋葉　芳塘斂夕波
漏長稀箭刻　樓迥逼星河
候雁迎霜早　啼螿傍日多

……

不抄下去了，詩中景象合乎黃河下游任何地方的秋夕，跟蘭陵沒有特別關係。有一段日子我很喜歡堆砌對仗，所以這些句子至今還能上口。

傅爾德的一首〈蘭陵晚眺〉，有點意思：

魯中雲物自荒荒　欲撫平原道路長
朔氣能連野火白　童山不待夕陽黃
地分南楚懷豐沛　水灌西洳避呂梁
歷落異鄉難日暮　秋風崩岸散牛羊

想來想去還是李太白劉長卿寫得好，「不知何處是他鄉」、「風雪夜歸人」何等耐人咀嚼！大詩人畢竟是大詩人。

老師不是這樣說的。他說他有未了之願，打算遊遍天下為小地方寫詩，「縱然寫得不怎麼好，人家還是忘不了你。」

俗語說：「五月田家無繡女。」因為要忙著收麥。

五月田家也沒有讀書寫字的男孩子，學屋在「麥口」放假。「麥口」是收麥的季節。「麥口」的「口」，跟張家口、古北口的「口」相似，說麥收是一大關口。如果麥子收成好，這一年吃的用的都有了，秋收就是「餘瀝」了。麥收的緊張忙迫，也簡直就是闖關呢。

陰曆把一年分成二十四個節氣，每個節氣有名稱，五月初的「芒種」，是割麥的時候，也是插稻的時候。麥和稻都有芒，「芒」可以概指這兩種作物。

麥子成熟了，田野一片金黃，大地如一張剛剛由熱鏊子上揭下來的香酥煎餅，使人饞涎欲滴。這時最怕下大雨，一場大雨，麥子倒在地上，泡湯發芽，收不起來了。所以全家老小都要看著天色拚老命，叫做「龍口奪食」。龍是司雨的神靈。

由冬至第二天算起，每九天稱為一「九」，「九九再整九，麥子能著口」，那時，我們就有假期可以享受了。

冬至那天，老師在窗戶上貼一張新紙，紙上用雙鉤描出九個字，每一個字九畫，合為九九。老師天天用毛筆在雙鉤筆畫的空白處中填入黑色，每天一畫，等九個字填好，冬季就完全過去了。這九個雙鉤字叫做「九九消寒圖」。

我們每天注意觀察消寒圖，心滿意足的望著黑色怎樣蠶食白色。我們等待轟轟烈烈的麥假。許多同學，認為念那不知所云的「知止而後能定，定而後能靜，靜而後能安……」不如到農田幹活兒有趣。他們的家長也確實太忙，需要孩子做幫手。

那年月，真正的農夫難得理髮。據說，當他們埋頭在田裡工作的時候，他們在儲草的房子裡休息的時候，草的種子落在他們頭上。然後，這些風打頭雨打臉的人，讓種子在頭髮裡發了芽。在麥收的季節，你如果看見一個人頭上長草，不必意外。

每天，我遇見有人從田裡回來，我必專心看他的頭髮。

趙家割麥，我去拾麥。拾麥是跟在割麥的工人後面揀拾遺落的麥穗，《聖經》裡有個女子叫路德，她因拾穗而不朽。

每天黎明時分，我跟著趙家的長工短工一同出發，他們是割麥的能手和熟手。

割麥的姿勢很辛苦。麥是一隴一隴、也就是一行一行站在田裡，割麥的人迎著麥子的行列邁開虎步，前實後虛，彎下腰去。他左手朝著麥稈向前一推，右手用鐮刀攬住麥稈向後一拉，握個滿把；然後，右手的鐮刀向下貼近麥根，刀背觸地，刀刃和地面成十五度角，握緊刀柄向後一拉，滿把的麥子割了下來。

割麥的祕訣是「把大路子長」。十幾個工人一字兒排開，人的姿勢比麥子還低，遠望不見人身，只見麥田的顏色一尺一寸的改變。

具有專業水準的人割麥，是不會讓麥穗掉在地上的。但是，麥子在生長的時候，有些長得密、長得壯，對另一些麥苗連擠帶壓，使它們不見天日，這少數弱者為了接收陽光，就睡在地上，像藤蔓爬行，終於彎彎曲曲探出頭來，結一個奶水不足的穗。這種麥子躲在鐮刀的死角之下，僥倖瓦全。拾麥的人跟在工人後面，把這些發育不良的麥子拔起來，合法的持有。田野處處有拾麥的孩子、婦女，也有老太太。一個拾麥的健者，每季可以「收穫」一百多斤小麥，許多大閨女小媳婦的私房錢就是這樣存起來的。

拾麥的人絕對不能「偷」工人割下來的麥子。雖然她偶然也唱「拾麥的、三隻手，不偷不拿哪裡有？」但是她絕對不能偷。「偷」來的麥穗碩大飽滿，金裹銀漿，人人看得出來。麥穗變成麥粒，有一套公開的程序，一點也不能掩藏。拾麥的人一旦有了「前科」，就會變成不受歡迎的人，難以走進正在割麥的麥田。

拾麥也很辛苦，到中午，我簡直覺得脊樑骨斷了。可是看那割麥的人，越割越猛。我連褲子都被汗水溼透了，可是看那割麥的人，捧起瓦罐來喝涼水，喉管膨脹，骨冬骨冬響，然後一彎身，汗珠成串，像是瓦罐裡的水直接噴灑出來。我跟在後面拾麥，可以看見地上的汗痕，儘管土地是那麼乾燥。

我想，鄭板橋也許沒仔細看一看割麥。割麥流的汗比鋤草要多。傍晚收工，我幾乎要癱瘓了，這才萬分佩服、甚至羨慕那些長工短工，他們巍巍如歷劫不磨的金剛，今天如是，明天後天如是，下一季麥收依然如是，我不知何年何月才修煉得他們這副身子骨。

晚上揹著拾來的麥回家，滿身滿臉都是麥芒。母親把我身上的衣服脫了，用水把麥芒沖掉。麥芒經過汗水浸潤，使我身上到處紅腫癢痛，好像甚麼毒蟲爬過螫過。母親說：「彎著腰的工作難做，老天保佑，你，還有你的弟弟妹妹，將來都能直著腰做事。」

我想來想去，麥田裡沒有誰是直著腰的。

中午地頭上那頓飯……

本來主食是煎餅。做煎餅要先把麥子磨成糊，費工費時來不及，改成單餅。烙餅用麵粉，麵粉可以一袋一袋從市上買回來。

割麥的人埋頭趕工，倘若偷閒東張西望，就會被人譏誚。他們從不抬頭看看太陽走到哪兒了，可是，倘若他們直起腰來，手搭涼棚，往天上一瞇，這時必定日正當中；再順便扭頭往村頭上一望，送飯的人挑著擔子，正向你步步走來。他們心裡有時鐘。放心，中午這頓飯從不誤時。

烙單餅的鏊子案子都架在院子裡，一個人擀，一個人烙，烙餅的人同時使用左右兩盤鏊子。如果田裡人多，那就兩個人擀，兩個人烙，同時四盤鏊子。單餅必須趁熱送到地頭上，冷了咬不動。

單餅很薄，大約有一張十寸唱片那麼大。（歲月無情，老式的塑膠唱片快要淘汰淨光了吧？）所以，烙單餅用的鏊子也小。烙好了的餅一張一張疊起來，不計算有多少張，用筷子量有多高。那時家鄉的竹筷比城裡用的烏木筷象牙筷稍短一些，比日本人用的免洗竹筷（用後即丟）稍長一些。通常，兩個割麥的工人需要三根筷子高的單餅。

跟單餅一同送來的還有綠豆稀飯，稀飯是老早就熬好了，抬到地頭上來的時候還沒有涼，不能涼，涼了，喝下去會發酸；也不能熱，熱了會燙嘴出汗，拉長午飯的時間。

自然還有菜，通常是涼拌三絲、韭菜炒蛋、辣椒炒小魚……

烙單餅是細活兒，首先，每一張單餅必須同樣大小、同樣的圓也同樣的薄。擀餅的人全憑經驗技術，並沒有天平圓規幫助他。餅鋪在熱鏊子上必定鼓起許多小泡泡，這些泡泡必須都近似手指肚大小，必須分布得很均勻，餅一定不能穿洞，小泡泡也一定不能燒焦。這樣，烙出來的餅才熟透，才有香味。

從前，新媳婦進門，三日入廚，問婆婆愛吃甚麼，婆婆若是厲害，就說想吃單餅。這就是婆婆對媳婦的考試，從她烙出來的單餅，評估她在娘家所受的調教。

割麥的短工，今年受張家僱用，明年受李家僱用，輪流吃各家的單餅，對每家廚房的作業水準都打了分數。如果誰家供應的單餅一邊厚、一邊薄，或者有雞蛋大的泡，或者日正當中還送不出餅來，或者……那麼割麥的心裡有數，準是這大門裡頭修身齊家有問題！

拾麥的節奏跟著割麥的節奏，的確如火如荼。這一陣子把我累得彎著腰走路。趙家那位大表哥，每天歪戴著草帽遊遊蕩蕩的小青年，毫不客氣的問我：「怎麼啦？腎虧？」

有人對母親說，我的脊骨比較軟，不耐勞苦，這樣的身子只合做文人。

在地頭上，他們笑我食量小，人家吃餅吃一筷子兩筷子那麼高，我吃餅只能吃一根小指那麼高，胃小肚腸細，這種人也是天生的文人。

文人胃小腸細脊椎軟？這樣的人好做還是難做？我對自己的未來開始有了想像。

古人批評文人不知稼穡艱難，說他們「不辨黍稷」。黍和稷相似，我能分辨。黍的顆粒大些，顏色高貴些，稷稍黑一些，表皮堅硬些。若是煮熟了，黍比較黏些。

有些字典說黍是小米，據我所知，小米是從「穀子」穗上收下來的，穀子的長相近似狗尾草。黍很神祕，據說天下所有的黍粒都同樣圓、同樣輕重、同樣大小，所以古人定一百粒黍的長度為寸、一百粒黍的重量為銖。它不是小米。

稷，字典上說是高粱，和我所知道的不同。高粱米的形體、顏色、氣味、滋味都和黍有極大的分別，除非是白癡，絕不致混淆不清。

大約是由「不辨黍稷」引申而來，小學課本有這麼一課：

城裡少爺跑下鄉，
認不得稗子認不得秧，
錯把禾秧當稗子，
錯把稗子當禾秧。

稗、秧確實相似，但是我也學會了：稗子猥猥瑣瑣，一副沒有自信心的樣子，秧顯然有好的教養、好的遺傳。

那表哥雖然也是個少爺，稗子和秧倒分得清。

「你到田裡去拔三棵稗子回來，看看裡頭有幾棵稗子，幾棵莊稼。」他考我。

我照著做了，三棵全是稗子。

「好！不錯！聰明！」

我們又回到學屋。

老師有鬱鬱不樂的樣子，拿著他的長菸袋，望著地，一天沒叫我們背書。

第二天，來了個胖子，大概是老師的好朋友，常來串門兒。

有客人來，我們照例大聲念書，表示老師教學成功，聲音越大客人越高興。可是他們倆怎麼談話呢？難道「讀唇」嗎？

一直是胖子在說，老師拉長了臉在聽。忽然，老師大聲呵斥道：「漢奸！他是漢奸！」

學生立刻鴉雀無聲。

「唉！父子到底是父子。」胖子說。

「我沒有當漢奸的兒子！我沒有這樣的兒子！」

再也沒有人念書，學生都瞪著眼聽，他倆也不介意。

胖子緩緩的說：「他以前冷落了你，是因為沒混好。現在，剛剛混得好一點了，想盡孝道。至於這漢奸不漢奸，可就難說了，身在曹營心在漢，到底是漢奸、還是曹奸？日本鬼子打進來，政府百萬大軍擋不住，教老百姓怎麼辦？老百姓都上山？老百姓都去大後方？老百姓都在坦克車上一頭撞死？你老哥也知道辦不到，老百姓還得活在這裡，老百姓總得有人照顧。鬼子當然不照顧老百姓，那麼老百姓自己照顧自己吧！自己有個人出頭跟鬼子打交道，哄著瞞著防著也算計著，鬼子也少造點兒孽。老哥，你說，為甚麼不行？」

老師依然怒容滿面，用長菸袋頻頻撞地，反覆的說：「漢奸就是漢奸！姓趙的出了個漢奸，這是家門不幸，你不要再說了！」

胖子不再說話，也沒告辭，坐在那裡慢慢的吐煙圈兒，胸有成竹的樣子。我們自動的警覺的大聲念起書來，填補他們留下的空白。

放學回家，我對母親說，老師義正辭嚴令人感動。母親馬上叮囑：「你千萬不要說甚麼，人家父子終歸是父子。」

那胖子也這麼說，可是，看老師的神情，他要大義滅親。

第二天，老師依然臉色沉重，不講書、也不回講。我們自由自在的嚷嚷了一天。

第三天，學屋關門，老師辭了館。

好不悵然。可是，聽說老師是被他那個當警察局長的兒子接了去享福，當地商紳排了隊請他吃魚翅席，要吃兩個月才吃得完。

我附和過老師的意見嗎？沒有，幸虧沒有。

學屋關閉了，時間全是表哥的。

表哥對女孩子有一手，只要他一把抓住她，她就直挺挺的站著，動彈不得。表哥向她的耳朵裡吹送熱氣，烤得她紅到脖子。她沒處躲，也不喊叫。表哥鬆手，她就低著頭走開，也不跑。

他常常表演這一手，我越看越納悶，莫非他有巫術？

回想起來，他大概會一點簡單的擒拿術。女孩子知道不能喊叫，一喊叫，事情就鬧大了，表哥必定挨他父親一頓痛打，她家和趙家就不好相處了，而且故事任人編造，害她找不到好婆家。事後不逃跑也可以如此解釋，逃跑是反常的舉動，引人注意。

我相信這是鄉間的家教，做父母的這樣叮嚀過女兒。當然也要看事態發展，表哥只是朝她的耳朵吹氣，沒有別的。

表哥說：「真是無聊，咱們去逮個偷瓜賊玩玩。」偷瓜賊最沒人緣，挨了打沒人同情。瓜農為了看瓜，在瓜田蓋了一間簡陋的小屋。表哥忽然有靈感，帶著我從屋後繞到屋前，一腳踢倒用瓜藤編的門。

屋子裡果然有一個男孩一個女孩，在地上抱著打滾兒，他們偷的不是瓜。

他們都沒穿褲子，所以我首先看見赤條條的腿，有男腿也有女腿，男人的肌肉和女人的肌肉是世上最容易分辨的東西。男孩驚惶的站起來，那光禿禿直挺挺的玩藝兒舉得老高，要藏也沒處藏，逗得我想笑。

男孩連忙跪下，女孩跟著跪在背後，這樣才把應該掩飾的地方都遮擋了。表哥忽然長大了許多。「奶奶的」，這句三字經並不是罵人。「六狗子，你把咱村上最傻的小妞兒幹了！」

六狗子直磕頭。

「你還不快拿花轎娶她？」

「她爹不答應。」

「××這個糊塗蛋！你去給他講明白，你早已把他女兒怎麼樣了。」

女孩連忙說：「我爹會打死我！」

表哥的胸脯朝前一挺：「他打你，你就朝我家裡跑！」

我惟恐有人來，提醒一句：「教他們穿褲子吧。」

表哥回身走，打鼓退堂的架式。走過瓜田，他順手摘了個翡翠西瓜。「大白天，看見男人女人幹事兒，會倒楣。」他來到路上。「有個辦法可以破解，我教給你。」

西瓜朝空中使勁兒一丟，丈把高，撲通落地，摔成四塊八瓣兒，紅瓤飛濺如血。

我忽然想起一件事，當路站住。

「怎麼啦？」

沒甚麼，沒甚麼，我心裡想的不能告訴他。我在想：要是六狗子拿花轎把那小妞抬進家，豈不也是兩個孩子？

一九九一年十一月二十二日台北《聯合報》副刊發表，瘂弦先生主編

第十章　田園喧譁

日軍派了大約一個排的兵力佔據蘭陵，自稱「大日本警備隊」。這時，日軍在殺人放火之後想到治民。

日軍把蘭陵鎮大地主權爺「請」出來做區長，號召散落在外的蘭陵人回家。王權和跟我祖父同輩，他太有錢，我們跟他沒有交往。他當漢奸出於萬不得已，全家上上下下四十多口，靠收租維持生活，如果長期流亡在外做難民，不但收租困難，也一定招人綁票勒索。他是一個君子，無力為善卻也不肯為惡，由他來佔區長的位子，大家比較放心些。

我家要不要搬回蘭陵呢？那時，蘭陵的另一些長輩，王松和、王成和、王賢和，合夥組織了一支游擊隊，我父親也參加了。父親認為游擊隊員的家屬絕不可住在日本警備隊的圍牆之內，將來游擊隊難免對蘭陵動手動腳，家屬將成為日軍報復的對象，將來日軍有甚麼情報洩漏了，游擊隊員的家屬是頭號嫌疑犯。

回想起來，日本人的統治技術十分粗疏。「大日本警備隊」似乎並沒有甚麼不忍人之心，捕人、殺人、出兵掃蕩一絲不苟，但是它始終沒有為難過游擊隊的家人。我覺得它甚至根本沒有注意過這些人。但是我父親慮患惟恐不周，我們搬到了蘭陵南郊的一個小村子，黃墩。

黃墩離蘭陵只有兩三華里，站在村頭可以望見烏鴉從蘭陵南門裡的高樹上起飛降落，住在這裡可以就近觀察蘭陵的變化，也就近照顧僅有的幾畝薄田。惟一的顧慮是，倘若日軍出動南下掃蕩，黃墩首當其衝。黃墩的人早已有了對策，日軍若有行動，必定先通知他控制的保安大隊集合，日軍自己也要備馬、牽砲，有一番張羅。這些都是有目共睹之事，黃墩可以立刻得到情報，東面的橫山、北面的北王家莊、西面的插柳口也都可以得到情報。

日軍偽軍只要走出南門一步，黃墩村頭的監視哨立刻發出警報，村中的婦女，青年，士紳，立刻出村往南逃避。那一帶土地平坦肥沃，村莊密布，只要逃出兩三里路，樹林房屋就會把日軍的視線擋住。日軍到了黃墩，照例要搜索警戒一番再前進，村民就逃得更遠了。

游擊隊的耳目比老百姓更靈通，行動更有計畫，自以為有備無患，沒有人覺得打游擊是「兵凶戰危」。

回想起來，日本「皇軍」當然是訓練之師，但是他們中規中矩有源有本的一套做法，恰恰成了游擊隊的活靶。他們哪裡來的信心、哪裡來的膽量，想憑三十個人控制蘭陵地區的兩萬中國人，想憑幾十萬佔領軍征服中國的五億人！

黃墩，也許從前是由姓黃的人家開發建村的吧，可是我們來時，黃家早已沒有甚麼遺跡。我們住在陳茂松先生家，彼此是親戚。

陳先生中年無子，夫人又頗有擒拿，不敢討小，所以熱心行善助人，寄望於「為善必昌」。我家投奔前來，他非常歡迎，把他家又寬又大的別院讓出來。

陳先生是一個標準的鄉紳，清秀而不文弱，飽讀詩書而清談度日，對佃戶採取無為而治的態度。他的眼珠有些微偏斜——後來知道那叫「弱視」——但仍不失為一個漂亮的男子。他那因閒暇安逸培養出來的幽默感在黃墩是獨一無二的，他言談中透露出來的同情心，在黃墩也是少有的。

有一件事，我永遠不能忘記。

這年夏天，有一個五十歲左右的老頭子，用一頭小毛驢馱著一個女孩，路過黃墩，在陳府打尖休息，他跟陳府好像也是親戚。

女孩由內眷接待，陳茂松陪著老頭兒在大門口樹蔭下涼快。這老頭臉型狹長，眉毛壓著眼角，中部生鼻子的部分忽然凹下去，皮膚是無法改善的那種骯髒，我一見就討厭他。

我馬上知道，這人年老無子，花錢從外鄉買了這個女孩回家做小。雖然交易已經完成，他還是再三提出問題：「你看她的屁股，她的奶子，像不像一個能生兒子的女人？」

陳告訴他，生兒育女要盡人事聽天命。他說：「你帶回去的這個人，別的我不敢說，她一定不會給你家添口舌是非，她會老老實實跟你過日子。大小自古不和，不是大欺小，就是小欺大。你帶回去的這個人，絕不會欺負大嫂。你可要照顧她喲！」

老者點頭稱是。

這老者歸心似箭，催促起程，只見女眷們簇擁著那女孩走出來。她忽然不肯上驢。勸她，她哭。

老頭兒黑了臉，大喝一聲：「拿鞭子來！」陳立刻靠近他耳邊叮囑：「女人要哄，女人要哄。」

那女孩，可能有過挨鞭子的經驗吧？這一聲恫嚇竟使她懾服了。她登上驢背的時候我才看清楚，她年輕，白嫩，相當豐滿，看不出物質上有十分匱乏的樣子。她怎會被人當作貨品出售呢？這究竟是怎麼一回事呢？

母親遠遠看到了這一幕，事後回到自己住的屋子裡，連聲歎氣。

她對我說：「這女孩，大概是無父無母吧，她的父母斷斷不會把她賣了。」

她又說：「她大概沒有哥哥姐姐吧？她的哥哥斷不會讓人家把妹妹賣了。」

她還想再說甚麼。可是她終於沒說。

我呢，我當時想的是，陳茂松這人真厚道，上天必定給他兒子。

我有一個堂哥，是伯父的獨子，才字排輩，學名叫王佐才。很喜歡他的名字，姓，名，班輩，三字成詞，渾成自然，而又典雅可敬，恨不能比他早出生些時，先取了這個名字。事實是他的年齡比我大一倍以上，他的兒子（也是獨子）身高體重都和我相似，叔姪宛如弟兄。我這姪子叫王葆光，葆字排輩，乳名叫小寶。「葆光」典出《莊子》，而葆寶兩字可以通用，可見取名字的人學問不小。

雖說在大家族裡有三歲的爺爺、三十歲的孫子，我和我的這位姪子甚少交往，因為年紀太接近了，彼此都覺得不自然。可是佐才哥一家也想到黃墩來住，陳家別院裡還有空房。他搬進來之後，我和小寶就密切了。

佐才哥所以要住在鄉下，是為了趕集做生意。集，頗有日中為市的遺意，定期在大村鎮旁邊的野地裡交易，臨時擺攤搭棚架灶，午後解散。做生意的人今天趕集到甲地，明天趕集到乙地，黎明即起，挑擔推車出門，住在蘭陵不方便，例如，你要上路，人家城門還沒開呢？

王佐才，多麼好的名字！可是他沒緣分遇見文王，每天趕集擺攤，招人來推牌九。佐才哥可說身懷絕技，能從背面認牌，又能控制骰子的點數，這兩個本事加起來，他要你拿幾點你拿幾點，他要贏你多少錢就贏多少錢。

這不是郎中嗎，卻又不然，好幾次有郎中來勸他同遊江湖，他都拒絕了，他只趕集贏幾個零錢買菜。他不准小孩子入局，他也不讓大人輸光。太陽偏西，他提醒對方：「不早了，玩過這一把兒回家吧。」這一把兒總是人家贏。

這一行最招閒雜人等。有時候，一疊銅元重重的落在檯面上，表示要賭一把。佐才哥抬頭端詳，給那人看相算命，慢慢從布袋裡掏出一疊銅元，堆在那人下的注旁邊，一般高，或者稍矮一些，告訴他：「你贏了。」來人把兩疊銅元抓起來，一言不發便走。他也可能不走，伸出手來把兩疊銅元朝前一推，表示再來一次。這時，佐才哥就拉長了臉，問他是吃哪一行的，用言語擠他，使他知難而退。

回想起來，佐才哥是在社會地位的急速下墜中努力維持不太難看的姿勢，我可能受到他些微影響。他的眼睛有毛病，見風流淚，一年到頭擦不完的眼屎，卻從來沒有看過醫生。冬天拂曉，朔風正寒，他挑著那張能摺疊的長桌乒乒乓乓出門，一雙病眼怎麼受。這時，母親就會說，佐才雖然沒有王佐之才，倘若受過良好的教育，一定可以做一番事業。可是，他沒那個機會！

母親會說：「重要啊！受教育是多重要啊！」

父親若是聽見了，就會歎氣。

有些事，小寶是先進，例如，我跟他學挑水。那時村村有井，大村大鎮有好幾口井，居民向井中打水挑回家食用。鄉人不食雨水，認為雨水有腥氣。雨腥來自龍腥，龍負責行雨。

挑水的工具是一根扁擔，一根井繩。水罐是灰色的瓦器，很薄，不上釉子，禁不起碰撞，所以說「瓦罐不離井上破」。在鄉下，院子裡難免有雞屎狗糞，大人的痰小孩的尿，這些髒東西經常沾在水罐底部，當人們用井繩吊著瓦罐向井中汲水的時候，髒東西就留在水裡了。所以說，「井水是千家的茅廁」。

「瓦罐不離井上破」，「井水是千家的茅廁」，這兩句話原該是對現狀的批判吧？可是，千年以來，取水的工具並無改進，瓦罐的衛生也未加檢討。這兩句話並未引起人們對現狀的反省，反而使用它肯定現狀，成為現狀無須改善的判決書。

水罐有大號、中號、小號，我們用中號。小寶挑著一擔水，走得飛快，我不行，扁擔滑，肩痛，總得中途休息兩次。村人說，得多挑重擔，趁年輕骨頭軟，把骨頭壓平了，扁擔貼在肩上，才是一個及格的挑夫。

有一次，我的動作太慢，母親出來找我，她說：「我以為你掉到井裡去了。」本是一句戲言，誰知有一天成真了。原來，汲水的時候，人站在井口，彎著腰，手裡提著繩子，空瓦罐輕飄飄的，容易控制。等到把水提上來，提到井口，汲水的人必須直起腰來。這時候最容易碰破瓦罐。而我用力太猛，失去重心，一腳踏空，撲通一聲下了井。

小寶大喊救命。幸而我是頭上腳下直著掉下去，如果倒栽蔥，那就嚴重了。當然還是喝了一肚子水。

這件事在黃墩是一大醜聞，大家相信人一旦落井，會在井裡急出大小便來。父親連夜尋找專家淘井。母親獎了小寶，又打聽是誰把我從井裡撈上來，登門道謝了。淘井是把井底汙泥挖上來，井水越淘越清，所以「井要淘，人要熬」。大家相信井淘過就沒有問題了。

兩個月後還有人當面數落我：「我們都喝過你的洗澡水。」母親談了些小媳婦投井自殺的事，鄉下人自殺大概只能上吊和跳井，上吊容易被人發現解救，解救下來還得挨打，投井一定可以淹死，所以投井的比上吊的人多。

母親說，誰家媳婦投井自殺，全村的人都罵死者，怪她弄髒了飲水，不罵那逼死她的丈夫或公婆。媳婦的公婆也很憤怒，除了辦喪事，還得淘井，處處花錢。喪事不是哭著辦，是罵著辦。女子不受教育，不能自立，境遇總是悲慘。母親在這方面很敏感。

小寶帶我去打高粱葉子。高粱是長得最高最粗最壯的農作物，一節一節長上來，分節的地方招展著翠帶一般的葉子。

高粱開花的時候，必得把高粱稈下半截的葉摘掉，大概是為了流通空氣、節省養料水分。摘葉時手心向下、朝著葉根突然一拍，等葉子一聲脆響斷了，趁勢抓住，這個動作稱之為「打」。

打高粱葉子是一年最熱的時候，高粱田一望無際，密不通風，打葉子的人可能中暑昏倒，所以一定要許多人結伴前往。工作的時候，男人把全身的衣服脫光，女人也赤露上身，為了涼快，也免得汗水「煮」壞了衣裳，所以「男區」「女區」嚴格分開，絕對不相往來。

女子不可單獨進入高粱田，還有一個理由：保護自己的貞操。高粱田是現代的蠻荒，裡面可以發生任何事情。一個男子，如果在高粱田裡猝然遇見一個陌生的女子，他會認為女人在那裡等待男人的侵犯，他有侵犯她的權利。那年代，如果一個女子單獨背著一捆高粱葉子回來，村人將在她背後指指點點，想像她與男人幽會的情景。

高粱葉子必須在若干天之內打完，種高粱的人歡迎任何人來動手摘取，高粱田完全開放。高粱葉有許多用途，餵牛、編墊子，曬乾了作燃料。我們拿來燃火做飯，節省柴錢。我們跟在幾個壯健的農夫後面。他們先把衣服脫掉，我們也只好照辦，我們為自己的皮膚太白而覺得慚愧。

他們的動作極快，手臂上下揮動有如機器，沒有半點耽擱與浪費。葉子和母體分離時發出的響聲像下了一場雨，汗水一直往下流，流到腳跟，也像雨。

其中一人，用他那不竭的精力，唱起小曲。詞意很露骨的說，一個男子怎樣把一個女子拖進高粱地裡，兩人是男攻女守，但是女子故意在防線上留下缺口。最後，女子用手掌拚命掩住下部，手指卻是分開的。我覺得唱曲的人在想像中隔牆有耳，以為歌聲可以傳到「女區」。歌聲中，每一個壯漢的命根子都高高舉直，怒不可遏的樣子。他們都有用不完的精力。

農夫有許多更重要的工作，不能每天打葉子，我們找不到伴就自己行動。我們決定不脫衣服。我們決定深入這綠色的叢林，如果它有盡頭的話，就走到盡頭。我們去探險，晚上日落才回家。

確實像是探險。有一次，我們誤闖女區，被一群渾身肌肉甩動的老太太笑著罵著揮動鐮刀趕出來。有一次我們「摸」到一個陌生的村莊，村人以為我們是游擊隊的小鬼，請我們喝冷開水，我們的心一直撲通撲通跳。又一次，渴極了，小寶偷了一個瓜來，不幸是苦的。第二次輪到我去，引來一隻黑狗，我們扳倒高粱列成紅纓槍陣，縱橫抵擋。

小寶說：種莊稼沒意思，我以後不要做莊稼人。——你長大了做甚麼？

我長大了做甚麼？在楚頭林拾麥，在黃墩挑水，真正的農夫鑑定了我，我胃小腸細，肩骨峻嶒，不夠資格做農夫。我究竟做甚麼？

我能做甚麼？打了一季高粱葉，長了一身痱子，右眼也腫了。乍看成績不錯，堆得像座小山，天天曬，天天縮小。抓一把乾葉塞進灶下，亮一下，連餘燼也沒。一季的高粱葉燒不了一個月。

高粱葉打完了，準備拾豆子。豆子經霜才熟，收割時，豆葉都枯黃凋落了。豆子熟透了，豆莢會炸開，把豆粒彈出來，種豆的人不能讓這樣的事情發生，所以割豆也和割麥一樣，急如燃眉。他們雖然愛惜滿地的豆葉，只能草草收拾一下，剩下的，秋風吹得滿地亂滾，就是無主財物了。拾豆子所得寥寥，重要的是摟豆葉。

摟，讀平聲，伸開五指把東西聚攏過來，湊到一塊兒。摟豆葉當然不靠手指頭，它有專用的工具，把竹子劈成細條，一端成鉤，作扇面形排列，叫Par。我從國音字典上查出耙，筢，鈀，看註都不能摟豆葉。使用時，繩子套在肩膀上，滿地拉著走。這時田野荒涼，秋風淒冷，回味拾麥、打高粱葉子、拾豆子的景況，頗有繁華成空的滋味。

殘存的豆葉多半已經過一場秋雨，往往薄如蟬翼形如破絮，如何用繩子把它捆起來帶回家中，也有訣竅。小寶能把它收拾成一堵牆的形狀，兩面整齊如刀切，一路頂著風挑回家中，豆葉也不散失。我始終沒能達到這樣的水準，我的豆葉隨風飄零，到家時，每一捆豆葉都瘦了一圈。

花一整天功夫摟來的豆葉只能燒一頓晚飯。我真不知道自己能做甚麼。

高粱的根很深、很深，離地兩寸的稈上生出鬚根，緊緊抓住大地。砍倒高粱好比殺樹，樹根難挖，得等它乾枯了、有些腐爛了。出土的高粱根如一座小小寶塔，土名「秫秫疙瘩」，火力很強，燃燒的時間長。這樣好的東西，物主是不會放棄的，我們拾柴的人嚥著唾沫看他們一擔一擔把秫秫疙瘩挑走，眼巴巴希望從他們的擔子上掉下幾個來。幸而拾到了，回家守著灶門，看它燃燒，看它火熄之後還通體輝煌，鬚眉俱全，美麗莊嚴。這時，滿心希望能有一車「疙瘩」堆在院子裡。除此之外，還能做甚麼呢？

我能用新鮮的高粱葉給妹妹編一頂帽子，戴在頭上清涼清涼的，有點重量，感覺如滿頭珠翠。我能從她手腕上端咬一口，咬出一個紅色圓圈來說：「我送你一個手錶。」我能用一個制錢、一根火柴棒做個陀螺給弟弟，教他利用火柴頭著地旋轉，吱拉一聲燃著了，可是馬上文滅了。我教弟弟用黏土和泥，摶成彈丸，打偷嘴的野貓。

我只能做些無用的事情。

挑水的時候，摟豆葉的時候，我們遠遠看見游擊隊像一條蒼龍蠕動。為甚麼要走來走去呢？後來才知道，他們要練習行軍，宣傳抗戰，以及提高知名度。

那時，最火辣辣轟隆隆的消息，是平地一聲雷，某某人在某某村成立了游擊隊。蘭陵淪陷了，各方豪傑不願從太陽旗下經過，繞個彎兒到黃墩休息，由陳府招待午餐。這些客人都是新聞人物，所以陳府主人不出門能知天下事。

抗日救國的情緒高漲，連土匪都自動變成游擊隊。魯南的土匪一向有他們的哲學，理直氣壯。可是日本人打進來，他們覺得再當土匪就丟人了。

游擊隊浩浩蕩蕩，在東方，西方，南方，隱隱現現，田野做他們的腳凳。北方隔著蘭陵，看不見。他們，有國民黨支持的，有共產黨支持的，也有單幹戶，左右雙方都在拉他。我們熟識的人都投入了。

小寶是拾豆的時候開始動心的。收豆子事實上等於搶割，百姓千家一起動手，田野裡布滿了人。豆田的面積逐漸縮小，藏身其中的野兔驚惶起來。

本來野兔的毛色和土色幾乎相同，牠如果伏地不動，找個空隙悄悄溜開，那些忙碌的農人也許不會發覺。無奈野兔跑得極快，縱身一跳可以跳出兩公尺以外，牠大概是以此自傲並且屢操勝算吧，立刻施展所長，如箭一般射出。大概這就是兔脫。

野兔的過度反應驚動了田野的農人。人人直起腰來，以近乎操練的聲音吆喝，使兔子覺得四面都是生命威脅。依照過去的經驗，脫離威脅的不二法門是快跑。牠並不了解大環境發生了甚麼樣的變化，不知此身無所逃於天地之間，更不明白人類正盡目力之所及，看牠以失效的經驗做絕望的特技表演。

秋天野兔正肥，是「打圍」的時候。打圍，本來要帶著幾十個人，在曠野中一字排開，拉著一根長繩緩緩推進，目的就要驚起野兔再縱放鷹犬捕捉，割豆的日子豈非天賜良機？打圍的人正在阡陌間巡邏，野兔現身，鷹騰空而起，獵狗也飛奔而至。

資深的農夫們重溫他們百看不厭的表演。他們知道兔子雖然腿快，還是很容易被鷹趕上。他們知道，鷹會俯衝而下，以左爪抓住野兔的臀部。野兔慌忙回頭，鷹趁勢以右爪抓住牠的頭部，兩爪向中間用力收攏，卡察一聲把兔頸扭斷。

野兔中的英雄豪傑也有牠的絕招，牠在惡鷹罩頂的時候翻身仰臥以四爪出擊，攻打鷹的眼睛。這時，獵狗撲上去，把野兔咬死。所以打圍必得有鷹有犬，陸空配合。所以人是萬物之靈。

有時候，兔子實在跑不動了，牠竟然緩緩的向著一個割豆的農夫走來，牠是那樣安閒，無猜，如同回家。牠走到農夫腳前，放心的躺下，如同那農夫飼養的一隻貓。這到底是怎麼一回事呢，那無路可走的野兔是怎樣打算的呢，這裡面一定有造物者安排的祕密，我百思不解。這時，農夫就會輕輕鬆鬆的把兔子的後腿提起來往地上摔，再用鐮刀柄敲牠的頭，直到牠昏死。

這也是造物主的意思嗎？

小寶說：「要是打日本就像打兔子……」

我終於面對面看見游擊隊。

那天我很苦悶，不知道自己究竟能做甚麼。門旁有一條銀色的細線貼在牆上隱隱發光，看見這條線就知道蝸牛從這裡爬過。我打開日記本寫上：「蝸牛有路，指南針有方向，惟我獨自徬徨。」

詞窮，心中鬱悶未解，就再寫一遍。一連寫了七八遍。這時聽見外面有雄壯的歌聲，許多人引吭高歌，黃墩從來沒有過這樣的聲勢。

我跑出去看。狹窄的街道上兩旁是人，平坦的打麥場上滿場是人，拿著槍，短衣外面紮著子彈袋。街旁的人隨意坐在地上，沒有一個人站著，打麥場上的人規規矩矩的站著，沒有一個人坐下。打麥場上的漢子唱〈中國不會亡〉，歌頌八百壯士守四行倉庫。這是我第一次聽見這支歌，聽一遍就會了，是一首容易普及的好歌。

陳茂松先生接待游擊隊的領袖，看見我父親在家，就邀去作陪。談話中間，陳先生對那領袖說，我父親有個聰明的兒子，小小年紀能寫文章。那人聽了大感興趣，一定要和我見面。陳先生走過來叫我，連我的日記本也拿去。我很窘，不敢看那人的臉，那人問了我幾句話，就翻看我的日記。

「你很消沉，沒有正確的人生觀。」他一面看一面批評我。「你平時讀甚麼書？《離騷》？《紅樓夢》？不要看這種東西，世界上好書很多！」

他對我父親說：「令郎該出來參加抗敵救亡的工作，和我們一起磨鍊磨鍊。」

父親連忙說：「他還小，再過一兩年吧。」

「你說他小？你來看看少年人的志氣。」他站起來，主人也連忙站起來。「他們的父母願意把孩子送到我們這裡受教育，進步要趁早。」

他往外走，我們很有禮貌的跟著。我這才仔細看他，他很瘦，語音和婉，像文人。外面坐在街旁的人散開了，有一些人忙忙碌碌挑水，穿梭般各家出出進進，灑了一地泥濘。

我們跟他走進一戶人家，看見他帶來的游擊隊員往水缸裡倒水，轉眼溢出缸外，每倒進一罐水，站在水缸旁邊的老太太念一聲佛。

院子裡坐著一堆少年兵，一個老師模樣的人正在教他們識字。首領對老太太說：「老大娘，別當他們是兵，就拿他們當你家的孩子。」老太太驀然醒悟了似的，進屋把床上的蓆子揭下來：「別坐在地上，地上潮濕，來，鋪上蓆子。」

我們聽見歌聲，循著歌聲走進另一家。這家院子裡也有一堆少年兵，他們站著，有人正在指揮他們唱歌。院子另一角，兩個隊員一前一後，唱著歌推磨。他們走進這個家庭的時候，這家的小媳婦正在推磨，他們立刻接手。

這家的老太太正為不速之客做飯。首領對她說：「老大娘，別當他們是兵，就拿他們當你自己的孩子。」老太太一聽，立刻淚眼婆娑，伸手把藏在麥糠裡的雞蛋摸出來。

他們挑水推磨我很感動，戀戀不捨看他們唱歌，流汗，一盆一盆糧食磨成漿糊。

挑水太辛苦，那年頭珍惜用水，一家人打一盆水輪流洗臉，口中連連說：「只有人把水弄髒，水不會把人弄髒。」為了惜水創造神話，人這一生浪費了多少水，死後閻王罰他一口一口喝完。

推磨比挑水更辛苦，櫻桃好吃樹難栽，白麵好吃磨難挨，我和小寶都有親身體驗。我們兩家都借陳府的驢子拉磨，有時候糧食沒有磨完，驢子下田的時間到了，或者趕集的時間到了，眼睜睜看人家把牲口牽走，由我和小寶接力。

北方家用的石磨，不是磨豆漿磨麻油的那種小磨，是沉重的大磨。如果有人要打你，你跑到磨後面，隔著磨，他的棍子搆不著你。磨，每家都有，圍繞著它發生了多少故事。仇家登門報復，雙方大戰多少回合，有一個人自知不敵，退到磨道裡打游擊，兩人圍著磨團團轉，最後有一個死在磨後面。亂兵進宅，閨女媳婦無處逃，逃到磨後，被人家按倒在磨道裡。

在從前的家庭裡，磨道是全宅最卑賤的位置，推磨的工作必定轉嫁到最不得寵最受排擠的人身上。李三娘推磨，走得慢了婆婆要打，走得快了婆婆也要打，走得不快不慢婆婆還是要打。她在推磨時產子，在磨道裡自己用牙齒咬斷臍帶，孩子的名字叫咬臍郎。女人的痛苦有首歌，其中提到「抱磨棍，磨大襟，挑水路遠井又深」。常挑水，肩頭的衣服先破；常推磨，胸前的衣服先破。

所以說「有錢買得鬼推磨」。鬼精靈，鬼聰明，磨道的事本來沾不到它身上，可是為了錢，它也幹。

我們推磨時小寶總是不開心，他一直覺得我用力比他少，而且推不了幾十圈我就心跳氣喘，必須張著大口坐在磨道裡休息，樣子令人掃興。那時並不知道我的「二間半」瓣膜有問題。

挑水，推磨，把這支游擊隊的名聲揚開了。陳茂松先生不住的讚歎：「王者之師！王者之師！」他說這支游擊隊的首領叫石濤。我想了半天，認為他太瘦了，叫石濤的人應該是個胖子。

他說，父親和石濤達成了協議，等母親替我做幾件內衣，就送我去跟石濤抗戰。

小寶沒看見這些新鮮的場面，他到蘭陵去了。我眼巴巴等他回來聽我的報告。

小寶愕然，他說「打游擊就是打游擊，怎麼還挑水推磨？」是啊，一語驚醒夢中人，挑水推磨，我哪兒行？

小寶說，他要打游擊，但是絕不推磨挑水。他已經用幻想「打造」了一隻新式機槍，八支槍管成扇面排列，彷彿摟豆葉的「耙」。他的子彈射出可以轉彎殺人，所以日本兵無可倖免。機槍架在裝了輪子的鋼版上，他一個人以臥姿在鋼版上駕駛和射擊，全體游擊隊員跟在後面收拾日軍的槍械和屍體。

一連幾天，我們熱烈討論那台機槍，和種種可行的戰術。之後，我看見母親替我收拾了一個小包裹。

「拿著！」父親吩咐，我照辦了。「外婆想你了，我送你去住幾天。」這才發現父親已是穿戴整齊。

這樣，我糊裡糊塗離開黃墩。

一九九一年十一月十九日台北《中華日報》副刊發表，蔡文甫先生主編

第十一章　搖到外婆橋

我來到北橋。北橋在南橋旁邊，是南橋的衛星。祖母根據「大亂居鄉、小亂居城」的古訓，搬到北橋趙家居住，我來和她老人家做伴。趙家已經沒有空房安置我，我就在「草屋」裡寄身。

所謂「草屋」，是放「草」的房子，這個「草」，指的是麥稭。在農村，麥稭是珍貴的東西，所以草屋的建造也很牢固，和家宅居室沒有多大區別。草屋裡，麥稭堆到屋樑那麼高，扒個洞鑽進去就可以睡覺，既舒服又暖和，乾燥的麥稭在暗夜裡放光，散發著香味，使這穴居一般的生活很尊貴。

回想起來，俗語說外面的金窩銀窩、不如家裡的草窩，這草窩二字，居然寫實。

北橋，我不記得有寨有橋，我只記得平川無垠，兩條車轍直衝進來，把兩旁的房屋衝得歪歪斜斜，稀稀落落。田野坦坦蕩蕩，風悠閒的吹過來，把人和土地連在一起，房子小，院子小，卻沒有壓擠的感覺。

我在北橋時正是初春，農人個個摩拳擦掌著手他們的一年之計，兩個月前用泥土密封起來的堆肥，現在剖開，熱烘烘的散發著生殖力的氣味。堆肥經過發酵、殺蟲，氣質變化，可親可近，農夫用雙手捧起碎塊來掰、捏、揉、搓，製成碎末，撒在地裡，這時才有「泥土的芳香」。山巔河床、不耕不種的地方，沒有這種誘人的氣味。

所以人畜的糞便是好東西，春天，幾乎人人背著用籐條編成的、拾糞用的「箕」，隨時隨地收拾做堆肥用的材料。在農村，「吃自己的飯，到別人的田地裡拉屎」是愚蠢的行為。「但尋牛屎覓歸路，家在牛欄西復西」，恐怕純是詩人的幻想，農夫經過的地方不會有牛屎留下，即使他沒帶糞箕，也要脫下小褂來把它包回去。

鄉人嘗說，做農夫有三個條件，第一，睡在草窩裡不癢；第二，捧著狗屎不臭。據說，某農夫帶著兒子進城，爺兒倆經過飯館門口，正值門內蒸氣騰騰、門外酒氣肉香四溢，做兒子的忍不住翹著鼻翅兒聞個不停。他爸爸說：「聞甚麼！哪有咱們的堆肥好！」

第三個條件是見了莊稼就像見了孩子。我自己還是孩子，還不能體會那種心情。在北橋，對著麥田，我有過感動。數九寒天，寸草不生，獨有這小麥在冰天雪地中孕育，利用這一段天地閉塞的時間生長，早早給我們第一季收成。

住在北橋的那一段日子，我曾經想，我也做一個農夫吧？回想起來，那時，我是把種田和陶淵明攪在一起了。我忘了陶淵明自己並不下田。

「你教我種地好不好？」我問一同住在草屋裡的小李哥，他是趙家的長工。

「種地不好，要受氣。莊稼好種氣難吃。」

受氣？受誰的氣？他笑笑，沒回答。不久我就想通了，那時最脫離現實的口號就是「農工商學兵」，其實正好顛倒，農人在地獄的最低一層。做莊稼人還得增加一個條件：能忍氣吞聲。

在我搬進草屋之前，裡面已經先有一位住客，就是趙家的長工小李哥。「小李哥」這個稱呼，是長輩替我定的，回想起來，他們很費了一番心思。我和他同住草房，需要他照應，理當尊他為兄，然而他到底是趙家的長工，所以又加上一個「小」，以求「銖兩悉稱」。

小李哥下巴瘦長，皮膚白細，模樣很清秀，不像個做粗活的人，其實他小小年紀，田裡屋裡樣樣拿得起來。那時春耕開始，他每天一早就趕牛拖犁出門，晚飯前回來，從從容容，一副功力深厚的樣子。我們一同相處的時間只有晚上，那時我們都不懂社交，不知道找些話題來交談，除了沉默，就是聽他唱小調。他一躺下就唱，好像唱歌就是跟我談天。

姐兒房中喲，摘菜心兒啦咦呀海，
甩手掉了個金戒指兒，
一錢零五分兒啊！

我知道，這種小調叫「姐兒謳」，每一首都用「姐兒房中」開始，講述一段故事或訴說一種心情。

哪家的、大娘啊、拾了去啊，
奴家認你個乾閨女兒，
還我的金戒指兒啊！

我知道，下面一段一段向村中的各色人等喊話，招尋失物，最後是一位「大哥」拾物不昧，結果兩個人成了親。可是小李哥有他的版本，姐兒丟掉的這枚戒指被八路軍拾去了，八路軍又給她送回來了，她也就參加了八路，一同抗戰去了。

「你改的？」我覺得新奇。

「不是。」

「誰改的？」

「不知道，現在大家都這麼唱。」

他的歌喉不錯，由他唱，聽了不會煩膩。何況他的歌裡有新詞。

奴在房中悶沉沉，
忽聽得門外來調軍，
不知道調哪軍，
咦兒呀兒喂兒喂，
不知調哪軍。
好啊，齊步走的調子。
南軍北軍都不調，
單單調我八路軍，
上前打日本。

咦兒呀兒喂兒喂，
上前打日本。

原來的版本是：「南軍北軍都調到，又來調我的常勝軍，上前打敵人。」那時候，抗戰還沒發生呢，「打敵人」，也不知道打誰。

有一組小調叫「思嫁」，以大姑娘的口吻表白對結婚的渴望，調子同一個，詞句有變化。沒聽見哪家女孩子唱過，男孩唱，女孩聽也不敢聽，要聽也是偷偷的聽。

一恨二爹娘，爹娘無主張，男大女大這麼相當呀，怎不打嫁妝？怎不打嫁妝？
二恨二公婆，公婆無奈何，郎才女貌多麼相合呀，怎不來娶我？怎不來娶我？

下面恨媒人不來提親，恨妹妹先出嫁，恨哥恨嫂，恨僧恨道，最後恨起自己的命來。小李哥唱起來就不同了，這思嫁的女孩，恨著恨著八路軍來了，她跟八路軍抗戰去，興高采烈，什麼也不恨了。

小李哥一支一支的唱，他唱出來的小調全變成八路軍的軍歌。

慢慢的，我發現，全村的人都這麼唱。新版只在要緊的地方改幾個字，或者添幾句詞兒，一聽就會，用不著學習。這些歌，唱得我好癢，從心裡癢。

我猜，小李哥一定也癢，要不，他怎會百唱不厭？

小李哥出去耕田的時候，我跟著。

他說：「我教你耕田。從前皇帝也會耕田，每年春天帶著文武大臣出來耕三圈，正宮娘娘給他送飯。」

田是一塊一塊長方，很長很長。小李哥吆喝著牛，扶著犁，在一塊田的中央先耕出一條直線來，這條線叫做「商溝」，商溝把一塊田分成相等的兩半，以它為基準，從它兩側一刀一刀把田裡的土切開、翻轉過來。

耕田的犁，分犁托、犁刀、犁把三部分，犁把高聳，和犁托犁刀成三角態勢。耕田的時候，手扶著犁把，眼望著犁托伸出去的頭，犁頭的作用像步槍的準星，緊貼著商溝。如果一不小心，犁托歪斜，就會留下沒有耕開的死土，造成以後作業的困難。

所以耶穌說，人不可扶著犁把向後看，這時我才明白。

總之，每一寸土地都要翻開，下一步才好用耙。「耙」的形狀像梯子，釘滿了一尺長的鋼釘。這些鋼釘把翻開的泥土咬碎盪平，波浪形的泥土變得像春水微皺，才好下種。用犁的時候，人是小心翼翼全神貫注的。用耙的時候就不同了，人站在耙上，乘風破浪似的得意，揮鞭四顧的有，昂首高歌的也有。慢慢的我也感染了這份意氣風發，站在耙上儼然以為改造了世界。

耕牛都受過訓練，你得會喊口令，這口令俗稱「吆牛號子」，聽來像是「喝喝油」，喊到「油」字高亢尖銳，使用假嗓，耕牛聽到「號子」就努力前進。左轉彎的口令是「咦，咦，咦」，右轉彎的口令是「哦，哦，哦」，有特殊的腔調韻味，必得在南畝北隴實際工作中才培養得出來。要測驗一個人是不是夠格的農夫，最簡單的方法是請他表演「吆牛號子」。

還有一樣重要的工具是耕田時用的鞭子，鞭梢很長，因為耕田時牛和人的距離很長。使用時，單憑左手握鞭向前乘勢一送，鞭身展開，鞭梢在牛身旁炸個花兒，不需要打在牛身上。這當然也要經過一番訓練。

我喜歡看地裡長出東西來，各種植物不停的變換土地的顏色，遠近高低，深深淺淺。我開始能聞到植物的香味，連陰晴雨雪都有香味。

我開始喜歡家畜，即使是豬，臉上也有耐人尋味的皺紋。各種狗都漂亮，只要別在牠吃屎的時候看見牠。牛的特點在牠的眼，又大又圓，又沒有警戒的意思。耕田的時候，小犢依傍在母牛旁邊，摩摩擦擦。中午休息，老牛卻忙著舐小牛的脖子，難解難分。沒事的時候，牛陷入孤獨的沉思，我如果有琴，一定彈給牠聽。

漸漸的，我也分享了北橋兒童的樂趣，看螞蟻上樹，看鬥雞，看人在村首的大槐樹下理髮。北橋沒有理髮店，有遊走四方的理髮匠挑著擔子來，那種「剃頭擔子一頭熱」的設備。他用熱的那一頭燒水，冷的那一頭磨刀。要理髮，到樹下來，先用熱水洗頭，水太熱了，燙得你嘴歪眼斜，五官換了位置。然後是剃刀、刀鈍，頭髮長，剝皮似的痛，有人喊娘，有人掉淚。小孩子沒有別的娛樂，就圍在旁邊看那豐富的表情。

我們也看那叫做屎殼郎的褐色甲蟲，成雙成對，一前一後，用牠們的長爪推著糞球走，夫妻倆克勤克儉的過日子。「燕子低飛蛇過道，大雨定來到」，令人眼花撩亂。「雲向東，一陣風；風向西，披簑衣；雲向南，雨漣漣；雲向北，一陣黑」。結果只顧看雲。

「乾冬濕年」，「夜晴無好天」，「久旱必澇、久澇必旱」，「久晴大霧陰、久陰大霧晴」，我也依著這套循環論，跟他們一同度過大兵凶年吧？

可是小李哥又唱了，癢癢的唱：

送郎送到大門外，

伸手抓住武裝帶，
問郎早晚來？
哎哎喲，問郎早晚來？

趕集也是一種娛樂。

「集」是刺激消費的地方，使人忍不住想花錢，所以鄉人的座右銘是「勤拾糞，少趕集，陰天下雨走親戚」。抗戰發生以後，集上多了一批關心國事的人，他們來找熟人打聽消息。幾個談得來的人不約而同見了面，買一斤花生堆在地上，大家蹲下來圍成一圈，一面吃花生一面交換新聞。誰下水當漢奸了，誰被誰綁了票，誰吃掉了誰多少槍枝，以及國軍和日軍正在哪一省打仗，諸如此類。趕一趟集，頓時耳聰目明，心裡敞亮了不少。

小孩子沒錢花，趕來看人家花錢，聽銀元銅元叮噹響，悠然神往。這裡人人有錢，到處是錢，小孩子哪見過這麼多錢？真是大開眼界。數目最大的交易在牲口市，買牛的人和賣牛的人呼呼的抽菸，互相把手伸進對方的袖子裡，操縱手指頭打出密碼來，討價還價。例如，一個手指頭代表一，三個手指頭捏在一起就代表七，食指彎一彎代表九，「扭七別八鉤子九」。就這麼紋風不動的稱金論銀，牛牽過去，一捲花花綠綠的票子遞過來，紙是最上等的紙，鄉下人做衣服的布比不上它，然而紙到底是紙，怎麼人人相信那紙片等於金子銀子，真是不可思議。

集上也有你平時難以見到的行業。有相面的，平地掛起一塊白布，布上畫著好大張臉，臉上密密麻麻的黑痣，相士口沫橫飛，說得老太太嗚嗚哭泣。有治牙痛的，病人張開大口流著口水儘他看，看著看著掏出一條蟲來。

錢可愛，有人愛錢就有人搶錢。搶錢也是專門行業，有師承，有組織，不許任意客串，只聽得一聲尖叫，熙來攘往的人忽然個個引領望遠，緊接著是擂鼓似的腳步聲。然後全集的人都能看見一個人在前面跑，三、四個人在後面追，追上了，按倒在地拳打腳踢，追不上，垂頭喪氣的回來。不要花錢買票，老天爺導演節目給窮孩子看。

還有，教我怎麼說呢，難道這也是節目嗎，一群穿軍服的、拿著槍的，牽著一個老百姓、大男人，牽牲口一樣牽到集上來了。他們要把這個老百姓吊在樹上，他的媳婦兒跪在地上磕頭磕了一臉的泥，這才把倒剪雙手的吊法改成兩臂上舉的吊法，喝一聲打就從商販手裡奪過一根扁擔，他的老母又跪在地上磕頭磕了一鼻子血，這才把扁擔改成棍子。然後就是無可赦免的打將起來，那嚎叫，儘管吊得高，上天也是聽不見。據說挨打的是個村長呢，唉，打狗看主人，怎不怕傷了這一村百姓的心呢！

我不常看見打人，也不常看見搶錢，倒是常聽說書。一個中年人敲著小鼓說楊家將，楊家將的故事好長好長，一本連一本，由老令公開始子子孫孫出英雄，夠他說一輩子。有人迷上楊家將，想把這個家族的故事聽到底，聽得傾家蕩產也沒個完。先人的恩怨可以像遺傳一樣由後人承接，而且世世代代突變漸變變生不測，生也有涯血海無涯，我覺得可怕。不過，如果只聽一個段落，情節有它的迷人之處。

說書人生意不大好，有一次，我環顧左右，竟然只有我一個人在聽。可是他不停止，他的眼睛只看本子不看人，說說唱唱兩頰通紅，比我還興奮。我是不出錢的，一人獨享未免問心有愧，可是我也不好意思走，走了豈不是對不起他？坐在地上七上八下。

散集了，我吹著用柳枝做成的哨子（有時是高粱葉做成的哨子，有時是蔥葉做成的哨子）回來，利用趕集得到的材料編織無盡無休的幻想。在幻想中，我把那幾個吊打百姓的官兵全殺了，既而一想，還是由他們打鬼子將功折罪吧。幻想才是我的基本娛樂。

草房的後面是街道，稍遠有個石碾，龐然大物，用一個石輪和一道石槽組合起來，石輪在槽裡滾過來、滾過去，把黃豆壓扁成豆錢，穀粒去糠成小米。這一道活兒總是由大姑娘小媳婦來做，她們笑語殷殷，坐在草屋裡聽得見。

有時，她們結伴用碾，我站在旁邊看，也算一種娛樂。有一個頭上梳髻伶牙利齒的損我：「別看啦，回家教你娘給你娶媳婦兒去吧。」我一怔，眾女子嘻嘻哈哈。只有一個姑娘端端正正的做事，不跟別人一起鬧。有時，我跟小李哥走過碾旁，眾女子都看他，這個姑娘也不看。姑娘梳一條大辮子，個子不高，臉太圓了，這種臉型，在富貴之家叫銀盆臉，在鄉下就叫柿餅臉。人家眼睛是眼睛，鼻子是鼻子，世上哪有這麼傻的柿餅！可是小李哥也不看她。

田耕完了，小李哥在草屋裡歇著，他不抽菸，當然也不看書，這就顯得日長似年，心神不定。中午，四姨來喊我去吃飯，他一把拉住我：「幫個忙，吃了午飯別回來。」我不求甚解，心不在焉答應了。

午飯後，我也心不在焉的把它忘了。冒著汗，披著小褂，作夢一樣朝小屋走。也沒想想屋門怎麼關起來，作夢一樣伸手去推。門裡面用棍子頂著，頂得不牢，這一推，推得門倒退了一尺，正好看見小李哥從麥稭堆裡跳出來，喝問一聲誰，大把大把扯下麥稭來埋一個人。我懵懵懂懂也沒看見他埋什麼。

小李哥很平靜，沒生我的氣，也許他看見我反而放了心。他很鎮靜，慢慢穿好褲子。我居然走進草屋，居然在麥稭堆旁邊坐下。空氣不好，終於看見辮子。

我這才一下子弄明白我錯了，趕緊往外跑，跑到大槐樹後面躲起來，也不知要躲什麼。

躲藏的人總要千方百計往外看。我看見那圓臉的女孩從草屋的方向走過來，走得慢，一身瘦軟寸步難移的樣子。她大大方方回頭察看，我又看見辮子，辮子上貼著麥稭，咳，你們怎麼這樣粗心大意，百密一疏！

這不苟言笑的女孩！對小李哥望也不望一眼的女孩！

我倚樹而坐，沒法再和他們見面，螞蟻一隻一隻往我臉上爬。忽然聽見：「回去吃晚飯吧！」是小李哥。我動也不動，他就在我旁邊坐下。

我還沒有學會道歉，閉緊嘴巴，心裡吃驚。想來想去總得有句話表示我跟他站在一條線上，就說：「你們快結婚了吧。」

「她得去嫁有房子有地的人。」口吻平平靜靜，各安天命。

「那怎麼行？」我抗議。

「我有個表舅，娶不到媳婦，一輩子都是跟娘兒們相好，為相好挨過打，坐過牢，給家鄉的人趕出去，又給外鄉人趕回來。」

有這樣的人，這樣的事！我沒法子插嘴。

「我想當兵去。」

「八路軍？」我想把他最愛唱的那些小調。

「不當八路軍，也不當中央軍，找個雜牌部隊，好歹混個一官半職，活人的財死人的財發幾筆，回來買幾十畝地，蓋個四合房。」

我馬上想起幾件事情。

軍隊駐進來，軍官帶著士兵找財主，敲門之前還仰臉端詳這一家的樓。進了院子，刀槍劍戟擺開，軍官升堂入室，對著那一家之主。

「老鄉，你的樓太高了，妨礙我們砲兵射擊，得拆掉一半。」

那財主一聽，連忙滿面堆笑，打躬作揖：「官長，您行個方便，把您的砲移一移，移一移……」

「移一移？那得另修砲兵陣地，上頭不肯再給經費。」

「經費？我拿出來，我拿出來，您看，得多少？」

……

在另一時間，另一地點，另一台人物演另一段情節。

軍官對鄉紳打開一張地圖，指指點點。「我們奉命在這裡挖一道戰壕。」鄉紳一看，我的天！這不是要挖我的祖墳嗎？但是他見過一些場面，能保持鎮定。讓坐，奉茶，點菸。

「官長，拜託您行個好，把這道線改一改，把我家祖墳讓出來，您看要怎麼樣才做得通？」

軍官很幹練。「說好辦也好辦，說難辦也難辦，你得相信我。」

「我的家外強中乾，長官您得高抬貴手。」

「你現在能拿多少出來，你就拿吧。」軍官臉不紅，氣不喘，茶也不喝。

……

那時，我們恨死那些「當兵的」。可是，我哪裡想得到、他們非得這樣娶不到老婆呢。

家鄉人過日子省儉，惹得外人編故事。

比方說，山東人一輩子只洗三次澡，出生洗一次，結婚洗一次，死亡洗一次。這是瞎話，我們夏天也是人人洗澡，靠河住的人幾乎天天下河。省儉末，不蓋浴室，婦女選一個無星無月的夜，等家人鄰人都睡，站在院子裡往身上澆水。冬天你得燒熱水，成本高，就馬虎了，只用濕巾擦一擦。

比如說，山東人平時不吃肉，買一塊肉掛起來，想吃肉的時候看一眼。

買了肉不吃、當擺設？那塊肉後來怎樣了？爛了丟掉？一聽就知道是瞎話。過年，買塊肉掛在房門上，滴水成冰的天氣，肉一時壞不了，可能多掛幾天。不是不吃，是心裡總在想，也許明天有客來，明天再炒再燒煮吧。省儉末！外人看見肉掛在那裡，就尋咱們的開心。

且說趕集，三朋四友圍在一起吃花生，吃完了，地上一堆花生殼兒。大家並不罷手，一齊伸手「淘」那堆花生殼兒，尋第二度享受，說也奇怪，吃花生是一個一個剝開、一粒一粒送進嘴裡，偏偏殼兒堆裡有沒剝的花生和遺落的花生米。省儉末，一定吃得乾乾淨淨才甘心。花生米淘淨了，人散了，自有人來收拾那堆碎殼兒，一片一片都揀起來，帶回家引火燒飯，燒成了灰還要撒在堆肥上頭。

為了省柴火，煮一鍋餃子一共掀幾次鍋蓋，都有講究，因為「掀一掀，燒半天」。最後看準火候，「捂一捂」，等到落了滾兒再起鍋。如果隨便掀鍋蓋，主敗家。

那時鄉人抽旱菸袋，長長的菸桿一端有個白鐵製的小菸鍋，有人點火還用火鐮火石，敲敲打打挺麻煩，於是發明了「對火」，方法是，正在吸菸的人把菸鍋扣在需要點火的菸鍋上，施者吹氣，受者吸氣，借個火。可是，等受者點著了菸，施者的一鍋菸也消耗淨盡了，所以「對火」算個交情，一鍋菸也不輕看。

莊稼人相信「興家好比針挑土」，嘴裡念著世代祖傳的格言：「一頓省一口，一年省一斗。」他們「耕地看犁托，吃飯看飯鍋」，為甚麼看鍋？那是要看看鍋裡還有多少飯，算一算有幾個人吃，自己碗裡少盛一點。至於吃菜，「一根豆芽咬三段」，最能看出節制的功夫。

那一點家當，就是這樣辛辛苦苦積存下來。

抗戰發生，軍隊深入農村，而且有了游擊隊，這些流水似的兵並沒有鐵打的營房，再小的村莊也有一套班底負責接待過境的人馬。有時候，隊伍住在鄰近的村莊，派人通知各村送飯，謂之「要給養」。一個「吃飯看飯鍋」的家庭，「針挑土」積攢的東西，只好慢慢的消耗掉。莊稼人也有幽默感，說是「老鼠替貓攢著」。

好處是再也沒有土匪，土匪全變成游擊隊。當年土匪橫行，做土匪的小頭目也曾是人生的一種理想，像我這般年齡的人，大都記得：

要嫁嫁個當家的，
吃香的，喝辣的，
盒子槍，誇誇的，
腰裡銀元嘩嘩的。

可以想見當年的綠林也有文宣，頗成氣候。當年為了防土匪，打土匪，流血流汗流銀子，家家在數難逃，那時候哪有今天心安理得！

確確實實，鄉巴佬都贊成抗戰到底。

午間好睡，在歌聲中悠悠而醒。

我翻身坐起，知道八路軍來北橋小休。小李哥剛剛傳給我三句話：日本鬼子抱窩，國民黨吃喝，八路軍唱歌。

這得解釋一下。

日本軍閥在中國的戰場不斷擴大，兵力分散，只有盡量抽調淪陷區的佔領軍使用。佔領軍不但數目減少，而且多半新兵抵充，戰鬥力弱，銳氣盡失，每天在據點內閉關自守，像母雞抱窩孵蛋一樣。

所謂國民黨吃喝，當然是指國民政府領導下的一部分部隊，一般印象，這些人比較注意伙食。有些景象太突出了，例如，一群人到你家裡來抓雞，雞疾走，高飛，大叫，抓雞的人跟著橫衝直撞。最後安靜下來，地上剩下零落的羽毛和踢翻打碎的盆盆罐罐。還有，一群人上刺刀，把狗圍在中間劈刺，這就更恐怖。狗肚子破了洞，肚腸流出來，鑽到你床底下躲死，再拖出來，到處鮮血淋漓。

烤熟一隻狗要多少蔥，多少蒜，多少薑，要燒多少木柴，這對「一天省一口」的農人又是多大的刺激。農人聞香味，流眼淚，收拾狗骨頭和灰燼，永遠永遠追憶他和那隻狗的友誼。

八路軍的特徵是唱歌，像原始民族一樣愛唱，像傳教士一樣熱心教人家唱，到處留下歌聲。

我不愛唱歌，喜歡看人家唱歌，人在唱歌的時候總是和悅婉轉，坦然無猜。我走出草屋察看。

屋後路旁，石碾周圍，大姑娘小媳婦有站有坐，目不轉睛的望著站在他們面前的女兵，這位女同志斜背著槍，揮舞著雙臂。想必是，她們沒見過如此奇怪的裝束吧？有人目瞪口呆，有人吃吃笑，不久，也都溶化在歌裡了。

同胞們，細聽我來講，
我們的、東鄰舍、有一個小東洋，
幾十年來練兵馬、東亞逞霸強，
一心要把中國亡。

不難學，馬上學會了。

那邊，槐樹下，男生教男生，也有六、七歲的小ㄚㄚ黏在哥哥身邊。他們發現我，馬上把我拉過去。

中國人不打中國人，
抗日軍不打抗日軍！
我們別給日本當開路先鋒，
我們要為民族解放而鬥爭！

這支歌太有名了，都說它挑起了西安事變，我可從來沒聽人唱過，也沒讀過整首歌詞，一時有相見恨晚之感，也就心甘情願的跟著學起來。

勇敢的抗日戰士遍地怒號，
我們決不再自煎自熬，

唱到這裡，忽然覺得眼前的日子真是難煎難熬，我是像空心菜一樣生長著。

歌已學會，別處走走看看，被一個人迎面擋住。一個游擊隊裡的人，他的記性太好，我的記性太壞，覺得他很面善，忘記在哪裡見過。

「原來你在這裡！」他一開口，我想起來了，他不就是石濤？游擊隊的領袖，在黃墩見過一面。

「還沒參加抗戰？你知道不知道日本鬼子在做什麼？」

日本鬼子在做什麼，以前知道，現在真的不知道。戰爭只剩下一個影子了，現在是「日本人抱窩，國民黨吃喝，八路軍唱歌」。我是一棵空心菜，日子在煎熬我。

石濤的隊伍走後，我寫信回家，說我要參加抗戰。父親匆匆趕來，見過外祖母，教我收拾衣物。我問到哪裡去。

父親說：「帶你去抗戰啊。」

一九九一年十二月二十六日台北《自立晚報》副刊發表，林文義先生主編。

第十二章　熱血未流

九一八事變以後，某年某月某日，吾鄉的那些公子少爺一個個剪成光頭。換上布鞋，陡然有窮苦的模樣。他們又舉止倉皇，坐立不安，完全失去了平時的自信。然後，只見他們打好綁腿，紮緊皮帶，在那烈日之下，廣場之上，橫看成列，豎看成行，立正稍息的操練起來。

原來那時日本軍閥蓄意亡華，國民政府定下「寓兵於農」的政策，在各鄉鎮成立「鄉農學校」，集訓當地的青年精英，以備非常。那還是「好人不當兵」的時代呢，這些養尊處優的名門子弟，個個只有應召入伍。

那時，吾鄉縉紳，沒有幾個人料到這是時代大變革、地方大變化的徵兆，只是心疼孩子受苦，單是「黎明即起」談何容易！孩子還有剛結婚的呢，還有抽鴉片的呢。也只能三更燈火五更雞，熬好小米稀飯，蒸好豬肉包子，看著他們吃飽了出門。

那時候，大家只是盼望這三個月集訓快馬加鞭，早完早了。

沒有誰了解軍事訓練是甚麼樣的訓練，例如「為甚麼」以及「怎樣」。受了訓好打仗，這個道理好懂，可是那個立正姿勢是個甚麼玩藝兒？站著，永遠站著，站到萬念俱灰，難道也憑這一套上戰場？站就站吧，可是你那教官、為甚麼偷偷繞到我背我、用腳猛踹我的腿彎子？可歎我雙膝點地，朝著別人的屁股叩首，還得站起來再挨你的拳頭？「壞爺」就以觀察家的姿態發表評論：「你把蔣介石叫來，讓他立正站好，我在背後踹他兩腳，看他還能原地不動？」

偏偏上頭派來的這位教官是蘭陵人，是蘭陵的窮人，出去闖蕩幾年，在這方面成了先進。旁觀者清，事後則明，如果那時培訓教官選拔種子能考慮得周詳一些……。

結果這些大少爺的敏感作了怪：這小子，莫非花錢活動上頭派他回蘭陵？莫非他仗著現官不如現管，故意羞辱咱們？莫非他要把蘭陵王踩在腳底下，他好稱王稱霸？

軍隊有軍隊的規矩，教官是有板有眼的把這一套規矩搬過來，對他講話要立正站好，進他的房門要先喊報告，之類等等。好吧，咱們魚死網破，大夥兒一商量，半夜把教官從床上拉起來，一頓拳打腳踢。

事情是鬧大了，他們自有父祖。上面的看法是，倘若在操場課堂對教官動粗，那要軍法審判，「操場如戰場」。星期天在私室爭執，又當別論。這看法對少爺們有利。

教官當然要換一個。不管原來的教官有多優秀，既然地方上有這麼多人反對他，那就是「人地不宜」。新教官是個好好先生，和蘭陵素無瓜葛，彼此沒有心病。

鄉農學校畢業的那天，上頭派人來檢閱如儀。之後，春夢無痕，每個人又恢復了固有的生活方式。可是對日抗戰發生，軍事訓練的作用就顯出來了，受了軍訓的人能憤怒，而且憤怒較能持久，而且可以化為行動。這些姓王的聯合起來，組織了一支游擊隊。

蘭陵王氏組織的游擊隊，番號是第十二支隊。父親帶我進隊的時候，它已經很有規模。十二支隊，沒聽說上頭有總隊，也沒聽說誰是第一到第十一支隊，有「前不見古人，後不見來者」的感覺。

已經忘了那些村莊的名字。一路上只見拾柴的，拾糞的，搓麻繩的，抽旱菸曬太陽的（天已冷了）。沒見打游擊的。後來才知道那些人全是游擊隊員。

村中有些雞鳴狗吠，人聲不多。後來知道三分之二的人正在睡覺，他們昨夜都沒睡。

十二支隊的綽號叫王團，支隊的地位等於團。司令王松和先生，也有人管他叫團長。副司令王成和先生，兼第一大隊長。自此以下，王毓英先生，王毓肇先生，還有王賢和先生，全是重要人物。

對我來說，最重要的人並不是他們。我在第二大隊的隊部裡遇見一個奇怪的人，他坐在過道裡一直喝酒，酒是劣酒，有辛辣的臭味。也許在這樣的地方只能買到這樣的酒罷，他是「善飲者不擇酒」嗎，那麼他的酒癮一定大極了。

雖然顛沛造次，還是有一點排場，過道裡為他擺上一張方桌、一條板凳。桌上放著一把錫酒壺，聽差在旁不停的斟酒、點菸。旱菸袋的竹桿很長，自己不便點火，沒有那麼長的胳臂。

「過道」是四合院內外交通的孔道，他的桌子凳子稍稍有一點妨礙交通，他不管，嘴裡含著菸嘴，眼睛望著空氣，但是眼球不停的左右轉動，神態並不安詳。

父親要我叫他「二老爺」，我叫了，他沒答理。後來我知道他整天不說話，只喝酒。這到底是個甚麼人呢，我正納悶，忽然聽見有人發問：「他那麼好的家世，為甚麼要做漢奸？」急忙回頭看，賢和七爺正陪著兩個都市青年模樣的來賓參觀。問得坦率，也不怕喝酒的人聽見。

七爺修長白皙，無塵土煙火氣，固一佳公子也。他回答：「他們家老太爺最佩服曾國藩，他想學曾國藩成立鄉團、保護地方百姓。」

「你們是怎麼逮住他的？」七爺頓了一頓，斟酌了一下。「他是投誠反正的。」

一個起義的大漢奸？我怎麼覺得他不像？有這樣蒼白文弱的大漢奸？有把腦袋浸在酒缸裡的起義英雄？

他叫甚麼名字？我悄悄的問父親。父親說，這人叫王意和，外號二禿子，住在插柳口，是進士衍公的兒子。

他是禿子？我急忙到過道裡仔細察看。他並不禿，頭髮比一般人稀少而已。還好，衍公的兒子不能是個禿子。

然而，據說他是個酒瘋子，人稱「瘋爺」。衍公的兒子可不可以天天醉酒？好像可以。衍公的兒子當然不可以做漢奸。地方上，如果誰上了日本人的船，馬上名揚四方，大漢奸？我不記得有個王意和。

他說：「瘋爺跟蘭陵的日本鬼子有來往，松和大爺半夜把他捉過來。賢和七爺說他反正投誠，那是心存忠厚。懂不懂？人要厚道些。」

是，人要厚道些。何況這人對我很重要，他後來教我讀唐詩。

司令部設在一間茅屋裡。這間房子很大，猜不出原來做甚麼用的。鄉下村莊的房子都很小，但游擊隊常有大間房屋可用，好像軍隊開進來把房子撐大了。

司令部用的這間房子，一半面積鋪滿了麥稭，做司令官等人和衣而臥的地鋪，另一半面積，當門擺上一張八仙桌，左右兩把太師椅，松爺——我是說司令官就在這裡會客、議事、運籌帷幄。司令官的這點子排場，又比瘋爺喝酒的局面大得多，那桌子椅子，簡直像是松爺從他家裡搬來的。

看見我，松爺很高興，他正計畫辦一張油印的刊物，需要人手。他交給我的任務是：經常出去走走看看，找些可以報導的材料。我暗想，我這不是要做記者了嗎，馬上恨不得雀躍三尺。

決定先去趕集，我在集上見過驚心動魄的事情。這天天氣晴朗，風小，趕集的人多。我順著大路走，走出十二支隊的防區，也不知是哪家的山頭，只見許多農人用獨輪車推著糧食，在我身旁吱呀吱呀響，如果我作文，也許會說車輪在唱歌，今年收成好，田家趕集賣了糧食準備過冬，今年的冬天很溫暖，等等。

走著走著，車子走不得了，成排的獨輪車停在路旁，扛著槍的人來檢查。不是檢查，是路心擺個大籮筐，收鞋襪費。來人扛著步槍，披著子彈袋，小襖的釦子不扣，毛線打成的帽子，標準的游擊隊打扮。冬天到了，弟兄們還穿著破襪子破鞋，大家有錢出錢，支持抗戰。掏出票子往籮筐裡一丟，光天化日，大公無私。推車的人說現在沒有錢，賣了糧食回頭再交吧，那可不行，交不出鞋襪費的人不能過關。那麼，我不去趕集了，原車原路回家，那也不行，一車糧食扣在路上，你回家去拿錢。

熱鬧一陣，冷清了，零零落落有人贖車，車，人，漸漸稀少。這才急急忙忙來了個莊稼漢，交了錢，問：「我的車呢，我的車呢？」在原先停車的地方團團轉。扛槍的人也慌了，光知道扣車收錢，沒料到有人投機發國難財。有一個人，這裡本來沒有他的車，他不是賣糧食的，臨時見財起意，交了一筆錢，把一車糧食輕輕鬆鬆的推走了。這可怎麼給人家出錢抗戰的人交代。

只好報告長官。長官來了，果然不是等閒之輩，他大模大樣的問了三言兩語，大喝：「刁民！你想訛詐！」一手指頭幾乎戳到人家眼珠子。人家喊冤，長官就喊打，打完了收押，等他的村長來保。

不趕集了，回司令部告訴松爺去，一面說，一面上氣不接下氣。松爺很認真的聽，聽完了，忽然微微一笑。他說這個材料不能用，你再去找。

好吧。第二天我到第一大隊，他們住在另外一個村子裡。大隊長，也就是副司令，也就是成爺，不知到哪裡去了，帶著警備隊。警備隊的配備全是好槍，包括十二支隊僅有的一挺輕機槍。

他這一走，第一大隊鬆垮垮的，隊員正在聚賭。我站在旁邊看了一會兒，松爺一定會說「這種材料不能用」，看了白看。

我去找村長，村長伸手一指說，東邊有個村子，你可以去看看。到了東邊的村子，那村長又伸手一指，他說那邊的村子裡有堵牆，招人看。

我找到那堵牆。日本兵曾經在這堵牆下殺死七個人，某一支游擊隊的隊長經過此處，用刺刀在牆上刻下一行大字：「我必殺死七個鬼子。」

這一支隊伍走了，另一支隊伍來了，隊長也來看這面牆，教人把原來的字刮去，自己另外刻上：「我必殺死七十個鬼子。」這面牆成了名勝古蹟，每有游擊隊過境必來參觀，隊長必用刺刀刻字，刻新字必先刮掉舊字。牆上的數字由七十人到七百人，由七百人到七千人。我來時，土牆已削成薄片，上面的筆畫也似有若無了。

我猜，若有人再來刻字，牆必立刻在地上跌碎。

回到司令部，向松爺報告發現。他老人家聚精會神，聽完了嘴角一動，似有笑意。我心知不妙。果然，他又說：「這個材料不能用，你再去找。」

在司令部的那個「地鋪」上，並排睡著六、七個人。第一個睡在外沿的，是松爺的貼身勤務兵，第二個，緊挨著勤務兵的，是松爺，然後是賢和七爺，然後，我忘記是誰了，只記得他臉又瘦又長。

副司令成爺和他的隊伍住在另一個村子上，他抽鴉片，而且帶著姨太太劉姐燒菸伺候，必須有單獨的房屋。他的排場又超過松爺。

這些首腦人物常在深夜議事，會場就在「地鋪」旁邊，椅子只有兩把，地鋪上的人睡熟了，軍事會議就在別人的鼻息聲中進行。

有時候，靠牆而臥的我並未入夢，也要裝作睡熟了，即使便急，也不能起床。在這裝睡未睡的時候，聽到了不少。

那時候，各個游擊隊之間貌合神離，常有「摩擦」。發明「摩擦」一詞的人是個天才，用它來形容游擊隊的互動關係，傳神之至。

有一次，某「友軍」派人到十二隊的「地盤」裡來要給養，也就是指派老百姓送飯給他們吃。依當時的規定，他們不該越區徵集，十二支隊如果不制止，防區裡的老百姓就有雙重負擔，這些老百姓就瞧不起十二支隊。「友軍」的這種行為就叫「製造摩擦」。

對付「越區徵集」，向來是把闖入「我方」防區的人繳械扣押，通知對方領回。對方可能拒絕領人，趁機「俘虜」我方幾個戰士以示報復，對方也可能說對不起，我們弟兄不是故意的，上面沒有教他們這樣做。等你把人把槍放回去，他們又馬上惡聲相向，說你用土槍掉換了他們的好槍，你扣下了他們的子彈，要求賠償。這叫「發生摩擦」。

「摩擦」是可能生電的，是可能起火的，雙方都全神貫注，心無二用，因為摩擦常常是「兼併」的序曲。

不止一次，我聽見松爺宣示，他不以摩擦對摩擦，他以疏解對摩擦。大家都是中國人，而且非親即友，臉紅脖子粗已是下乘，更何堪殺人流血？

那時，游擊隊有的歸國民黨領導，有的歸共產黨領導，共同抗戰。以國民黨內部術語，淪陷區大勢三分為「敵偽匪」，而共產黨內部術語則稱之為「敵偽頑」，雙方的敵意很明顯，「摩擦起火」的危險，也就在意料之中了。

不止一次，我聽見松爺宣示，他絕對不打中國人，不但不打「匪軍」，也不打偽軍，理由仍然是「非親即友」，他要打的是「鬼子」。「誰也別打誰，誰也別殺誰，到抗戰勝利那天，大家親朋好友一塊兒慶祝。」

松爺的這番主張，成爺似乎並不贊成。我聽見他說：「我們請大哥出來領導，當然聽大哥的。不過——」說著說著總是有個「不過」。

老哥兒倆從沒有抬過槓。回想起來，他們如果好好的辯論幾次，反而好些。

那時一般游擊隊所到之處首先推行的大建設就是布置一間牢房，備有老虎凳、槓子之類的刑具。這個有特殊設備的房間，是為「威鎮四鄉」準備的，半夜三更少不了鬼哭神嚎。十二支隊沒有這一套東西。

有時候，對松爺的理想，我也有些懷疑。

不過？

松爺兵符在握，敦親睦鄰，但是他夜探插柳口進士第，生擒了「大漢奸王意和」，這人現在天天在他眼皮底下喝白乾吐口水。

意和老爺是進士衍公惟一在世的兒子，每天昏飲，心中醉時勝醒。日本人想利用他，游擊隊想吃掉他，他還不知道處境危險。松爺呢，是衍公的姪子也是學生，現在領導蘭陵王氏打游擊，他不能看著衍公的哲嗣毀了。他帶著衍公的嫡孫毓肇叔夜探插柳口，插柳口守夜打更的人一看是他們爺兒倆，就開了寨門。

瘋爺醉眼矇矓，措手不及，但也別小看了他。進士第房子多，他在槍兵監視下走過一個門又一個門，冷不防以出人意料的敏捷搶到一枝步槍，一個箭步進了屋子。

誰也沒想到他往屋子裡頭跑。屋子裡有一張很大的方桌，他跑到方桌後頭，槍口對著房門，嘩啦一聲子彈上膛，這才知道他也會使槍。這間房子呈長方形，瘋爺雄據一角，以方桌為防禦工事，槍口對準門口。瘋爺有了據點，開始大罵他的姪子，他們叔姪一向不和。松爺、成爺、瑛叔，輪流隔著窗子勸，再好的口才也沒有用。瘋爺不瘋，他知道只要撐到天亮，他就勝利了。

雙方相持到雞叫，松爺知道不能再拖。插柳口離蘭陵鎮只有三里路，村中難保沒有日本人的眼線，一旦消息走漏，日本軍來個拂曉攻擊，恐怕大家難以脫身。於是松爺——誰教他是大哥呢，誰教他是司令呢？——挺身進屋，走到方桌對面，肚子抵住槍口。兩個人眼睛對眼睛。松爺說：「勸你勸了半夜，你都聽見了，現在只有兩句話，要就是你開槍，要就是你跟著我們走。」

子彈在槍膛裡。瘋爺的手指頭在扳機上。如果他真是個酒瘋子，如果他的食指再彎一彎……槍是新式的中正式，子彈每一顆都光潔無鏽，一定不會啞火，那就難以收拾了、難以收拾了！

瘋爺對著松爺看了又看，慢慢的鬆了手，他把步槍輕輕放在桌上，頹然坐下，叫著聽差的名字，大喊：「拿酒來！」

好說歹說，他還是坐在那裡喝了一壺酒。

殘月三星，瘋爺束裝就道，進士第的自衛武力也大半跟著去了，這些人槍當然歸瘋爺的姪子調度。二奶奶——瘋爺的夫人——嚎啕大哭，她不懂政治，度量著姪子串通某些人奪財。原來進士衍公有個哥哥，中過秀才，沒有子嗣，遺產也歸瘋爺繼承。瘋爺是衍公在京做官時和侍妾所生，衍公辭官，把小妾打發了，只帶著兒子回家。瘋爺的背景如此，不免受些歧視。二奶奶把問題放進這個框框裡看，也沒個人能開導。

第二天，蘭陵的日本駐軍開到插柳口，有人有馬。那小隊長問長問短，村人只好說是夜來土匪綁票。小隊長說，他可以負責籌措贖款，又建議二奶奶帶著孩子搬到蘭陵暫住，由他保護。村人不免虛與委蛇一番。

松爺「破」插柳口，用心在保全衍公的後裔，而且未發一彈，符合他的一貫哲學，瘋爺後來也能體會。

不過……

後來瘋爺回到進士第，不見賓客，有個瘦長臉的老頭兒，來陪他喝過酒。這人當初在十二支隊司令部和我們睡「通鋪」，知道一些內幕。他告訴瘋爺，十二支隊申報戰功，公文上寫的是攻破日軍據點插柳口，逮捕「漢奸領袖」王意和。這人用恭維的語氣說：「你是福大命大，這頂漢奸領袖的大帽子，豈是平常人頂得住的？要是上頭來一道命令，教十二隊把這個漢奸領袖就地正法，那怎麼辦？或者上頭說，你把這漢奸領袖押解到這裡來審判，那又怎麼辦？還好，吉人天相，阿彌陀佛！」

瘋爺一聽，眼珠子鼓出來，眼球上有粒紅斑發亮。他默然痛飲，等到有了七分醉意，忽然拍桌大罵王松和。

那人嚇壞了，一溜煙告辭，沒敢再來。

十二支隊經常南北游動，北方活動空間大，到過山區。有一次，不知為甚麼，正副司令兵分兩路，一南一北。副司令回師歸隊的時候，途中碰上小股日軍，互相射擊一番，雖然沒有斬獲，到底是跟敵人打了一仗，可以列為光榮紀錄。

副司令成爺頗有凱旋而歸的聲勢，留在司令松爺身邊的官兵，全體整隊行軍到五里以外接應，只有司令一人未去，整個村子好像空了一般，很靜。我看松爺一人坐在椅子上，一隻手放在方桌上，像等著照相。他好孤單，我決定留下陪他。

回想起來他，他是應該去接成爺的，成爺好歹是打了仗回來，松爺熟讀經史，當然知道皇帝如何禮遇凱旋的將軍，可是他老人家竟然沒去。至於我不去，那就更沒有道理了，簡直莫名其妙。

那天我悄悄的看了松爺的臉。人家都說松爺的相有福有貴，因為他臉圓肉厚，面黑帶潤，口鼻周正，可惜眼睛小，脖子短，不能十全。我仔細核對他的臉，別人說的一點也不差。

松爺坐在那裡，倒有「不動如山」的將風。他是讀書人，不識干戈，使我想起中國歷史上文官帶兵的傳統。我那時已熟讀《論語》，讀到「溫而厲、威而不猛、恭而安」的時候心中暗想怎麼可能，兩種矛盾的氣質怎麼在一個人身上兼備而且調和，那天從松爺身上發現可能，一定可能。

成爺在眾人簇擁下來到司令部，和松爺談了幾分鐘，急忙趕回自己的駐地去噴雲吐霧。夜晚，他老人家過足菸癮，再來跟松爺諸人細說一切，說著說著聲音高起來，把我從夢中驚醒。我側身面壁，聽得見，看不見，也不敢看。

好像是，他們在談過年發餉的事，游擊隊沒有固定薪金，中秋節每人發了兩塊銀元，眼看要過年了，弟兄們等著。

可是成爺說，中秋節並沒有發餉，大哥記錯了。

松爺說，每人兩塊錢，已經開支了，難道是我喝兵血？

成爺說，大哥事情多，大哥忘了。

十二支隊雖然受政府節制指揮，政府沒有一文錢一顆子彈給它，錢是蘭陵王氏大戶人家湊出來的。松爺覺得茲事體大，不能含混，就朝著賢和七爺問：「老七，你說，過中秋是不是每人發了兩塊大頭？」

七爺說，是發了兩塊大頭。

不料這句話惹出極大的風波，我聽見精緻的機件摩擦、互撞的聲音，猶如裂帛。我知道那是自來得手槍子彈上膛。這種手槍裝在木盒子裡，可以連發，俗稱盒子砲。成爺有幾把新得發藍的盒子砲，性能極佳，人所共知。

「你想跟我作對？」我甚麼也看不見，只能從憤怒的聲音想像表情和手勢。

屋子裡甚麼聲音也沒有。一種緊張的寂靜。我在等松爺說話，可是他一個字也沒說。最後還是七爺的聲音：「我得罪了大哥，我給大哥磕頭。」這個「大哥」是指成爺。七爺可能磕了頭，但是他並未推翻自己的證詞。

我緊緊貼在牆上，恨不得把自己嵌入牆裡。還好，成爺沒有繼續進逼。可是他已經傷了許多人的心，包括我父親。

第二天，七爺對松爺說，他這次離家日久，有些牽掛，打算回去看看。他說得平平淡淡，松爺也平平淡淡接下去：「你早去早回吧，這裡少不了你。」我們都知道七爺是不會回來了。

然後，父親把我送到隊上，跟弟兄們同吃同住，他說：「你先在這裡住幾天。」我知道，我再也不能睡司令部的大地鋪了。松爺支開我，是怕我發現「不能用」的材料，可是這樣一來，我連能用的材料也無法得到了。

在隊上，我的頂頭上司是毓肇叔，他說：「別的事不要你幹，你在村子裡到處走走看看，看到甚麼事情馬上告訴我。」

村子裡還能有甚麼事情？這村莊已經是游擊隊的了，老百姓不過是布景和附件。還是看到一些事。大早晨，一個老太太，左手拄著拐杖，右手提著一罐清水，瓦罐很小很小。早晨是家家戶戶挑水的時候，老太太沒力氣，只能站在井口央求別人順便替她提上小小一罐水來，瓦罐太小，看上去好像老太太在打油。

雖然瓦罐很小，老太太的步履仍然有些艱難，我就上前一步把水接過來替她提著。她端詳我。「以前沒見過你，你是八路軍吧？」

不知怎麼，我受到很大的刺激，內心震動。連這麼一件小事也得八路軍才做得出來，十二支隊還能混得下去嗎？

我悶悶不樂，送老太太到家，又看見另一件事情。

一群農民挑著擔子給十二支隊「送給養」。游擊隊每天兩餐，第一餐大約在上午十點左右，由防區內的居民把飯做好送來。來送給養的都是婦女和老翁，穿著布滿補釘和汙漬的棉衣，挑著瓦罐，呵著蒸氣，景象有些悽慘。

這些人把盛給養的瓦罐一字排開，在寒風中瑟縮而立，由我一個叔字輩的人檢查。他先從排頭到排尾掃瞄了，然後從排尾到排頭一個一個把瓦罐踢翻，熱騰騰的高粱地瓜稀飯流了一地。

他認為，「送給養」送來這樣粗糲的食物，是對十二支隊的侮辱。他把那一排低頭縮頸的人大罵一頓，再抓過一枝步槍，用槍托把瓦罐一個一個搗破。

他嚴厲的吩咐，限中午把新的給養送到。他走了，我站在原地繼續看，看那一群垂頭喪氣的人把地上的地瓜揀起來，用瓦罐的破片盛好，鄭重其事的端著回家。

我覺得我有許多話要說。我對毓肇叔說，老百姓很窮、很苦。我說，有些游擊隊幫老百姓挑水推磨呢。毓肇叔是個短小精悍的人，臉型窄長，於是，我覺得他像一把刀對我迎面劈來。他指著我：「小八路！你這個小八路！你不去當八路，在我們這裡幹甚麼？」

我不知所措，他憤憤而去。不久，副司令成爺的護兵來找我。

成爺側臥在一張方形的土炕上，面對著一盞鴉片菸燈，菸燈是放在菸盤上，菸盤旁邊擺一把瓷製的茶壺。劉姐隔著菸燈，和成爺相向而臥，手執菸籤，從菸缸裡挑起菸膏，在燈火上燒菸。

菸燈，菸盤，菸籤，以及吸菸用的菸槍，質料和製作有種種考究，燒菸更是專門的技術。菸膏平時是硬的，用燈火燒烤時它是軟的，甚至是可以流動可以燃燒的，所以燒菸講究火候。不用說，劉姐是此中妙手。

劉姐把烤成棗核形的菸膏插在菸壺上，雙手把菸槍送到成爺嘴邊，成爺把菸膏對準燈火，呼呼呼風生雲起，異香滿室，一口氣吸個乾淨。然後抓起茶壺，來一口釅釅的龍井，然後仰天而臥，四肢舒展，吐氣如呵。

然後，他和我說話。抽鴉片的人非到這一套程序完成是不肯兼顧另外一件事的。

「大孫子，」他叫我。「《古文觀止》裡有一篇〈辨姦論〉，你讀過沒有？」

我讀過。

「〈辨姦論〉裡有一句話說，凡事之不近人情者，鮮不為大奸慝，這句話你還記得？」

我還記得。

「那就好。你想，當兵的怎麼去給老百姓推磨呢？怎麼去給老百姓挑水呢？這不近人情！不近人情！」

他又喝了一口茶。

「大孫子，你別以為這些老百姓真窮，他們不是窮，是省！是省儉的省！他們不是窮人，咱爺們才是窮人，咱們是賣地的，他們是買地的，咱們的田地最後都賣到他們手裡！」

說著，姨太太已把第二口菸燒好，副司令側身過去再狂吸一陣。喝過茶，他忽然坐起來。這可嚇我一跳，抽鴉片的人輕易不坐起來給別人交談，而我是晚他兩輩的小孩子。他一坐起來，整張臉浴在從門口射進來的天光裡了，他一向營養好而又少運動，所以這張臉很大，很肥，慘白，他那有名的一對眼睛，大，圓，凸出，鄉人說是魚眼露睛的，也特別明顯了。

我幾乎要哀求他躺下去。

「說到擾民，還不是為了抗戰？抗戰還能不擾民？蔣委員長說有錢出錢有力出力，這句話就是教我們擾民。十二支隊的這些槍，這些子彈，都是咱姓王的爺們自己買的，咱們是賣了房子賣了田地來打游擊的，要說擾民，咱們先把自己擾夠了。咱們十二支隊，不過一天吃老百姓兩頓高粱煎餅罷了！」

他說到最後一句，用巴掌猛拍一下大腿。

他該吸第三口菸了。

童謠兒歌有時能激起大風大浪，例如：

天昏昏，地昏昏，　滿地都是抗日軍，
日本鬼子他不打，　專門踢蹬莊戶孫。

「踢蹬」的意思是作踐、糟蹋，「莊戶孫」就是種莊稼的人，「孫」指地位低下，一切聽從「爺爺」。

十二支隊的那些爺爺叔叔研究了半天：這歌謠是甚麼人作出來的？那時八路軍主領文宣，這歌謠顯然不是出於他們之手，它把所有的游擊隊都罵了，沒說爛筐子裡有一個好桃。

要人多，韓志隆。　要打仗，孫業洪。
要吃饅頭李子瀛。　八路軍，搗蛋的，
十二支隊逃難的，　××支隊討飯的。

這回是點著名評論，只肯定了一個孫業洪。這歌謠又是誰作的呢？是孫的幕僚呢，還是恰值孫業洪剛剛跟鬼子打過一仗，適時左右了作者的心情呢？

司令官沉默了很久。對第一首歌謠，他一笑置之，對這第二首，他覺得難堪。十二支隊逃難的！天地間竟沒個人了解他的苦心！尤其是，這歌謠傳誦了幾天之後，出現了新版本，第四句改成「八路軍，抗戰的」，以後再無變化，從此定稿。下面連接著第五句「十二支隊逃難的」，對照十分強烈。十二支隊的叔叔爺爺們都受了些刺激，只有「漢奸領袖」瘋爺坐在司令部大門底下飲酒如舊，坦然展覽自己。

拚一場，必須跟鬼子轟轟烈烈拚一場，十二支隊才抬得起頭來。爺爺叔叔們如是說。

我們從司令官的勤務兵口中聽到許多消息。勤務兵經常到隊上來聊天，他在司令部沒有說話的份兒，很需要聽眾。

沸騰一腔熱血容易，等到真要拚命，才發現艱難。鬼子的習慣是，哪個村子朝著我放槍，我就把整個村子放火燒掉。燒得好，焦土抗戰麼！可是司令官說不好，他要找這麼一個地方做戰場：打完了仗，日軍沒法拿老百姓出氣。於是選擇作戰地點是第一個難題。

即使找到了合乎理想的戰場，十二支隊能不能開到那裡去作戰呢？廣大的鄉村早已為各種品牌的游擊隊割據，人家當然要想一想，你到底是來打鬼子，還是來搶地盤？人家防你，你也防人家，十二支隊也得想一想，一仗打下來，筋疲力盡，別人會不會乘人之危，趁火打劫呢？這種事，以前是發生過的啊。

最後，據說，地點找到了。當然，到底在哪裡，我們不知道，只見一瓶一瓶的生髮油發下來，人人擦槍擦子彈，盒子砲的子彈綽號花生米，所有的花生米不但擦出令人饞涎欲滴的色澤，還一顆一顆用戥子稱，把重量不合標準的子彈淘汰下來。

還有，據說，司令官寫了遺書，用他那得到衍公真傳的行書，寫好了，交給我父親保管，遺書說甚麼，我父親自然不能偷看。副司令得到了消息，也急忙趕到司令部來，叫著我父親的名字說：「華池，我多年不提筆了，你替我寫吧，就說我幼承祖蔭，耕讀傳家，……」究竟寫了些甚麼，我父親自然也不肯告訴別人。

那些弟兄，那些小隊分隊，都有人摩拳擦掌，複誦他們代代傳承的戰爭哲學：「該死屌朝上，不死翻過來。」

然後是行軍，朝南走，宿過幾個村子。

然後發生了一些意外。

最後宿營的這個村子，地勢高，副司令看了很喜歡，但村東村北一片平川，他皺了一下眉頭。

他派出哨兵。然後，他整夜抽鴉片，瘋爺整夜喝酒，司令官中宵獨坐沉思，一切如常。

當然也派出諜報員出入日軍的據點，和潛伏在漢奸部隊裡的諜報員聯絡，打聽日軍有沒有出動的跡象。

保安大隊沒有接到準備出動的命令。日軍營地靜悄悄的，沒有多餘的聲音，也沒有多餘的燈火。

真令人料想不到，十二支隊宿營的村子裡，卻有一隻貓頭鷹格格的笑起來，把夜笑得更白。全村的狗隨之狂吠。

瘋爺聽見這凶惡怪異的聲音，立刻命人取一副骨牌來。他推開酒壺洗牌，骨牌的背面向上，整副牌排列成烏龜的形狀，再按照規定的程序一張一張翻開。

這是占卜的一種方式。他一連推演三次，三次都順利過關，於是推開骨牌，繼續喝酒。

副司令和瘋爺同時聽見梟啼，他的反應是立刻加派了一組游動哨，在村北村東警戒。然後，他繼續抽菸。

司令官已經睡了，聞聲披衣而起，到戶外走了一趟，回來正襟危坐，臨危不亂的樣子。

這時，我敢說，十二支隊每一個人都醒了，他們在枕上聽見村東村北同時打響的槍聲。我敢說，他們不是被槍聲驚醒，是被梟聲驚醒，所以，他們多得到一分半分時間。

十二支隊這時慌成一團。還好，都還紮緊了子彈袋、握緊了槍，都還知道等待命令。槍聲中，副司令大搖大擺走過來。他老人家太胖了，用八字腳走路，肚皮前挺，上身後仰，兩臂只能當翅膀用，想不搖擺也不行。

他對司令官說：「大哥，你先走，我有馬。」

他轉身伸手向西一指：「一二三隊警備隊，拔好槍，止！」

十二支隊共有三個大隊，每一大隊都有一部分新槍、快槍，也有一部分舊槍土槍。警備隊沒有土槍，但是有一部分短槍，短槍只能近戰，不算「好槍」。這四隊武力中的「好槍」有一個特別編組，準備一旦情況緊急集中火力戰鬥，所謂「拔好槍」，就是動員這個特別的編組。至於「止」，它是當時游擊隊用的術語，意思就是制止敵人前進。

旋即聽見十二支隊惟一的一挺中正式輕機槍突突點放。

情況和日軍的假想不同。日軍是訓練之師，在這種情況下不會盲進，指揮官需要一點時間重估敵情。這點時間足夠十二支隊撤退之用，他們向南急走，日軍不敢追擊，追擊不在作戰計畫之內。

當人人南奔的時候，獨有瘋爺吩咐跟班向北。跟班的大驚，問主人何往，瘋爺輕輕鬆鬆的說：「咱們回家！」叨天之幸，十二支隊全師而退，惟一的損失是走脫了一位有「漢奸領袖」之稱的高級俘虜。

若說還有損失，那就是，副司令忘了收拾他那一套名貴的菸具。

不，損失不只這些。經此一役，司令官主動打鬼子的計畫向後推延，直到十二支隊北調入山，司令官辭職隱居，沒能付諸實行。

第十三章　插柳學詩

日本以殺人盈野得土，不能以殺人盈城治民，笨手笨腳的做了些「宣撫」的工作，例如巡迴放映電影，定期作醫療服務，平時日兵外出不再佩帶刺刀，對在外酗酒鬧事的日兵加以處罰等等。如此，蘭陵又逐漸成為人煙稠密的大鎮。

逃難才發現我家親戚真多，處處有地方落腳。但是抗戰長夜漫漫，母親帶著兩個孩子望著蘭陵遊牧，漸漸撐不下去。游擊隊互相碰撞，咬啃，由拔毛到磨踵，十二支隊無聲無臭解體消失。那些爺們叔們黯然還里，抗戰必勝的信念依然在，但是只能先做順民，且盼且等。

我們回家以後，插柳口的瘋爺派人來請父親一談。瘋爺管理進士第，要應付各式各樣的人，有些來客，你若交給看家的護院的去接待，對方會覺得受到藐視；如果瘋爺親自出面，又可能缺少轉圜的餘地。他希望我父親能在中間緩衝一下，父親和瘋爺血緣甚遠，但外人看來總是瘋爺的姪子，代表性大一些。

瘋爺有兩位女公子，都是正該讀書的年齡，瘋爺不願意送她們進蘭陵小學，議定由父親教她們論孟。父親在進士第正式的職稱該是家教，也就是「西賓」。

那時我已失學日久，父親對我的教育問題甚為憂愁。他老人家認為我不受教育就沒有謀生的能力，我沒有謀生的能力就無法接棒照顧下面的弟弟妹妹，所謂兒孫自有兒孫福，只能在父母力所不及之時用來強自寬解。所以父親立刻答應瘋爺的邀約，待遇厚薄在所不計，但是他希望瘋爺也花費功夫教我一些功課。

「我只能教他唐詩。」瘋爺說。「教他住到我家裡來，我早晚空閒的時候指點指點他。」

父親有一獨到的見解，認為瘋爺根本不瘋。瘋爺之沉湎於酒，胡言亂語，乃是身處亂世、效古人佯狂避禍。瘋爺或不能繼承家學，可是鄭康成家的牛識字，張天師的狗能騰雲駕霧，瘋爺是進士衍公的愛子，受衍公親口調教，肚子裡一定有些東西。

至於那個「漢奸領袖」的頭銜是怎麼回事？那是日軍入踞蘭陵的第一年見高粱越長越高，就下令把公路兩旁、步槍射程以內、所有的高粱一律砍掉。吾鄉那時每兩年有三季收成，同一塊田，先種小麥再種黃豆，收兩次，可是年來就只能種一次高粱、收一次，砍掉高粱，許多田家全年的收益就落空了。那時蘭陵的社會秩序尚未恢復，鄉人苦無管道可以請命，慫恿瘋爺出面。這位二少爺世故閱歷究竟不深，慨然親赴「大日本警備隊」陳說一番，要求把命令改成明年不許在公路兩旁種植高粱。日本正要網羅仕紳，對瘋爺頗為客氣，高粱可以不砍，但是要瘋爺負責護路。瘋爺在形式上組織了護路隊，暗中派人向各路抗日人馬遊說，請他們務必高抬貴手，一切軍事行動延至高粱收成以後。

幸而平安無事，但功過難有定論。有人勸瘋爺：抗戰不惜焦土，幾棵高粱又算甚麼。瘋爺反問：焦土以後，誰給游擊隊送給養？依游擊戰的理論，游擊隊是魚，老百姓是水，魚在一片焦土上能活多久？高粱收成時，有人到進士第放鞭炮，也有人揚言到進士第丟個炸彈，眼看出頭的椽子要爛。十二支隊這才夜襲插柳口，釜底抽薪。

瘋爺重來，日軍已把當地的行政組織和保安系統建立完成，瘋爺這才以無用之身擺脫日人的糾纏。「大日本警備隊」的翻譯官告訴他，在日人的檔案裡，他是「游擊隊領袖」。瘋爺啼笑皆非。游擊隊說他是漢奸領袖，日本人又說他是游擊隊領袖，他成了照鏡子的豬八戒。若是把「漢奸」和「游擊隊」存而不論，剩下兩個「領袖」，又未嘗不可以自我陶醉一番。

我覺得瘋爺此人有些可愛，欣然跟著父親去見他。

蘭陵西郊有一道高隴，志書稱之為溫嶺，據說蘭陵因此得名。

進士第建造在溫嶺北面的大平原上，溫嶺的地勢未盡，潛入地下，伏脈百里，再起山巒，據說風水極好。進士公和他的哥哥秀才公在此建造宅第，自是經過一番選擇。這地方原有幾戶人家，兩條道路，俗名岔路口。進士第遍植垂柳，改名插柳口。插柳成蔭，其中應該也有寓意。

建造進士第所用的青磚，據說是特別訂製的，整齊堅固。動工前兩年先買下木材，等它充分乾燥，不致彎曲變形。整個建築追求樸實謙和，含蓄謹慎，讓人看了心定氣平。

但是，這一切深謀遠慮都無法面對戰爭。日本軍隊來了，未到插柳口之前，先朝進士第開了一砲，進駐插柳口之後，在老進士書房餵馬，臨走放一把野火，留下半片廢墟，把進士公氣得撒手西歸。

我來進士第時，先走過一座小橋，再來到一片廣場，廣場之南是一個大水塘，鄉人管這種水塘叫「汪」。汪的四周全是柳樹，長條擺來拂去，和進士第南北相對。

進士第的金匾仍在，但大門已用磚封死，大門左邊加蓋了一片草房，闢有側門，由此出入。裡面是一進又一進四合房。主房正廳叫「拙笑軒」，被日軍的砲彈擊中，斷磚破瓦中還能看見「拙笑」兩個大字。衍公治印的房間叫「木石居」，屋頂燒毀，殘灰猶在，不見一木一石。瘋爺的書房叫「壯回堂」，連個殘跡也找不到。

當年造屋，屋頂全憑木材架構，轉眼可以燒光，承受屋頂的四面牆卻依然稜角整齊，牆面粉刷的泥灰也不脫落，這是建屋工料考究，為子孫後代立業。雖然有一半的房屋焚毀了，這些牆壁作成的框架屹立，使人仍然能感覺到進士第的氣派，尤其夜靜月明，我幾乎產生時代錯覺，以為進士第猶在當年鳩工建造之中，天曉以後，有大批工匠來，為這未完成的房屋繼續施工。

自乾隆以下，蘭陵王氏出了五位進士，衍公在光緒戊戌科得中「賜同進士出身」第三甲第一名，是蘭陵最後一位進士。衍公奉任命在吏部做官，發現了政風的敗壞。庚子之役，北京被八國聯軍攻陷，衍公沒有追隨慈禧一同逃難，趁此機會帶著庶出的瘋爺返回故里隱居，從此絕意仕途。

光緒戊戌是一八九八年，衍公中進士，庚子之變是一九〇〇年，衍公還里，瘋爺是在這兩三年間出生。我一九四一年來插柳口受教，瘋爺大概四十歲。

我到他家裡來念唐詩。在這四圍荒亂破敗中，瘋爺撒下手裡的種子。

居家的瘋爺和在十二支隊的瘋爺判若兩人，他反應很快，很坦率。

他說：「你寫幾個大字給我看看。」

我寫了「柳絮因風起」五個字。他告訴父親：「教他寫九成宮吧。」

他想了一想，「除了寫歐，還可以寫寫八分。」他斷定我的楷書難以出色，習八分以為救濟，將來有人找我寫字，可以用八分應付。「八分接近楷書，比楷書容易藏拙。」

習字，他老人家規定要懸肘、用中鋒，而且握管要牢，別人無法從你手裡把筆抽去。這個姿勢很苦，幾天下來，手指麻木，肩臂後頸都痠痛。我很納悶，瘋爺處處不拘小節，何以有「坐科」、「穿小鞋」式的書法教育。後來他說，中鋒和懸肘始能訓練出大書法家來，他的老太爺就是這樣教他的。

習字的課程既定，接著選詩。最流行的本子《唐詩三百首》為他老人家所不取，他指定念《古唐詩合解》。詩必盛唐，不必費辭，與古詩合讀是明其源流大勢。《合解》和《三百首》有一個很大的分別，元微之的悼亡、李商隱的無題、白居易的長恨都沒有選，倒是「應制」「奉和」的作品收了不少。瘋爺是性情中人，授詩卻如此之有欠「浪漫」，也出乎我意料之外。後來他說，感傷、纖巧難成大器，他家老太爺也是這麼教他的。

課程安排妥當，瘋爺對我父親說，最好的老師當然是他家老太爺，他自問不夠資格，無奈別人比他更差勁兒。這孩子（指我）也只有認命了！——依當時鄉人的清議，這話就是瘋話。

那時物力艱難，我們拿搓繩子用的檾紮成刷子，再修剪成筆，蘸了清水，在方磚上寫大字，斗大的字，上午寫三百個，下午再寫三百個。瘋爺強調大字重要，大字寫得好，小字才會好。我用毛邊紙寫手掌大的字，寫一張又一張，在字裡行間寫小字，由龍眼到蠅頭，大大小小，不計其數。

教會請我用大楷恭錄經文，供主日禮拜時全場朗誦之用，經文用白話譯成。瘋爺看見了，立刻有意見，他說練字必須寫文言文，而且要極好的文言文，習字才會進步。若是他發現我有一丁點兒進步，就特准我使用他的宣紙，以示鼓勵，那時，在家鄉，宣紙是珍貴的東西。他說，毛筆字要寫在宣紙上才好看。

那時，在進士第，只能以客廳一角做我的書房，有時瘋爺一面會客一面監察我的功課，每見我習字出現敗筆，就從旁提醒：「用中鋒，用中鋒！」有一次，一位客人為我緩頰，從旁說：「蘇東坡寫字不用中鋒，」瘋爺立刻說：「蘇東坡怎麼能學！」又一次，客人指出黃山谷寫字不懸肘，瘋爺也急忙說：「黃山谷怎麼能學！」

雖然瘋爺看出我天資平庸，對我仍然一片培植之心。那時吾鄉，春聯是一年大事，瘋爺居然要我寫進士第全部春聯。我嚇慌了。他親自指導我，完成以後，我自己覺得長大了不少。回想起來，他是要我增加閱歷，提高信心。瘋爺果然不瘋。

學書，黃山谷不能學，蘇東坡不能學；學詩，袁子才不能學，吳梅村也不能學。那時我迷上吳梅村，王漁洋，黃仲則，蘇曼殊，從外面帶些「雜書」回來偷看，有一天給瘋爺逮住了。他拉長了臉說：「這個不行的，大大的不行的。」這句話是日式華語，當時佔領華北的日人掛在嘴邊，中國人學來當笑話。他老人家這麼說，可能是為了沖淡語氣中的嚴厲。

瘋爺所立的原則高峻之至，可是另一方面他又相當馬虎。讀詩，有些句子不懂怎麼辦？他說看小註，看了小註仍然不懂呢？那就由他去！有一次，我不懂「座無尼父為師少，家有元方作弟難」，請他解釋，他說：「這還用解釋嗎，尼父顯然是個了不起的老師，元方顯然是一個了不起的哥哥！」後來他雖然補充了幾句，告訴我尼父是孔子，元方是陳元方，但他認為這些並不重要。

說他不求甚解吧，他又把一句詩分析得十分精微。我背誦杜甫詠昭君的一首七律，恰巧被他聽見。我說，「千山萬壑赴荊門」，他說，「不對，你會把杜甫氣死。」我急忙打開書本查看，書上印的是「群山萬壑」。你想想吧，所謂群山，不過十座山八座山，十座山而有萬壑，平均一山千壑，可見山是大山、高山、深山，很有氣勢。倘若是千山萬壑，一山只有十壑，山就小了，零碎了，氣勢就不同了。

他老人家解詩，總是把深奧的詩句弄得很簡明，又把淺顯的句子弄得很複雜。「行去已無沽酒店，宿處多傍釣魚船」，這兩句詩並不難懂，已無沽酒店，表示沒有商店市集，多傍釣魚船，表示沒有房屋人家，一番荒涼景象。可是他老人家說，「行去已無沽酒店」是無計忘憂，「宿處多傍釣魚船」是到處有費盡心機爭功攘利的人。那麼詩人旅途上的實際景況如何？到底有沒有沽酒店、釣魚船？他說，這兩句詩好就好在寫的是實景，不是勉強編造出來。他說杜甫和家人亂後重聚，見「老妻畫紙為棋局，稚子敲針作釣鉤」，也是實景，也寫出另外的東西，畫棋局，表示老一輩將世事看淡看破，作釣鉤，表示年輕人的心態正好相反。

還有一次，我念「花近高樓傷客心」，他走過來聽見了，問：「花近高樓為甚麼傷客心？」我瞠目不知所對。他教我念下一句，下一句是「萬方多難此登臨」，他忽然興奮，連說：「這就對了！這就對了！」他說，若按常理陳述，乃是「萬方多難傷客心，花近高樓此登臨」，老杜調動了一下。

為甚麼要調動？是不是為了平仄？「平仄算甚麼！」抽完一鍋菸，經過一番沉吟，他指出，「花近高樓此登臨」全句是實，為小境界，「萬方多難傷客心」全句是虛，為大境界，一句太重，一句太輕。調動之後，每一句都半實半虛，兩句詩彼此互相呼應，這就有了起伏也有了氣勢，這才是詩。

瘋爺常指名批評同時代的詩人，說某人只能算個「韻人」，韻人是押韻的人，那種人作出來的詩只能稱之為「韻語」。等而下之，某人做出來的東西只是「籤語」，那種人也自稱詩人，其實是廟裡管抽籤的道士。當然，被他批評的人會說，「他又發酒瘋了！」

瘋爺事先說過，他不照課程表授課，他只即興指點，而他來去飄忽，每每留下奇想妙語。例如，我念「僧言佛壁古畫好，以火來照所見稀」，他正好走過來，插入一句：「他是近視眼！」我念「欲迴天地入扁舟」，只聽得笑聲中一句：「他暈船！」我念「海日生殘夜，江春入暮年」，他說，這兩句詩極好，可惜用了個「殘」字，很刺眼，受了這個字的連累，不如「雲霞出海曙，梅柳渡江春」風行。

瘋爺興致勃勃的教我作詩，等我記熟了「平平仄仄平仄平」，等我能分辨一東二冬，等我知道「天對地、雨對風」，就開始試作。

我的第一首作業並不是律絕，而是仿照古風的寫法，把插柳口進士第描寫了一番：

緣柳千條不見鴉　春江水暖燕子斜　小橋過後有人家
西隴地脈迤邐來　華堂廣廈倚勢開　薰風陣陣拂長階
麥浪捲地地連天　江洋萬頃一樓船　垂柳如簾掩映間……

瘋爺仔細看了，表示「華堂廣廈倚勢開」一句不好，他尤其不喜那個「勢」字。進士第高聳沃野之中，麥田一望無際，「麥浪捲地地連天，江洋萬頃一樓船」本是實際情形，可是瘋爺不喜歡這個比喻，連問：「你怎麼想到海船？」他順便指出不該用「捲」字。

回想起來，言為心聲，我反映了對生活對前途的不安定感，而瘋爺的品味傾向「雲霞出海曙」，排斥「海日生殘夜」。不過那時瘋爺只是淡淡的說：「你現在寫古風，太早了。」

進士第後面種了很多柿樹，秋天樹葉變紅，引人心驚，我常在林中胡思亂想。有一天要交作業，就拿來寫了：

不種松林種柿林　秋來先有歲寒心

律絕限制多，像赤足在碎石路上行走，處處都是障礙，我只得兩句，下面再也作不出來。這兩句，瘋爺也不以為然。冬天還遠，柿樹就用紅葉發出警報，見機很早，然而還是站在那裡把葉子掉光了。這一點「詩思」，瘋爺毫不客氣的指出「太薄」、「無福」。

我這才知道，作詩之難、並不僅僅是聲律問題。

一天，我寫了一幅字，自己覺得不錯，就貼在桌旁壁上，這幅字寫的是一首唐詩：

秦時明月漢時關　萬里長征人未還
但使龍城飛將在　不教胡馬渡陰山

瘋爺本來不注意，客人提醒他，如果日本人來了，看見這樣一首詩貼在這裡，可能曲解為宣傳反日。這種話有人說出來，瘋爺當然寧可信其有，命我立刻撕下來燒掉。這是我第一次觸及詩的政治禁忌。

接著我讀到戴名世的《南山集》，當然要瞞著瘋爺。這本書用新式的鉛字印刷，書前有人寫序，細述戴名世怎樣因文字死於大獄，我才悚然知道文字有這麼多這麼大的風險。

等我知道「清風不識字，何必亂翻書」「奪朱非正色，異種也稱王」足以抄家滅門時，我學詩的念頭一度完全消沉下去了。

蘭陵有位潘子皋先生，是瘋爺的詩友。潘太太朱鳳瑞女士在蘭陵小學教書，是我們的老師，因此，我們對潘先生也事以師禮。

潘氏夫婦原籍山東濟寧，因爭取婚姻自由出走。據說他央松爺（王松和）介紹，把自己寫的字寄給衍公看，由衍公通信指點。後來，潘要求拜衍公為師，穿短衣、揹書箱來插柳口，見到衍公，立即跪下行了大禮。

潘先生由是在蘭陵定居。回想起來，潘氏很懂得怎樣在異鄉生存，他攀上當地一位大老，該地的少壯精英全成了平輩，「人離鄉賤」，的確是一著高棋。潘太太矮矮胖胖，和和氣氣，外表憨厚而內心精明，更是具備了做異鄉人的條件，給丈夫很大的幫助。

潘先生在吾鄉算是「生有異相」，他的臉型瘦長，寬額，尖下巴，鼻樑挺直，皮膚在白潤中隱隱泛青，加上身高臂長，露筋露骨，一見之下，可以判定他不是農人，不是商人，也不是軍人。還有，他不是本地人。他，也許天生的文人、詩人、藝人吧？他，也許正合做一個清客。

潘老師的見識高，他尊衍公而習唐隸，示不同流俗。他出入高明之家而掛牌作中醫，示不寄食。他在最熱鬧的「大街口」有兩間門面，整日鎮坐，客人比病人多，寫字比處方多，當時局勢複雜，敵偽匪頑都向他伸出觸角。他不動聲色，寫核桃大的行草養氣，一張紙比桌布還大，信手揮灑密密麻麻。仔細看，主張抗戰的人來了他就寫「干城同抱寸心赤」，主張和平的人來了他就把紙張換一個角落，寫汪精衛的「經霜喬木百年心」，鬼子兵來東張西望，他也即興寫「武運長久」，等鬼子兵走了再撕下來點火。

我在瘋爺和潘師之間做「詩使」，往返傳遞稿件。當蘭陵附近的樹木被亂兵砍光的時候，潘先生寫了一首〈傷伐林〉，末四句我還記得是：

可憐棟樑材　竟委灶爐中
不聞風蕭瑟　但見月朦朧

我很愛讀。潘先生寫詩，不過是湊瘋爺的興致，並不認真，沒甚麼佳作。有一次他倒也有動乎中，自發了一首七律：

年來奔走半天涯　子夜捫心每自嗟
何地安身迷淨土　感時游子易憐家
春營舊窩忻歸燕　暮宿荒林棲憊鴉
凝盼岱宗惆悵久　陽光一線透窗紗

潘子皋先生對我的習作從未表示過意見，也許他認為，我既由瘋爺教導，他最好別再插嘴，否則，他提出的意見和瘋爺相左，豈不妨礙二人的感情？但我總有一個感覺，潘先生認為我學詩是「不倫不類」，那時代，在吾鄉，若以文字謀生，應該念《左傳》、《東萊博議》、《戰國策》、《秋水軒尺牘》，學著寫八行書、壽序、訴狀、陳情表，他看不出詩對我有甚麼幫助。

我來學詩，引發了瘋爺的詩興，這段時間他經常有詩。他是才子型的詩人，成詩很快，看到潘子皋的感懷七律以後，略一沉吟提筆就寫：

同是天涯淪落人　相逢何必說酸辛
窮通夭壽隨他去　詩酒琴棋自我親
恣肆一生傳李白　縱橫半世笑蘇秦
數來多少興亡憾　若個能教日日春

寫好了，命我馬上給潘先生送去。我一路上念他這首詩，越念越覺得他這第一句奇怪，瘋爺的門第，家世，生活環境，怎麼能算「天涯淪落人」？王氏住在蘭陵至少已經五百年了啊！

有時候，燈下，他坐在我對面喝酒，喝著喝著就提起筆來，把他幼時候作的詩寫給我看。他十四歲有一首七律：

雨後崇朝天氣新　欣欣萬物自三春
魚依荷葉為華蓋　蝦傍青萍作比鄰

魚池的景觀還記得，詩已忘了一半。十五歲時，他會喝酒了，五律裡開始有酒：

一醉陰陽混　覺來日已沉
披衣偶得句　信口自長吟
殘雪催詩興　鳴雞報夜深
□□□□□　何處找知音

很慚愧，我把第七句忘掉了。第八句瘋爺說原來他寫的是「何處覓知音」，衍公把「覓」字圈掉，改成「找」，為了音節響亮些。

他寫出這些「少作」給我看，大概是期望我「見賢思齊」吧，年齡相近的人互相觀摩，寫作容易進步。後來，他又把「心情微近中年」的吟哦寫給我，我讀了並不了解，也許正因為我渾沌未鑿，他才放懷一吐為快吧？

很慚愧，第一句我是不記得了：

□□□□□□□　辱辱榮榮漸欲忘
尚有清狂左傳癖　未登神妙右軍堂
麯生自願糈無路　瀘水豈能清務光
潦倒年年何所賺　閒中賺得太憨郎

中國詩人「題壁」的豪情，瘋爺也有。在牆上寫字，由於工具不同，姿勢不同，心情也不同，能寫出超乎平時的精神面貌來。他老人家的書法宜大不宜小，宜草宜隸不宜楷，本是才子的字，題壁時把一切成規拋棄了，創意很強。

有一首詩，是我從牆上讀到的：

倒把金鞭下酒樓　知音以外更無求
浪游略似長安少　豪放擬猜軹里尤
菩薩心腸俠士膽　霸王魄力屈子愁
□□□□□□□　萬劫千年憶趙州

一般來說，瘋爺的詩很有節制，他童年時期在大家庭中所受的委屈，他對日軍暴政的憤慨，都不曾藉詩來表達。我看到兩次例外，兩次都是在燭光下，醉意中，他寫詩給我看。我相信，我是那兩首詩惟一的讀者。可惜，我能記住的不多，太少。

其中一首，他說「且自閒情吟得得，任他虎豹視眈眈。」瘋爺對時局家運自身處境很有了解。

另一首，他說「尚有閒情教孺子，更無本事學耕田。」詩中的「孺子」指我，耕田的慨歎，應該是在土改聲中無可奈何的感到家世之累。

他又說：「忌我焉知非賞識，欺人到底不英雄。」

回想起來，「風雨危舟」的感受，瘋爺也有！他只是不願意別人再用語言文字加深他的憂念。他在逃避。

瘋爺的詩自己不留底稿，他寫給我看，是有意還是偶然呢？吾鄉沒有人收集他的詩，今日天地之間，有誰能夠為瘋爺的感情和心血作證？除了我，誰還能記下這斷簡殘篇？

我非常希望能讀到衍公的詩，可是殘破的進士第竟無衍公片紙隻字。衍公以篆刻名家，進士第也找不到一方印章。衍公留下的文物，只有一櫥八股文和試帖詩，雖是木板線裝，在康乾時代精印，卻人人不屑一顧。我倒常常取來閱讀，覺得單就寫作技巧而論，八股文也有可取之處。

衍公的詩，瘋爺腦中總該有幾首吧？不錯，有，並不多。

瘋爺記得，衍公註釋《老子》，九易其稿，費時十年。定稿之日，他老人家寫了一首五絕：「十分三萬日，九變五千言，自笑無為役，人稱不動尊。」

瘋爺還記得衍公一首七古：

人睡我起起我寐　一日常得強半睡

醒來羞隨國舉狂　醉後不願人稱瑞
妻孥本自是空花　詩畫偶爾真富貴
但願如此了一生　何為鬱鬱味無味

這首詩真是「一肚皮不合時宜」。

東村有位孫先生，「有田六畝，室六間，食指六人」，自號「六六居」，跟衍公有些來往，衍公為他的六六居作了六首絕句，寫成屏條，詩風之灑脫自然，在衍公的詩集裡是少有的。例如：

繩床矮几是田家　草草編籬掩掩花
待我來時休勸酒　驕兒五尺自煎茶

還有「何不開軒面敞圃，東西南面好風多」，都很可愛。

瘋爺只能提供這麼幾首，他說：「這幾首我喜歡，記得，不喜歡的都忘記了。」

衍公的哥哥秀才公、倒有些小品、為瘋爺樂於傳誦。他口授一首七律，相當迷人：

唐代離宮隋代堤　朝陽紅到夕陽西
流雲成陣留難住　芳草黏天喚欲迷
忽托好音呼夢裡　有何春恨盡情啼
□□□□□□□　剩有心頭一點犀

秀才公還有這麼一首小詞：

又是一年　薰風也似春風少
秋風來了　離離瀟瀟都是悲涼調
如何好
離卻煩惱　除上仙人島

秀才公的代表作，我想是〈蘭谿仙壇序〉。
蘭谿是指蘭陵，仙壇是扶乩請仙的地方。從前士子喜愛扶乩，與仙人賦詩唱和，秀才公就是這樣。

扶乩的工具是，八仙桌上鋪一層細紗或小米，製麵粉用的舊羅一個，羅中心插一根竹筷。扶乩請仙時，用兩個童子站在八仙桌兩旁，舊羅懸空，童子伸手扶住，焚香如儀，筷子會自動在桌面上畫字，那就是神仙在作詩。

有人認為不過是乩童作弊，其實作弊很難。第一，乩童不識字，識字的孩子沒這個資格；第二，兩個乩童分別站在八仙桌兩邊，互不相謀，無法形成作弊的默契。童子似乎無法操縱筷子，最多只能阻滯羅動。

這件事有些奇怪。

不過，筷子畫沙作字的時候，是不能離開桌面的，筆畫相連，極難辨認，稱為「乩字」。扶乩時，必須有專家在場解讀，同一乩字可能有兩種三種讀法，解讀人有「以意為之」的餘地。因此，眾口傳誦的乩詩，大半都是神人合作的產品。

秀才公為蘭谿仙壇寫了一篇駢四驪六的序文，甚為清雅，原序是：

三千浩劫　不自我後我前　五百興亡　奚知其時其數　亂離暮矣　治安未也　夫戴逵東之帽　管幼庵輾轉籬床　披富春之裘　嚴子陵優游桐瀨　固肥隱之盛節　高蹈之遺軌也

無如白袷宜人　淄塵迷目　青山礙我　黑眚驚心　六合茫茫　焉是濯足之地乎　顧念生既不辰　世將焉避　守一尺乾淨土那管兔走鶻飛　結幾個煙霞交莫問人間天上　恍兮忽兮　是耶非耶　慕註經於函谷　關尹樂詠道祖之傳　探畸事於漆園　稊米願補太倉之數

由秀才公所製的小令小序中，也可看出現實壓力之難以抗拒，生活方式之難以改變，未來變數之難以掌握，因而渴望逃遁，尋求麻醉。瘋爺所以喜歡這些作品，也許正是這種心態的認同吧？

秀才公的詩文比較能夠呈現性靈，反映時代，文筆也較為秀巧宜人，但吾鄉也沒有誰收集他的作品。他的錦心繡口，歸於塵土。文章一石，九斗速朽，我在這裡略記所聞，聊盡後輩的一點心意罷了。

瘋爺給我安排了一個極有意義的節目。他老人家認為，我既然到進士第來做小學生，總得看到進士衍公的手跡。他家在兵燹之餘，文物蕩然，但是族中巨室都有收藏。瘋爺寫信給他們，希望准許我到他們家中觀賞書法。

那時我們不會照相，更不知有影印的技術，惟一摹留的辦法是雙鉤，但雙鉤既花費時間又可能弄髒原件，收藏者多半不許。瘋爺口授祕訣，教我把字掛在牆上，用心細看，一直看到那字像用刀子刻在你腦子上。他說，現在用眼睛看進去的，將來會在腕底流露出來。

世上到處有聰明人，這種人認為瘋爺派我來窺探他的家珍，下一步便是藉詞索取，連忙一口回絕，說是連一個字也沒有了。幸而還有忠厚人家，高高興興的把衍公寫的對聯、中堂、小屏、橫幅掛滿了客廳，由我玩索抄錄。

我最感激的，是開館教我讀《論語》的那位長輩，我只記得日本飛機轟炸蘭陵的時候，在他家天井中央炸了個坑，很慚愧我忘了他的名字。他家東西多，我一連去了三天，見識了衍公的八分書和鐵線篆。

衍公的八分十分俊美，和我後來見過的任何法帖不同，這八分應該算是他老人家書法的特色，可是世人只稱道他的篆書，有時用極細的筆畫寫很大的篆字，比李陽冰更細也更遒勁，涵韻聚氣，疏中見密，鄉人稱為鐵線篆。更能顯現「鐵線」風格的是，字的結體略瘦，長條垂垂，令人聯想鄧石如，但鄧的線條流動似水。據瘋爺說，衍公作鐵線篆，筆桿在指間左右旋轉，一筆到底，墨色不變，對水和墨的控制已到極致。

我還要感激楊本學先生。他受進士第僱用，本來是衍公的書僮，做些牽紙磨墨的事。衍公認為書僮應有些書卷氣，親自教他寫字，還教他刻圖章。衍公寫字，有時自己不滿意，吩咐本學拿去焚毀，本學「陽奉陰違」，悄悄帶回家去。所以本學家中「收藏」極豐，大部分沒落款，但絕對是真蹟，我從他手中借到許多許多。

衍公晚年送給本學兄幾件要緊的東西。他老人家有兩部著作，一部是對《老子》的註釋，題名《老子盲說》，一部是對《說文》的研究，名叫《文字盲說》，據說是一生學問的結晶。這兩本書都沒有出版，他老人家親手抄錄了幾份，送給他認為適當的人，本學兄有幸入選。我想，衍公以手抄著述見贈，或許隱然有付託之意？可見他老人家並沒把本學兄當「下人」看待。

這兩件抄本，我都從本學兄處見到。宋版線裝書的款式，雙行的小註寫得那麼小！——瘋爺笑著說，衍公用的毛筆只有一根毛——而字的氣勢格局不減。

很不幸，我沒看懂衍公說些甚麼。對《說文》，他老人家似乎是選出一部分來討論。對《老子》，他老人家是藉註釋作論述，多所發揮。那時，老子有一段話受人詬病，說是「民之難治，以其多智」，因而主張愚民。我特別找這一段，看看衍公怎麼說。衍公的意思似乎是，所謂愚民，是指向人民灌輸一種學說思想，使民眾想法齊一，惟命是從，治術自古如此。衍公問：「今有人創革命流血之說，驅無數青年而就死地，其所以智之耶？抑所以愚之耶？」

難脫遺老本色。我只記得這麼幾句。

為了找衍公留下的字，我到四郊去看碑。那時大戶人家為先人立碑、有一套隆重的儀式，不但題字的書法家落款，連刻石的石匠都留下名字。有幾位石匠最能保有書家的原貌原神，遠近知名，工資很高，但據說他們都不識字，更不會寫字。據說，石匠若能讀能寫，對別人寫的字就有喜惡有褒貶，他刻字的時候，就不知不覺加入自己的風格，不能忠於原稿的形神。我奔波多日，對墓碑墓園有許多認識，衍公的字卻是少見，大概請他老人家寫碑很難。總算找到兩處，和本學兄一同去偷偷的拓下來——那時，拓碑是對墓園的侵犯。

有一天，瘋爺把我叫進他獨自喝酒的小屋裡詢問所見，他聽完了我的報告，默然半晌，歎了一口氣，慢慢的說：「老太爺的字太規矩了，太規矩總是不好。」他說話一向很快，嗓門又高，這次卻是低沉緩慢，但是，給我的震撼卻像是驚蟄的雷聲。就在我驚魂未定之際，只聽見他老人家又徐徐的說：「伺候皇帝，在皇帝身邊寫字，當然要規規矩矩，可是民國了，不做官了，何苦還那麼規矩呢！」這幾句話我沒記錯，他是這樣說的，沒有主詞。

毫無疑問，這幾句話，瘋爺是當作祕傳，說給我一個人聽的。我覺得，他這幾句話按捺在心裡很久很久了。在吾鄉，沒有人敢說衍公的字不好，如今卻由他的兒子口中道出！我不敢把這話告訴任何人。

那是一個「危行言孫」的時代，可是瘋爺常常語驚四座，奮不顧身。他說，孟子「人知之囂囂，人不知之亦囂囂」，這囂囂二字就是大聲說話，說很多話。朱子註解「囂囂」為無欲自得之貌，瘋爺認為是曲解，是揑造。

瘋爺的「囂囂」外面一定會知道，那年代，隱惡揚善、說話成全別人等等已成禁忌，「聞過則喜」更是奇談。你說出來的話自有人替你傳揚，替你拿本子記著，如果這是「佯狂」，其結果一定無法「避禍」。而瘋爺我行我素，不以為意。

瘋爺之瘋，除了使酒罵座，還有歌哭無常。夏日靜夜，繁星臨空，瘋爺獨立中庭，仰天引吭。他老人家中氣充沛，聲音洪亮，我相信整個插柳口都能聽見。

他老人家愛誦李白的〈蜀道難〉，說是「牙齒爬山，過癮！」

他也愛誦《桃花扇》最後一折〈哀江南〉，這是一篇長詩，瘋爺抑揚頓挫，上天入地，餘音不止繞樑。

令他特別在朗讀中激動的，是白居易〈琵琶行〉中那一段自述，他往往為之涕淚橫流，悲憤超過文姬胡笳。

我很納悶，依瘋爺的詩學，他不致對《桃花扇》崇拜到如此地步。瘋爺在禮教管制下長大，沒有任何韻事緋聞，對於前人發抒綺思幽恨的呻吟評價甚低，何以一反戒約，對琵琶女激情奔放、淚盡而後已？

這個奇怪的現象，我從未聽到有人談論，即使是潘子皋先生也未加注意。反正他是個酒瘋子，見怪不怪。可是，天曉得，瘋爺不瘋。終於，我知道了一些事情。當年衍公在吏部服官，夫人並未隨同赴任，在京物色了一位侍妾照料他的生活。這位如夫人為衍公生下一子，就是瘋爺。庚子之變發生，衍公決定還鄉隱居，就遣走小妾，帶著兒子離京。衍公這樣做，引起鄉人的揣測，認為那位如夫人來自歡場，不能適應鄉村的生活方式，也不易見容於保守的王氏家族。

瘋爺回家以後，家人見他頭髮稀疏，給他取了一個外號叫京禿子，實際上他並不禿，這個綽號過分誇張他的缺點，通常這是表示歧視。鄉人相傳瘋爺幼年並未得到足夠的關懷，嫡母的愛並不等於生母的愛。

我想，瘋爺一定非常思念他的生母。他長大以後，成為進士第的惟一繼承人，對於親生母親不能共享安樂，覺得非常痛苦。他可能有時覺得他本來不該屬於進士第，他是辭枝失根，身不由己。所以，他寫給潘子皋的詩，才有那一句「同是天涯淪落人」。

對於生母，瘋爺大概也聽到種種傳說吧，他對生母的命運大概也有種種揣測吧，他有親不能養，一定因為「不可說」而加倍痛苦吧。甚至，我認為，他可能不愛進士第，他恨進士第，恨這麼大的宅第不能容納一個女人，恨自己的安富尊榮都是永遠與生母隔絕換來。

也許，這樣才能解釋，他老人家為甚麼對進士第的家聲並不珍惜，有時到了自暴自棄的程度。

也許，這樣才能解釋，他老人家對進士衍公的書畫、詩文、篆刻、學術著作，完全沒有注意保存。

也許，這樣才能解釋，他老人家為甚麼對孔尚任的李香君和白居易的琵琶女刻骨銘心。夏夜中庭，他那吶喊式的朗誦，那嘔肝裂腑的朗誦，正是對母親的呼叫，而不幸，別人說他是瘋子！

瘋爺說：「任他虎豹視眈眈」，虎豹沒來，來了狼。

這天，瘋爺在家宴請蘭陵的保安大隊長。那時，在「大日本警備隊」之下，保安大隊長最有權勢，日軍有軍事行動，總是帶著保安大隊一同出發。那時「皇軍」已知道端架子，在外面殺個人，放把火，多半授意保安大隊出手。每次「凱旋」，保安大隊照例拿繩子拴住一串老百姓回去拷打審問，等人來活動關說。

保安大隊長多半由外鄉人擔任，作惡要遠離本土，免得結下子孫債。眼前這個大隊長也不知道哪裡來的，單身到任，地方人士趕快湊錢給他娶了個漂亮太太——也不知是他第幾個太太——說是為了安民，意思是省得他侵犯婦女。這天他來赴宴，前呼後擁，威風凜凜，單是他的衛士就坐了三桌。

可是，日本人的翻譯官突然不速而至，帶著四個全副武裝的日本兵，舉座震驚。在我們那小地方，翻譯官是日軍和華人之間惟一的溝通管道，權勢又在保安大隊長之上，何況「皇軍」親臨，很不尋常。那「皇軍」還是孩子，頂大不過十八歲，佩上校領章的保安大隊長立刻趨前行禮，小日本不理他，他連忙改為九十度鞠躬，小日本還是不理。瘋爺連忙請翻譯官入席，大隊長連忙讓出首座。翻譯官面對瘋爺昂然不動，以凜不可犯的聲調說：「我是來辦公事的！」

這個翻譯官到任不過個把月，瘋爺還沒有跟他攀上關係，動作是慢了一點兒。前任翻譯官卻是插柳口的常客，進士第曾布置香閨一間，供他瞞著太太藏嬌。可是那人走了，香閨當然也撤銷了。新任翻譯官鐵面無情，令人棘手。

這翻譯官高個子，方面大耳，中國話的發音極為標準，所以，當他對日本兵卑躬屈膝脅肩諂笑時，使人特別為中國傷心。他說前任翻譯官盜用了公家的槍械，現在查明槍械藏在插柳口，他奉皇軍之命前來取回。

那前任翻譯官在職的時候，常來插柳口宿夜，他送了瘋爺兩枝步槍，一則表示酬謝，一則加強自己外宿時安全。現在面對查案人員，瘋爺爽爽快快的一口承認，吩咐左右把那有問題的兩枝步槍繳回。翻譯官冷漠沉默，驗看了兩枝步槍以後毫不客氣的說：「還有八枝手槍。」

這一來就麻煩了。

酒席照開，人人食不甘味。翻譯官下令收繳插柳口所有的自衛槍枝，揚長而去。我還以為保安大隊長可以從中說個人情呢，沒有，他噤若寒蟬，未置一詞。

這一夜，插柳口成為不設防地帶，瘋爺全家遷入蘭陵鎮暫避，同時奔走疏解。策士們設計了一套說詞：瘋爺好酒，日常事務由他的姪子——我的父親——料理，贈槍之事，瘋爺並不知情。他們保證由我父親受兩天象徵性的拘禁，即可化小化無。

我父親一生謹慎，誰也沒把握敢說他會答應，而他老人家毫不遲疑承擔下來。瘋爺大為感動，保證寧可傾家蕩產也不使我父親受刑。總算父親運氣好，總算瘋爺肯花錢，總算潘子臯先生門路寬本領大，人釋放，槍發還。不過所有的槍都只能算是進士第向日軍借用的，日軍隨時可以收回，這就為日後的勒索留下伏筆。

父親在插柳口與各種惡勢力周旋，常替瘋爺捏一把汗，所有的建議，瘋爺一概不聽，插柳口早晚定要出事。父親正想辭職，翻譯官收槍來了，這時候他認為非但不能辭，還要共同赴難。官司解決了，這時候又哪能馬上求去？那不成了端架子、抬身價？

父親決意不在插柳口做一枚「死棋」，問題是時機。他預料瘋爺還有災難，他希望下一次置身事外。這時瘋爺不理內憂外患，也不過問我的功課，天天摔東西罵人，逼迫二奶奶——瘋爺的夫人——同意他納妾，父親就先打發我回家。

我在插柳口與眾不同的學習經驗就這樣結束了。臨行，我呈給瘋爺最後一次作業：

一代書香共酒香　人間劫後留芬芳
祖宗基業千斤鼎　亂世文章九轉腸
盞底風波問醒醉　夢中歌哭動陰陽
無知童子有情樹　回首凝望柳幾行

第十四章　母親的信仰

除了冷僻的地方志，大概無人會記下這些名字了：

一八三二年，基督教德人傳教士首先踏入山東境內，在膠東佈道。

一八六七年，蘇格蘭聖經會傳教士廉臣、美國長老會教士梅里士，由膠東煙台到臨沂佈道。

一九〇五年，北美長老會派葉克斯、范珍珠二人由臨沂到嶧縣佈道。一九一一年在嶧城南關建造大教堂。

一九一九年，德人美籍護士萬美利來嶧縣創辦孤兒院、職業學校和診所。

長老會在嶧縣建堂後，派傳教士四出宣揚教義，大約一九三〇年左右，蘭陵教會成立了，稱為嶧東支會。

那時吾鄉一般人對基督教有種種猜疑，例如，他們聽見男男女女在一間屋子裡高唱「耶穌愛我、我愛耶穌」，產生想像，對前往參加聚會的婦女有輕蔑之意。幸虧早期教友中有一位王興信先生，他當過保長，在地面上有些實力，那些游手好閒的人看他的面子，沒有到教堂裡來騷擾過。

我還記得，晚間聚會散會時，天地黑成一片，王興信先生拿著三節電池的手電筒照亮道路，護送女教友回家。那時以吾鄉的消費程度，這一舉動甚為豪華，手電筒是奢侈品，大家相信「捏一捏，一個銅咯」，銅咯就是銅元。

另一位對初期教會有貢獻的是宋師母，她一人住在教堂旁邊的小屋裡，專職傳教，教友輪流供應糧食蔬菜，沒有一文錢的薪水。

宋師母是一個溫婉的小婦人，丈夫英年早逝，惟一的兒子又從軍遠走，就把對生活的熱情傾注在教會裡。但她說話的聲音輕細，說話時也沒有手勢，跟一般傳道士的風格不同。

我記得，宋師母永遠是一個最清潔的人。樸素是必然的，不用頭油，頭髮也能一絲不紊，粗布衣服漿洗得乾乾淨淨，手上臉上沒有灰垢，達到城市中白領的水準。她並不像有潔癖的人那樣難以相處，她平易近人。教會裡有這樣一位工作者，才可以深入家庭，勸導婦女。

教會初創，沒有駐會的牧師，嶧城的牧師楊成新、台兒莊的牧師翟慶峨，以及侯敬敏牧師、侯敬臣牧師等人輪流前來主講。此外還有侯敬臣的父親侯長老、鄉村佈道家張繼聖先生，都很受教友歡迎。

這些牧師都是華北神學院的高材生。華北神學院設於滕縣，院長赫士，是有名的神學家，我們用的讚美詩也是他主持編定的。

回想起來，侯長老講道最是誠懇動人，他年紀大，閱歷深，使你覺得他確確實實想救你。他的這份天賦由侯敬臣牧師獲得，侯有神學院的底子，講說的層次又高些。台兒莊來的翟牧師儀表最好，國學有根基，對基督教義和孔孟學說常作巧妙的融合。

我就在這些人的薰陶中漸漸長大。

蘭陵教會的禮拜堂，蓋在西北隅靠近城牆的地方，附近人家稀少。抗戰爆發，治安問題複雜起來，那房屋就不常使用了。

我家有一排五間空屋，由一位本家借住，後來那人搬走，母親願意借給教會使用，教會又有了共同聚會的處所。這棟房子離我們的住屋只隔一個四合院，坐在客廳裡能聽見唱讚美詩。

教會久由王興信長老當家作主，這時教友有了不同的意見。王長老的口才和儀表都很好，但他逐漸喪失了基督徒的氣質，越來越像一個政客。這長老一職，就在一次選舉後改由宗茂山先生擔任。

宗王兩人本是密友，皈主後，彼此的差異日益顯著。宗先生勤勉謙和，有服務的熱誠，把不相干的外務都斷絕了，專心事奉。他以百分之九十的高票當選。

在吾鄉，母親皈主甚早，參與了蘭陵教會的創建。我不知道她老人家何時、由何人引領入教。

基督教發展的經驗是，婦女兒童首先受到吸引，而婦女之中，又以貧窮的、識字不多的、社會地位低下的人居多。若是主的救恩同時降臨縉紳之家，有少數信徒來自名門大戶，可以對教會產生庇護作用，教會在當地所受到的歧視因而減少。這就是母親信教對蘭陵教會的意義。

至於母親為甚麼信教，那倒不難了解。

母親于歸甚早，我有兩個哥哥，兩個姐姐，都不幸早逝，我這個小不點兒才成為長子。我一點也不記得哥哥的影子，大姐二姐倒有眉有目。我記得，大姐已經出嫁，常常哭著回來，再哭著由家中套車送走，母親陪著哭。

對二姐，印象更清楚些。記得她生病，醫生說必須常吃鵝肉，家中特地養了幾隻鵝。鵝總是把牠的長長的脖子伸得很直，貼近地面，蛇一樣游動，又大聲喧譁，常常追我趕我咬我的小腿肚子。這個經驗很恐怖，我長大成人以後還常常作這樣的噩夢。

二姐死時還沒出嫁，所以我約略記得她的葬禮。至於死因，說來就可憐了，她的病中醫束手，轉求西醫，那時吾鄉能夠找到的西醫，不過是在街口開了個西藥房，順便向病家推銷成藥。他給了一瓶藥水，回家服用，二姐含了一口馬上吐出來。家人不知道她的牙床已經脫皮出血，還在勸她、哄她、哀求她，告訴她良藥苦口利於病。二姐奮勇的再吞一口藥水進去，這回吐出來的是血，是血……

二姐死後，母親要拄著拐杖才站得起來。一群親鄰（都是婦女）來我家大罵庸醫殺人，一左一右架著母親往外走，後來知道她們把那家西藥房砸爛了，那個賣藥兼行醫的傢伙本是外路人，從此無影無蹤。

母親大病一場，然後黃著臉、拄著拐杖行動，整天不說一句話。咳！她當然需要宗教。

還有，母親婚後的境遇相當痛苦。我說過，大家庭好比一隻貓，努力扭曲身體以各種姿勢去舔掉身上的骯髒，吞進肚裡，有些事是要隱瞞的，有些話是不外傳的。

後來，父親和母親奉命從大家庭中分出去，彼此距離拉遠，壓力減輕了，每年仍有一些活動，像祭祖、拜年、慶壽，暫時恢復大家庭的形式。由於活動集中，加上「我又逮著機會了」之類的想法，大家庭制度的負面功能也就即興發揮，淋漓盡致。當然，這些也必須舔個乾淨、吞進肚裡。

這時，基督教來了，它說，你不可燒香擺供，你只能跪拜真神。

這時，母親說，我信主了，你們的甚麼甚麼我都不能參加了。

對母親來說，這已是一種拯救，不必再待來日。

母親的心底，也許還有更複雜更隱微之處，是我所不能覺察的吧？有人問她為甚麼要信基督教，為甚麼不信佛教，我清清楚楚聽見她是怎麼回答的。

她說：「我不要來生。」

不錯，基督教的教義裡只有今生永生，沒有前生來世。對熟知輪迴的中國人來說，這的確是它的特色。

母親是把新舊約全書看了一遍才決定信主的，她對教義領悟得很快。

那時，教會初立，有思考能力的人對這個外來的宗教抱著挑戰的態度，提出許多問題。這些問題轉彎抹角、或早或遲傳到母親那裡。

有人提出：耶穌本是一個人，為甚麼拿他當神敬拜呢？

如果那人信佛，母親就反問：釋迦牟尼豈不也是一個人？如果那人好道，母親就提醒他：太上老君豈不也是一個人？母親指出，灶神姓張，不但是人，而且不成材；送子的張仙不但是人，而且是亡國之君。關羽、岳飛、姜太公、楊二郎哪個不是人？他們不是一直在受中國人的敬拜？

耶穌是外國人，中國人怎可奉外人做教主？這不成問題，佛教在中國有無數的信徒，佛祖乃是印度人。

有一位大嬸當面問我的母親：「神在哪裡？我怎麼看不見？既然看不見，我又怎麼能信他？」她拿這個問題問倒了好幾個教友，言下頗為自負。

母親慢慢的告訴她：世界上有許多東西是眼睛看不見的。眼睛的用處有限。

你可以看見我的嘴在動，你看不見我發出來的聲音，聲音要用耳朵聽。

你可以看見花，你看不見花香，花香要用鼻子聞。

你可以看見鹽，你看不見鹹，鹹味要用舌頭嘗。

我們不能用肉眼看見神，我們是用心靈去感受神，神確實存在。

那位大嬸仍然不服，可是，從此以後，再也沒有拿這個問題去質問別人。

潘子皋先生是我們鎮上的明白人，談吐有聽眾，他也把新舊約大致看了一遍，告訴我：

「基督教談人道不如儒，談神道不如佛。」

我急忙把這話告訴母親。母親沉吟片刻，認為潘先生的話有道理，「可是，他的話也證明基督教談人道勝過了佛，談神道勝過了儒。」

基督教分成許多教派，互相攻擊。據說，某地有一群信徒對他們的教會不滿意，自立為「耶穌教會」。不久，他們內部鬧意見，有一部分人分出去自己聚會，大門外掛了塊牌子，寫的是「真耶穌教會」。

到底哪個是真的？教我們信哪一個？出外傳道的人碰見這樣的問題不免啼笑皆非。母親的意見是：沒關係，你願意信哪一個信哪一個，只要信。

母親認為，儒家和釋家不是都有許多流派嗎！百嶽朝宗，萬水歸海。

那時蘭陵西門裡建立了天主堂，新舊之爭本已過時，後進地區照例補課。這邊說，你是早該推翻的專制魔鬼，那邊說，你是被我們開除了的劣等門徒。

母親從未批評過天主教，她認為天主教也是神的使者，若非天主教教士將福音東傳，我們也許至今不知道耶穌的名字。

回想起來，母親是個有智慧的人，在那樣封閉的環境裡，她老人家無從發展自我，服務人群，只能為這個簡陋的小教堂添一分力量。這也真是委屈她老人家了！

在這期間，母親認識了萬美利女士。

萬美利原籍德國，抱獨身主義立志不嫁，本來在教會醫院當護士，工作之餘也下鄉傳道。那時有棄嬰之風，被丟棄的多半是女孩。有一天，她在醫院門外拾到一個女嬰，動了不忍之心，就回到美國募集了一筆捐款，在嶧縣設立孤兒院。

她的孤兒院規模不小，能收容三百名棄嬰，為了支持孤兒院，她又興辦了牧場、醬園和紡織廠，以外圍企業的收入作孤兒院的經費。孤兒長大了，可以進紡織廠學習一技之長，也可以由她送進教會辦的職業學校。

萬護士後來聲望日隆，眾人尊萬老姑。一個女子，不必墜入男人的掌握和大家庭的牢籠，另有一條光明大道可走，使母親非常驚訝感動。就拿孤兒院收容的女孩來說，雖不幸而為棄嬰，但日後有專長，有收入，對婚姻可以有自己的意見，在家庭中可以有獨立的人格，可能比那些由父母和丈夫主宰命運的女子要幸運些。

萬老姑的生活方式顯然給母親很大的震撼。我以今日的理解力猜想當日的母親，她一定立刻想到她那惟一的女兒長大後的出路。但她回家以後絕口不提這些，她談的全是反面教材。

當我和她老人家單獨相對的時候，她沒有引言，不加預告，自說自話一般講述某些女孩子的故事。某一個女孩何等溫婉，何等有慧心，可惜一頂花轎把她抬給一個不認識也不了解的男孩，男孩哪裡懂得夫婦愛情，而婆婆寡居，也還年輕，對這等事又太敏感了。「鐘鼓樂之，乾坤定矣」的後續發展竟是母子聯手虐待這個可愛的小鳥。那日子怎麼過，日起日落，令人心裂——我知道她說的是誰。

有一個媳婦，產後坐月子，丈夫在千里外混差使，婆婆不准產房裡生火。那氣候滴水成冰，媳婦住的是南屋，寒氣森森，俗語說：「西屋、南房、不孝的兒郎！」好狠，兒孫可是自家的骨肉哪。一冬下來，產婦凍壞了一條腿，孩子咳嗽，咳嗽，咳嗽了幾年還是沒保住一條命。媳婦連哭也得小心翼翼，哭多了是對婆婆抗議，哭少了證明自己冷血，都是罪，難贖難救——我知道她說的是誰。

母親說這些事，多半在她做針線的時候。有一次，我看她和麵，一大團濕麵，放在瓷盆裡用拳頭搗，再放在案上用手揉。那團麵好像自己有主意，想維持一個甚麼樣的形狀，忽而這邊翹上去，忽而那邊漲出來。母親不停的揉，還加上摔，終於，麵團柔軟了，彈性恰好，不大也不小，周身潤滑光亮，很乖，餃子麵條由你。母親這才抬起頭來：

對娶進門來的媳婦要千方百計的找理由折磨她，直到她沒有個性，沒有自己的人格，做馴伏的奴隸，這是做公婆的哲學。鄉下小媳婦挨打多半因為在廚房裡偷嘴，而偷嘴是因為她天天都吃不飽，規矩大，飯桌上不敢多吃。每年到罌粟收成，鴉片菸膏隨手可得，你就聽見這一家的小媳婦服毒死了，那一家的小媳婦也服毒死了。

這一次，母親多說了幾句話，那一定是她心中最重要的幾句話：

「等你妹妹長大，我不慌慌張張的把她嫁了，我要撐到她師範畢業，或者是護校。你可要跟我一塊撐呀！」

我含糊答應，實在沒弄清楚撐甚麼，怎麼撐。

供教會使用的這幾間房屋磚牆瓦頂，門窗嚴密，冬天足可抵擋寒風。院子平坦寬大，院中又有兩棵老槐遮蔭，夏天正好乘涼。有了這樣一個地方，聽道的人慢慢多起來。

我記得，夏天證道的時間以日影為準，濃蔭滿院的時候，牧師說：「上帝告訴我們可以開始了。」樹蔭退走了，證道也就結束。奇怪的是，這兩棵槐樹上似乎沒有蟬，從來沒受過蟬聲的干擾。有時候，講道的人語重心長，恨不得把肺腑掏出來，有些聽道的人正雙目微合，口涎拉成有彈性的細線緩緩垂下，那情態，你不知道可笑還是可愛。

翟牧師說：「不要推她，她的靈魂聽得見。」農家婦女起五更睡半夜，哪有功夫午睡，能讓她打個盹兒，就是天國。

張繼聖先生不這麼想，他把他的演講分成幾個段落，在兩段之間領導大家唱一首歌。那時我們教會連一架手風琴也沒有，仍然有許多人為了歌聲而來，大多數是婦女。依照習俗，她們不准「無故唱曲」，要抒散內心的抑鬱，只有哭泣。唱總比哭好一些。教會是她們惟一可以唱歌的地方。

張繼聖先生的歌喉很好。那時，他大概有四十歲了吧，從歌聲裡聽不出他的年齡，只覺得嘹亮充沛。他可能有一副男高音的聲帶。可惜沒有機會學習聲樂。他描述耶穌受難的歌曲，唱那呼喚浪子回家的歌曲，常使女教友淚流滿面。午睡？當然忘了。

我們唱詩的本子叫《讚神聖詩》，由華北神學院院長赫士主持編定。這個本子的特色是，曲譜採用西方的名曲而以中文填詞。多年後，我接觸西方音樂，才發現有許多調子是我早就熟悉的。但是這個本子通行的範圍很小，我離開魯南以後再也沒見有哪座教堂採用。

在那座簡陋的小教堂裡，日子隨著唱詩和祈禱流逝。每周一次，牧師來為我們梳理麻亂的人生，我順著他的思路過日子，覺得妥妥當當，舒舒服服，一切也簡簡單單，問題都可以解決，或者可以等待解決。

力。

我們的座位是長條的木凳，堅硬，沒有靠背，然而那是很舒服的地方，這就是牧師的魅

一九四一年十二月，太平洋戰爭爆發，日本人接收了美國教會。驚人的消息不斷傳來，連萬老姑也進了集中營。誰也不知道還要發生甚麼事情。

這天寒風凜冽，忽然進來了一個日本兵，而教堂裡只有宗師母和我，我們覺得不尋常，倒也不敢驚慌，好在他徒手而來，未帶刀槍。我們都不會說日語，用起身讓座表示了禮貌，他大概也不會說中國話，沒答理。

這日本兵響著靴聲裡裡外外看了一遍，站在教堂中央點著了一根菸。他那傲慢的樣子引起我們極端的厭惡。

他向宗師母要紙筆，寫了幾個字給我看：

密偵的有

密偵就是偵探、間諜，必須堅決否認。在這時刻，我認為不妨賣弄一點小聰明，就在紙

上寫下：

帶刀

一面用手勢向腰間比畫，那是佩帶刺刀的位置。

他搖搖頭，臉色和緩下來，把半截香菸丟在地上。

日兵走後，宗師母說：「我看他最多十八歲，看他走路的樣子！拖不動那一雙皮靴。這麼小就出來了，教他爹娘怎麼放心！」

那時，日軍已經感到兵源不足，連未滿十八歲的孩子也徵到中國來做佔領軍，騰出老兵來上前線，這些娃娃兵容易對付。

沒幾天，有個小青年來聽道，他人小名氣大，是保安大隊長的乾兒子，一張臉乾淨秀氣，誰見了都想疼他，可惜他在落座時先從腰帶裡抽出手槍來放在大腿旁邊，嚇得沒人敢挨著他坐，讓他一人坐那麼長那麼長的板凳。

帶槍的小青年一雙眼睛骨碌骨碌轉，最後盯住一個和他年紀相仿的小姑娘。那小青年，也許是有任務的吧，他現在只記得小姑娘了。

以後他常來，聽說也常到小姑娘家烤火，兩人隔著火盆坐，在火盆上空捏她的手，她父母急得在臥室裡流汗。

日軍責成保安大隊「清鄉」，保安大隊就出動抓人。抓人總要有個理由。日本人來了，你為甚麼逃？莫非是抗日軍？你為甚不逃？莫非留下做間諜？都抓回來。有一個人挨了五花大綁，因為他家裡有一本《聖經》。

風聲緊，倒也不怎麼怕，還敢營救被捕的教友，至少也派個人去探監。我的同學張寶來在保安大隊做文書上士，沒他陪著我還進不了牢門。被捕的教友鼻青臉腫，還連聲說「我很好」，比起躺在地上昏迷不醒的人，他的確很好。

我和寶來都還不懂事，誰也沒帶禮物打點守衛，也沒人提醒我們，沒幾次，守衛不耐煩了：「張上士，你進進出出真方便，像是你的家一樣！」終於，有一天，我們受到很不客氣的拒絕。

長老們開始為教會的前途憂慮。也許，有一天，所有的教會都要關閉，所有的牧師都要改業，《聖經》唱詩都要燒掉。也許有一天，基督教要像回教一樣，父承子繼，單口祕傳，對外絕不談論。也許像禪宗那樣，相會於心，不著一字。

那時有一種說法，信教的人都親美，都不愛國，如果中美兩國作戰，信教的人都會通敵投降。但是，看在日本人眼裡，信教的人反日，為中國流血汗，個個是嫌疑犯。那時，我想，這兩種下判斷的人最好一塊兒琢磨琢磨，再作結論。

很不幸，這兩種人是從不坐在一起開會的。

那年頭，鄉下人常常挨打。如果他遇見一個穿制服的，他趕快禱告，希望那人沒紮皮帶，皮帶解下來拿在手中就是鞭子。如果紮著皮帶，他趕快禱告，希望那人不使用有銅環的那一頭。

大牢是個有設備的地方，花樣很多，使你無法祈禱。最常用的是「壓槓子」，刑具不過一根扁擔，一根槓子，幾塊磚頭，雖在窮鄉僻壤也可以就地取材，使用的方法卻有賴天才發明家。先把犯人的衣服脫光，把他的兩臂平伸拉直，綁在一根扁擔上，上身維持十字架上的姿勢，雙膝卻是跪在磚上，槓子穿過腿彎，槓子兩端站人，以扁擔作扶手。這樣，犯人絲毫動彈不得，著力處全在磚上的膝蓋。如果犯人很強壯，槓子兩端可以由兩個人增加為四個人，叫做四人擔，再增為六個人，稱為六人擔，也許膝蓋從此壓碎了，終身殘廢。

還有一種經典之作叫「灌涼水」，把赤條條的犯人固定在門板上，朝天平放，開始灌水，等到肚皮高高的脹起來，再派幾個漢子抬著木槓放在肚子上滾來壓去，這時候，水從口中射出來，灌進去的是清水，射出來的是血塊屎漿。這一套程序可以重複施行，周而復始。

這是「大件」，至於「小件」，在屁股上割一道血口，填進去一點石灰之類，行刑的人可以即興發明。這才是被捕最可怕的地方。可憐那些鄉巴佬，一向以三代沒進過官府衙門為榮，忽然捉將牢裡，教他們怎麼辦？

遇這等事，信眾就在教堂裡哀告上帝。單單哀告是不夠的，母親就回到家裡發呆。發呆是不夠的，我就到大隊部門口逡巡張望。張望有用嗎？有用嗎？

無巧不成神蹟，這天恰值大隊長送客到門外。那客人五短身材，加上馬褲的褲管左右膨脹，看背影像日本人。大隊長比他高，就算鞠躬的時候也比他高些。看大隊長那客氣勁兒，他是日本人無疑。可是一轉身，我認得他，他是日軍的翻譯官，中國人。

這翻譯官跟插柳口進士第有來往，我在進士第跟他同席吃過一次飯，他瞞著太太在進士第藏了個女人。也許是這個緣，他對在進士第讀書的我另眼看待。他問，你到這裡來幹甚麼。我說想來探監。那人跟你甚麼關係？對呀，甚麼關係？只能說是朋友。他犯了甚麼事？有沒有殺人？是不是抗日份子？我說都不是。

大隊長在旁邊聽看，沒有馬上走開。翻譯官說，大隊長，這小兄弟教我為難，我既然碰上了，不能不說個人情。大隊長說，翻譯官，大隊部的事，還不是你說怎麼辦就怎麼辦？他問我，你那朋友叫甚麼名字，哪裡人。我說他叫田老憨，住在田家村。大隊長吩咐他身旁的一個軍官：那田老憨，教他家裡來個人，把他領回去。他又加上一句：這事今天一定要辦好。聲音很高，是希望翻譯官能聽清楚。

翻譯官說，大隊長，謝了。他對我說，這裡不是你常來的地方，下次不要再來。他也一個字一個字清清楚楚，希望大隊長聽見。

我在教會上一下子出了名。可是任何人都料得到，我不能再創造第二次奇蹟，翻譯官已經把他開的路隨手堵死。有人病急了信偏方，提著老母雞到我家，堅持要我們再試一次，管它死馬活馬。我母親也急了，急中生智，想起大隊長的乾兒子。

提起這位乾兒子，教會上沒人敢理他，只有宗長老跟他說過兩句話，表示歡迎他來聽道。我母親走的也是步險棋，好在我家沒有十七、八歲的女孩子。那小青年，坐在長板凳上也是怪寂寞的，母親跟他一談，他居然大為興奮。他說：「你們等著」，起身就走，聚會未散，他就把一個半百老漢帶回來，這老漢有幾處皮肉淤血，走路帶點兒跛，此外能吃能喝，能說能笑。大家又是唱詩，又是禱告，感動得如醉如癡。

倒也沒甚麼後遺症。慢慢的，小青年在教會裡也有了朋友。幾個月後，小青年託朋友來我家說，想借些糧食拿到市上變錢應急，母親欣然答應。小青年帶著工人來扛糧食的時候，一直面紅耳赤，於是母親高高興興的告訴人家，這孩子很純潔，心地不壞。

空中好像真的有神，但空中也有鉛塊罩著壓著，令人心情沉重。以後這段日子，大家特別愛唱〈詩篇〉第一百二十三篇，尤其是最後一段：

耶和華啊
求你憐憫我們　憐憫我們
因為我們被藐視已到極處
我們被安逸人的譏誚
和驕傲人的藐視
已到極處已到極處
已到極處

美國長老會在嶧縣投下大量資金，對各支會並沒有多少資助，但這些支會總是美國教會的支流。

遠在抗戰發生以前，中國教會即要求脫離外國人的支配，改以中國的長老牧師為主導。

當然，中國人若要自己當家作主，必須不再依賴美國捐款。後來這觀念凝聚成六字真言，那就是自立、自養、自傳。

美國教會默察形勢，順應潮流，宣稱逐步退出中國教會，與此同步進行的，是分期減少經濟援助，喻之為「斷奶」。太平洋戰爭發生，日本人粗暴的拔掉了教會的奶嘴，教會立即展開宣導，要求信眾養成捐獻的習慣。

信徒捐款維持教會，《聖經》中有此主張，中國教會一直避諱不談，初期的教會甚至以「散財」為招徠的手段，信教可以收到種種「救濟品」，被國人目為「吃洋教的」。教會遷入我家時，這種現象已成過去，教會逐漸成為信眾的共同負擔。

時勢造英雄，那時有幾位全國知名的牧師鼓動了信徒捐獻的風氣。宋尚節牧師綽號「送錢包」，他到哪個教會講道，哪個教會的財務困難立刻解除。還有一位趙世光牧師，綽號「趙開荒」，也能化無為有。

鄉村教會的開支很少。房舍有了，最大的問題已經解決，日常費用不過是晚間聚會的燈油，星期天聚會的茶水，每周一次例行的樂捐足夠。後來有了駐會的傳道員，教會要付薪水給他，這筆錢全靠捐款，母親每年三季都派人扛著口袋往教會裡送糧食。

雖然有了全職的傳道員，各地佈道人員的交流並未中斷。翟牧師、侯牧師，他們仍然常來主持禮拜，晚間把禮拜堂裡的長凳子拼並起來當床鋪，草草一宵。他們不要酬勞，但是這一日兩餐必得由教友輪流供應。那年頭，人對人輕易不肯留飯，為了把客人在飯前趕走，民間故事裡不知有多少笑話。何況還有農忙、冬天太冷、住處太遠等等困難。我家和教堂只隔一個院子，母親總是說：「由我做飯送來吧。」地利人和理當如此，大家都沒有異議。

但是還有問題。

那幾年，我是說家鄉成為「淪陷區」的那段日子，常常有人揹著簡單的行囊、手持一本《聖經》走進教會，自稱佈道人。他是誰，大家不認識；高姓大名，從沒聽見過；從哪裡來，往哪裡去，沒法子查證。根據《聖經》，耶穌生前設計過這種模式，雲遊佈道，不帶盤纏，沒有多餘的行李，望門投止，由信主的人隨地接待，接待這等人等於是接待了耶穌。

這等人何以應運而生，想來有些奇怪。依宗長老的主張，一律不予接待。有一天晚上，這樣一個人進入教堂，要求投宿，宗長老表示只能請他喝一杯茶。那人立刻在地上跺腳，然後退出。這也於經有據，耶穌說過，如果有人不肯接待你，你趕快離開他，連腳上的塵土也給他留下。這時我母親也在座，兩人望著那為夜色吞沒的背影，半天不發一語。

母親本來主張接待這等人。那時人口流動又快又遠，不比戰前，教會也還沒有發證件、寫介紹信之類的辦法，想知道一個人是不是教友，的確困難。但是，母親說，就算有人混吃矇喝，他既然奉主的名，也就給他。若是有人短了飯錢，教會也算賙濟了他。

終於，母親說服了宗長老。

這件事間接改變了我的生命。

一九四二年春天，我們接待了一個人。

他穿著長袍，拿著《聖經》，是那種個子不高的山東人。他大概三十多歲，臉上風霜之色並未完全掩蓋了讀書人的氣質。

他和我父親談得來，不覺多住了兩天。他到附近的支會講道，又回到蘭陵。這期間，他對我的家庭了解不少。

那時，日人推行懷柔政策，命令每一區公所保送兩個學生進臨沂五中，所有費用由區公所撥款。區長跟「大老師」璞公商量之後，提了我和管文奎的名。

五中是山東的名校之一，若在平時，我們未必考得進，即使錄取，家裡也拿不出那麼多錢，所以，這是一個好機會。不過——

現在家鄉淪陷，五中是所謂偽校，這怎生是好？

區長說，你可以指校長是偽校長，不可以指學生是偽學生，「正如我這個區長是偽的，那八區的老百姓一點也不偽！」

他又說，「學生不偽，知識不偽，咱山東教的幾何代數跟重慶教的一模一樣！」

父親想來想去，最後決定：「我進城去親眼看看再說。」他老人家披星戴月的去了，又風塵僕僕的回來，他對五中的事一字未提，從此不提，就這樣不了了之。

這些，那雲遊客看在眼裡。他在辭別的時候握著父親的手說了一些悄悄話。

他的話是這樣開頭的：「有一件事，我只能讓你知道，不能讓令郎知道，他的口風不緊。」

他走後，父親還是把他的話告訴了我，父親說：「我要你知道別人對你的看法。」

那雲遊客，他從安徽阜陽來。阜陽有一座中學，管吃管穿，專門收容淪陷區的青年。校長是山東人，叫李仙洲，一員名將。雲遊客主張我趕快到那裡去讀書。

雲遊客說，到了阜陽，提一下他的名字，入學沒有問題。可是，令郎……「我跟那邊的關係絕對不要洩漏出去。」

雲遊客匆匆上路，他給的資料太少，還有些問題找不到答案。這時五姨來了，她告訴我們，二表姐已經在阜陽進了高中。

那到底是一座甚麼樣的學校？據五姨介紹，那是按照教育部中學課程標準辦的學校，加上軍事訓練。男生女生一律穿軍服，佩手槍，上午上課，下午打靶，晚上演戲，將來是個文武全才。高中畢業以後，你想升學由政府保送，你想就業由政府分發，到那時候，當然是抗戰勝利了，日本鬼子打跑了，你站在山頭上看吧，東西南北全是出路。

當然，重要的是，這個學校是不收費的，我們明白五姨也沒有錢。

簡直十全十美！簡直前無古人，後無來者。可是，怎會有這樣的學校？怎麼會？

父親說，就算打個折扣，只有七成，也該教孩子到那裡去。

母親說，就算打個對折，只有五成，我也主張孩子快點動身。

我呢，我是信任二姐的，她去的地方一定值得去，應該去。

五姨問我：你想不想去？

我說不出話來，我早已醉在浪漫的想像裡，如果一覺醒來好夢可以成真，我連這一覺也嫌太長了。

我是一九四二年暑假期間到後方去「流學」的，花了兩個月的功夫準備。

所謂準備，在我不過是和早已在後方的二姐通信，在母親則是和我縫幾件衣服，一床棉被。身在淪陷區，做這等事未免心驚膽怕，表面上竭力掩飾，不敢真正準備甚麼。

可是，外人恐怕已看出我們神色有異，也許發現我們的生活秩序大亂，因而有了揣測，而那揣測又接近事實。我家的房子大部分租給一位本家開點心鋪子，連客廳也和他共用，如果他坐在客廳裡，看見父親和母親一同進來，必定連忙起身躲避，意思是不妨害你們的機密。親友的反應使人不安。我們盡其在我，一直緊緊的瞞著，尤其是妹妹和弟弟，始終沒得到半句消息，他們年紀太小，可能成為某種「導體」。我連啃教科書都怕人看見，有疑難也悶在肚子裡，幸而入學並不舉行甄試，否則一定名落孫山。

父親設計了離家的方式：黎明，城門剛剛打開，趁著行人稀少。空著手上路，不惹人注意，行李另外補送。第一站嶧縣南關教會，由楊成新牧師安排，找同路作伴的人。

半夜，妹妹弟弟睡熟了，父母把我叫進客廳。「你再想一想，後方的生活很苦，也許還有危險，你怕不怕？」

「不怕！」我很堅決。

父親轉向母親。「你再想一想，他這一走，不知何年何月再見，抗戰勝利遙遙無期，就算勝利了，他也未必能馬上回家。這些話，我早先都對你說過。」

母親點頭。

「我再說一遍：他走了，將來如果你生了病，想他念他，見不著他，那時候，你可不要怨我喲！」

這時母親淚流滿面，但是說出來的話清楚明白：「我不想他。」

父親像完成了重要的程序，長吁一口氣，放鬆了表情。他抽了一支菸，捻熄菸蒂，對我作了如下的叮囑：

這些年，青年沒有出路，人都快憋死了。你是長子，家有長子，國有大臣，你有出路，才可以把擔子挑起來。咱們這個家是不行了，你別再依賴這個家，你的妹妹弟弟還小，他們以後有些日子還得靠你。你出去奮鬥，咱們不求富貴，單求你有一技之長，能拉他們一把。要是你有文憑，他們白丁，你也虧心。他們不如你，你要多為他們想，前頭的要給後頭的修橋補路。仗總有打完的一天，以後年頭兒不知變成甚麼樣子，人心人情萬古千秋不變。皇天不負苦心人，好心自有好報。

然後，父親要母親交代我幾句話。母親這才擦乾眼淚，教我在外面勤讀新約。她老人家還重複了平時的一些教訓，新約裡未必會有：

行萬里路　讀萬遍經　笨鴨早飛　笨牛勤耕　讓小的敬老的　拿次的留好的　寧欺官不欺賢　寧欺賢不欺天　人多的地方不去　沒人的地方不留　讚美成功的人　安慰失敗的人　犯病的東西不吃　犯法的事情不做　不要穿金戴銀　只要好好做人　牆倒眾人推我不推　槍打出頭鳥我不打　種瓜得瓜瓜兒大　種豆得豆豆兒多

千叮萬囑，看著我喝了稀飯，逼著我吃了包子，母親為我作了禱告。

父親說：「你走吧，不要回頭看。」

我一口氣奔了五里路才回頭，已經看不見蘭陵。

回想起來，離家這一幕還是草率了。這等事，該有儀式，例如手持放大鏡，匍匐在地，一寸一寸看。

附錄

打游擊，答文史工作者

一：你在回憶錄第一冊《昨天的雲》中談到抗戰發生，家鄉人組織了游擊隊，番號是十二支隊，你寫下十二支隊的一些活動。可是在文史資料中完全找不到這個十二支隊的痕跡，這是甚麼緣故？

答：十二支隊是國民政府這個系統的游擊隊，用今天通用的詞句來說，它是國民黨的武力，它的組成者和領導人，都是敝族蘭陵王氏的大地主，後來都成了土改清算的對象。這樣成分的人當然不能流芳百世。他們握有武裝部隊以後，也沒做出甚麼壞事來，又不足以遺臭萬年，所以他們從歷史紀錄中消失了。

二：除了你在《昨天的雲・熱血未流》記述的那一役，十二支隊還有哪些戰績？

答：十二支隊的歷史，可以分做平地和入山兩個時期，成立之初，在家鄉蘭陵外圍的農村游動，後來日軍發動大規模的軍事行動，他們叫做掃蕩，把平地的游擊都逼進山區。我寫過，山區的老百姓生活很苦，難以維持溫飽，共產黨一句「有飯大家吃」，他們就很激動。十二支隊在平地，在山區，都和日軍有過接觸，過程也很驚險，不過都不是主動攻擊，都是在日軍追擊下逃走，我在十二支隊三進三出，並不是每一次接觸都在場。

最近，社團找我講述抗戰戲劇，我還說了一段回憶錄沒有記載的經過：

那時候我的年紀很小，也參加抗日，我們受到日本軍隊的攻擊，就往山區裡頭逃，日本軍隊緊緊的跟在後面追，從白天追到黑夜。老天爺降下傾盆大雨，天地間一團漆黑，要靠天上有閃電的時候才看得見腳底下的羊腸小徑。山路崎嶇，人人一直拚命往前走，走著走著前頭怎麼停下來了，原來前頭是個懸崖，前有懸崖，後有追兵，這可怎麼辦！司令官當機立斷，他下命令向後轉，走回去！冤家路窄，萬一碰上日本軍隊呢，那也得回頭走，總不能守著這個懸崖。走進來是危機，走出去是更大的危機，危機一步一步升高，這就叫戲劇性。你當然知道，我們是走出來了，今天我才能夠站在這裡，如果是戲劇，沒那麼容易，因為編導要戲劇更精采。

三：十二支隊最後的下場如何？

答：十二支隊的結局並不是被日軍消滅，而是被另一支游擊隊併吞，併吞它的，並不是中共這個系統的游擊隊，而是國民黨同一陣營。

今天回想，十二支隊的戰鬥力不強，但武器很好。當時游擊隊最缺少輕機槍，十二支隊有一架。當時最新型的步槍叫中正式，國軍的制式步槍，還有一種叫三八式，日軍的制式步槍，這兩種步槍是十二支隊的主要配備。當時游擊隊中最差勁的步槍叫單打一，當地的鐵匠用土法仿製，每次只能裝一發子彈，射程也很短，這樣的槍，十二支隊連一枝也沒有。還有，當時游擊隊最高貴的武器是德國製的一種手槍，可以單發也可以連發，俗名盒子砲，正式的名稱叫自來得手槍。十二支隊的基礎是這些大地主的看家護院，是近衛隊，盒子砲是他們炫耀家族聲勢的方式，那一字排開的十幾二十把自來得手槍也是十二支隊的一大特色。這些武器怎能不讓別的游擊隊垂涎三尺！

四：誰併吞了他們？經過如何？

答：十二支隊入山以後，先發生一場政變，副司令官趕走司令官，自己取而代之，然後是外患，大魚吃小魚。併吞十二支隊的人當然是個英雄，算命師說他沒有官位，但是操生殺大權，沒有財產，但金銀如流水過手，地方志一定有他相當的篇幅。併吞的經過，聽說是照老本子辦事，擺下鴻門宴，囚禁領導人，這些大地主以下令部下交槍換得本身的安全。階下囚也不是那麼容易就屈服了，少不得受些侮辱折磨，還好，總算沒流血。我出山回家比別人早，只見這些大地主赤手空拳回到家鄉，表情黯淡，誰也不敢問他怎麼樣了。抗戰勝利，那位英雄的事業登上巔峰，咳，也就是三年以後吧，共軍逼得他走投無路，隻身逃到台灣，隱名埋姓，深居簡出。我偶然碰到他，也許不是偶然，他的老部下安排使我碰見他，他問我十二支隊的某某有沒有子女來到台灣，看樣子是擔心受到報復。

五：一九四九年天翻地覆，一百多萬人逃到台灣，各路冤家聚了頭，是不是發生了很多冤冤相報的新聞？

答：不多，很少很少，我只知道一件。我的回憶錄第二冊《怒目少年》裡有一位中學教師，他本來是一個游擊司令，自稱「殺人很痛快！如大便暢通」。他併吞過一支友軍，並且把友軍的司令殺死。後來，正如您所說，這位活著的司令到了台灣，那位死了的司令、他的兒子也到了台灣，兒子選擇警察做職業，為的是警察有槍，可以報仇。某年某月某日，這位警察果然在街頭遇見殺父的仇人，他掏出槍來就射，沒想到一連三發都是啞火。他只有撲上前去，把仇人按倒地，用槍柄敲打仇人的腦袋。仇人進了醫院，報仇的人進了監獄。輿論譁然，大家注意的不是報仇，而是由槍械保養、射擊訓練看出警察的素質太差，不足以臨危受命。

六：報復的行動不多，你怎樣解釋？

答：也許這就是中國文化吧！一九一一年革命成功，滿族的官員曾經恐懼報復，一九四五年抗戰勝利，在華的日本人曾經恐懼報復，一九七六年文革結束，我們外邊的人擔心文革受害人報復，感謝列祖列宗在天之靈，結果都沒有發生。你有子孫，可以尋仇，人家也有子孫，報復是為祖先的精神空間，不報復是為子孫的生活空間，畢竟孩子的禍福壓力大一些。也許不止是中國文化，蘇聯解體，柏林圍牆拆除，也都沒聽見仇恨犯罪，對了，仇恨犯罪，到了那個時候，政府有責任維持秩序，報仇也是犯罪。天下未定，政治家需要鼓動你的私人恩怨，產生力量，海晏河清，社會需要安定，你個人心目中的「惡人」也是一個公民，法律會保護他。

七：看來國民黨領導的游擊隊，常常你吃掉我，我吃掉你，在中共領導的游擊隊裡，這種事故從未發生。你認為這是甚麼原故？

答：中共的事情我不敢班門弄斧，國民政府這一邊，我認為跟他們的統馭哲學有關係。國民黨的領袖們似乎認為內鬥也是一種訓練，一種淘汰，優勝劣敗，產生傑出的人才。好像運動會一樣，先由內部的比賽產生代表隊，再由代表隊去參加外面的比賽。內鬥的雙方都會對上級特別效忠，希望得到更多的支持，足以加強凝聚力。那領袖們雖然號召精誠團結，事實上好像默許互相傾軋，接受既成的事實。

八：在《碎琉璃》裡面，你還有一篇〈天才新聞〉，我們研究新聞學的朋友看了，認為這是新聞史遺忘了的一個角落，應該受到注意。〈天才新聞〉說，「我」在游擊隊裡編印一張油印的報紙，散播對抗戰有利的新聞，「我」沒有新聞來源，根本不知道這個仗打到哪兒了，靈機一動，就找漢奸辦的報紙來改寫，人家說，日軍在前線推進了七十里，「我」就寫，日軍在前線敗退了七十里，人家說，日本空軍炸毀了國軍的一座火藥庫，「我」就寫，國軍的飛機炸毀了日軍的一座火藥庫。我的朋友認為，這樣的報紙可以稱為變體報紙，可喜可愛，他想知道這一段究竟是虛構還是紀實。

答：這樣的「變體」報紙當時不止一家，我記得還有一份油印的刊物，他不罵日本，他罵「腳盆」，他給日本改了國名，表示侮辱，有人推測，這份刊物的主編應是北京人，只有北京話可以把 Japan 譯成腳盆。這份刊物還刊出一封寫給日本天皇的長信，他仿照古代的奏章，開頭先寫發信人，自稱大中華，大民國，大國民，接著是受信人，大日本，大帝國，大天皇陛下。他以流暢淺顯的文言文痛斥日軍侵華，痛訴日軍暴行，痛述中國軍民的決心，鄭重預言日本必敗必亡，最後請求天皇斷然下詔停戰退兵，共謀兩國修好，拯救兩國的黎民。這篇文章格式恭謹，氣勢奔放，不時嬉笑怒罵，既像是一個成仁取義的中國人，又像是一個玩世不恭的日本人，我永遠不知道這位主筆是何方高手。

若論新聞來源，這位主編比我有辦法，第一，他從漢奸的報紙上找新聞。報紙到底是報紙，即使是漢奸辦的報紙，某一戰役何時打響，何時結束，中間隔了多少天，中國軍民抵抗了多少天，算得出來，多少人英勇犧牲，想像得到。日本空軍輪番轟炸重慶，一連多少天不能解除警報，連池塘裡的青蛙都死光了，只有重慶的中央廣播電台還在播音，這最後一句可圈可點，我們看在眼裡，不啻萬金家書。第二，他能從北京上海來的過客口中得到消息，國際都市裡的人接觸國際媒介，多見多聞，茶餘飯後總能給我們意外的驚喜。這份刊物我只是偶爾讀到，他們的主編主筆才是新聞史的遺珠。

九：你認為游擊隊對抗戰的貢獻是甚麼？

答：第一，當然是牽制日本駐軍，不能集中兵力侵略中國。日本佔領區有那麼多抗日的游擊隊，日本就得到處駐紮軍隊維持有效的統治，不能把這些軍隊都調到前線去作戰。即使游擊隊都是游而不擊，究竟是臥榻之旁，何況游擊隊也放過幾槍，活埋過幾個「日本狗子」。尤其到了抗戰後期，日本可以當兵的人越來越少，游擊隊發生的牽制作用越來越明顯。第二，給青年人一條寬廣的出路，孩子還沒成年，就有人在他耳旁叨念：老大不小啦，抗戰去吧！游擊隊，不管是中共領導還是國民黨領導，都沒有「名額已滿」的時候，可以說，抗戰解決了青年就業問題，第三，許多游擊隊都和日軍扶植的漢奸武力暗通消息，漢奸武力透過游擊隊的協助，跟國民政府授權的單位掛個號，吃了定心丸，我不是漢奸，我是曲線救國，他對日本佔領軍交付的任務七折八扣，陽奉陰違，減輕了淪陷區老百姓的痛苦。日本也知道漢奸不可靠，那些對中國人造成嚴重損害的舉動，像「三光政策」，都由日本親自出面執行。

十：你的散文集《碎琉璃》有濃厚的自傳色彩，裡面有六章以游擊隊作背景，佔很高的比例，我們對照閱讀，很想知道這六章裡面哪些是實際經驗，哪些出於虛構。例如，你寫的〈青紗帳〉，一個中隊長的劣行，是否反映了游擊隊的紀律？你寫的〈帶走盈耳的耳語〉，游擊司令面臨日軍毀滅性的掃蕩，他採取的緊急措施，是否反映了游擊隊領導人的智勇？或者這些故事情節都來自想像，滿足自己，娛樂讀者？

答：在《昨天的雲》裡面，「我」是作者，在《碎琉璃》裡面，「我」多半是故事的發現者和敘述者，可以看作也是其中一個角色。我沒有擺脫寫實主義的影響，《碎琉璃》大部分人物有原型，情節有本事，我只努力章法結構活潑一些，修辭造句文學技巧豐富一些。

至於游擊隊員的紀律，當年那大地主轉型而成的司令官並不懂得如何治軍，隊中沒有人負責今天的政工，也沒有三大紀律、八項注意那樣的誡命。游擊隊員大部分是種田的人，這些鄉巴佬一直受軍隊欺負，他們有個不成文的定義，大兵就是可以做壞事的人，一旦自己也拿起槍來，未免有樣學樣、躍躍欲試。這樣的人物我也有典型，有素材，等到執筆寫他，心裡一痛，寫不下去，就放棄了。

這一類游擊隊員只能小壞，不敢大壞，他的行為受傳統制約，人在本鄉本土做壞事，將來有人找他的後代洩憤，這叫留下子孫債。他的行為也受民俗信仰制約，如果欺負婦女，有一天上戰場，槍聲一響，首先陣亡。〈青紗帳〉裡的那個中隊長太壞，壞出了格，所以值得一寫。

說到指揮作戰，當年我所見所聞，游擊隊都沒有出色的表現。「敵大則游、敵小則擊」做不到，只能「敵進我退、敵退我進」。〈帶走盈耳的耳語〉所寫的那一役，在我們那一方絕無僅有。當年的生態，國民政府的游擊隊，中共的游擊隊，還有日本佔領軍，三者在相生相剋中並存，維持一個不穩定的平衡。國民黨抗日，共產黨也抗日，國共皆以日軍為敵人，這是一種組合。國民黨反共，日軍也反共，國民黨系統的游擊隊和當地的日本佔領軍，有時形成微妙的默契，這又是一種組合。共軍雄才大略，著眼戰後建國，對當前這一丁點子日軍根本不放在心上，而國民黨有時相煎，才是燃眉之急，這又是一種情況。「朋友的敵人也是敵人，敵人的敵人也是朋友」？這句經典名言失效了，有時候，朋友的敵人也是朋友，朋友的朋友也是敵入。〈帶走盈耳的耳語〉裡面的那支游擊隊，部下貪功冒進，有重大的戰果，但是破壞了生態的平衡，馬上大禍臨頭，他們搶來的迫擊砲只是一塊廢鐵，對他們毫無用處。另一支游擊隊非但不能守望相助，反而到處挖掘他們埋藏的槍械。〈帶走盈耳的耳語〉寫抗戰敵後的這種情勢，在抗戰文學有其獨到之處，可惜我沒有大師級的表現能力，未能使人從有限中見無限，現在還得我一五一十說個明白。

十一：《碎琉璃》書中有一篇〈敵人的朋友〉，情節曲折離奇，別樹一幟，有人列為虛構的小說。我們要問的是，〈敵人的朋友〉寫抗日游擊隊之間互相賊害的情形，哪些出於虛構？你寫游擊隊的酷刑活埋，不是躺著埋，而是站著埋，頭顱露在外面，血液向頭部集中，兩隻眼珠都吊下來。讀你的作品，知道游擊隊有一種特殊的吊刑，人只有腳尖點地，逼得受刑人不住的在空中打轉，屎尿流出來，在地上畫成一個大圓圈。這兩條是你的獨家紀錄，在此之前，沒在別人的作品中見過。這是虛構還是紀實？你怎麼能寫得那樣冷靜，那樣不動聲色？

答：我的興趣不在虛構，我虛構的才能也很差。起初，日軍氣燄高，游擊隊既聯合又鬥爭，後來日軍衰落，游擊隊只鬥爭不聯合，我寫出來的並未超出我的見聞，我認為這些素材夠用了，不需要再編造。您指出來的這兩種酷刑，出於中國農民百千年來的集體智慧，單憑我的想像力也實在造不出來。說到情節，當年哪位大師說過，現實的詭奇，有時超出作家的想像，我認為的確如此。抗戰游擊隊同床異夢，很多人寫過，《碎琉璃》比較偏重細節，我在回憶錄《昨天的雲》裡也寫了一些、可以與《碎琉璃》呼應。十二支隊由興起到消失，素材豐富，我只有遺漏，沒有勉強增添。

〈敵人的朋友〉結尾，「我」弄丟了槍。這個「我」，只是作品中的一個人物，未必一定是作者。趁此機會，我要說，在現實生活中，當年打游擊的時候，我的確把我的槍弄丟了，只是另有原委。武器是第二生命啊！丟槍是大罪。長話短說，當年我們在山村安營，夢中驚醒，日軍來到山下了，怎麼辦，下山無路，只有翻山越嶺，從山的那一邊脫離敵人。爬山，羊腸鳥道，星光黯淡，你就別提那個艱難啊，沒法說，我早已缺乏形容詞可用。爬到山頂，越過稜線，鬆一口氣，我的膝蓋流血，手肘流血，可是我的槍不見了！膝蓋算甚麼，手肘算甚麼，問題是槍丟了，你算甚麼！好在我還是個大孩子，沒成年，司令官說，槍丟了，教他爹賠錢！然後又說：開除他！你們派個人，送他回家！

二〇一七年十月補寫

他們為甚麼接受共產主義

問：你在回憶錄第一冊《昨天的雲》裡面，鄭重為一位小學老師塑像，他在外面受大學教育，把馬克思的思想帶回家鄉，是一個提燈啟蒙的人，鄉人尊他為大老師，經過他的薰陶，你們家鄉出現了很多優秀的共產黨員。那大概是一九三〇年左右的事情。他是個大地主，為甚麼贊成共產主義？據你在書中記述，大老師接受社會主義，從孔孟的仁愛和釋迦的悲憫出發，他認為儒家釋家空有理想，只有共產黨能付諸實行。這話教人好生納悶，共產黨不是反對宗教、排斥傳統文化的嗎？

答：我沒有親耳聽到大老師這樣說，我是根據他的入室弟子轉述，我沒有增減，也不能替他解釋。不過從那時到現在，七十多年了，我也有自己的體會。我想社會主義興起，本來也是愛人類，救世界，和儒家的世界大同和釋家的普渡眾生心同理同，儒家和釋家空談了兩千年，而今共產黨有組織，有謀略，也有手段方法，能夠劍及履及。

問：世人都知道史大林怎樣統治蘇聯，毛澤東怎樣統治中國，怎麼能說那是愛人類、救世界？

答：想那三十年代，我們家鄉開明進步的人士，並不能客觀的認識蘇聯，那時他們看到的報導，對蘇聯一片讚揚。二次大戰結束後，世界出現長達二十多年的冷戰，蘇聯是在冷戰期間被西方的宣傳機器鬥臭的。他們更不能預料到了五十年代，中國會發生甚麼樣的事情，他們也不大清楚社會主義並不完全等同共產主義。那時世界潮流向左，左就是金光大道，社會主義共產主義都是左。那時候，意見領袖告訴我們，人類有史以來，蘇聯建設了一個最完善的社會，而中國的前途就是照樣複製一個。這樣的建國工程，當然由共產黨來擔任建築師和工程師。

問：這一番曲折十分重要，《昨天的雲》為甚麼不詳細寫出來？如果寫了，也是你這本書的一大特色。

答：我寫回憶錄的時候，已經出版過好多本書，凡是那些書裡用過的材料，我盡量不再重複使用。我有一本書談論宗教信仰，談到人類不斷的追求救贖，把社會主義也納入序列，那本書業已絕版，讀者不多，看來我得把下列一節文字在這裡引用一次：

> ……在封建主義的時代，用手工生產，「一夫不耕，或受之饑；一女不織，或受之寒」。一個人只能養活幾個人。人口逐漸增加，食之者眾，生之者寡，匱乏的現象越來越嚴重。這時候出現了蒸汽機。機械使一個人的工作能代替幾千幾百個人，生產量大增，工商業發達，使社會富裕起來，於是產生了資本主義，這是對封建社會的救贖。
>
> 資本主義產生剝削，壟斷，財富集中，貧富懸殊日甚一日，無數人陷入痛苦悲慘的境地。社會問題產生，其嚴重性較封建社會尤有過之，於是社會主義興起。一開始，社會主義是以懺悔的姿態面世的，他們說，這社會對窮人虧欠太多，他們提供理想謀略技術，還有行動，全面改造這個社會。他們要把社會從資本主義的罪惡裡救出來。所以說，社會主義是對資本主義的救贖。
>
> 大勢所趨，社會主義國家一個個建立起來，他們徹底實現了自己的抱負。可是國家社會並沒有比以前富裕公平，反而更嚴酷貧窮，這也完全出乎他們的意料之外。

問：這麼說，共產主義又到了尋求救贖的時候？

答：那是今天的雲，我們是在談「昨天的雲」。話題拉回去，回到一九三五年左右，我讀小學的時候。那年代流行的意見，中國社會的大病並非不自由，而是不平等，「人比人，氣死人」，而自由恰是不平等的根源。改造中國社會，要限制自由，促進平等，使「強者不多取，弱者不多予」，這就要有一種絕對的權力重新分配社會財富，規範人民的生活，使人人「各盡所能，各取所需」，這就要專政獨裁。那時候，共產黨講專政，國民黨也講專政，孫中山先生強調能力超過百人者要為百人服務，能力超過千人者要為千人服務，「巧為拙者奴」，看來兩者異曲同工。抗戰時期，國民政府用獨裁專政的思想教育我們年輕人，我在回憶錄第二冊《怒目少年》裡留下紀錄，那恐怕也是你在別處難以看到的材料，兩個專政都有無數人響應追隨。

問：一個民族這樣醉心獨裁，今天的人難以想像，不能理解。他們難道沒想過，一旦實行高度的獨裁，他們自己都要赤身露體，喪失一切權利保障？你是否能用更多的說詞、更強的理由說服我？

答：說到這裡，我要站起來大聲提醒各位，那時候，中國有外患，就是列強的侵略，尤其是日本，擺明要併吞中國。國民政府的愛國教育做得好，連我們十歲的小學生也滿腔亡國之痛。不急於追求社會公平的人，也急於保衛國家，那時候，國人普遍認知，日本獨裁，日本轉弱為強，德國獨裁，德國轉弱為強，那個蘇維埃聯邦民主共和國，也是靠他集權，這才頂天立地。中國救亡之道也惟有獨裁。大家美化了獨裁，恨國人一盤散沙，羨慕全國上下「如身之使臂，臂之使指」，千萬人如一人。那時候流傳胡適一句話，國家不是由一群奴才建立起來，我的父兄斷然回應：只要能把日本趕出去，我們情願做奴才！那時青年人比較國共兩黨優劣，覺得還是共產黨的專政徹底，有效率，引發青年人許多浪漫的想像。都是日本軍閥惹的禍，他要滅亡中國，中國人這才對專政獨裁一往情深，萬死不辭。

其實大老師這樣的人也都是理想主義者，他們成了自己理想的受害人。因此，我說過，不要認為種瓜得瓜，種豆得豆，種因由你，收果由不得你。因此，我能寫出這樣的句子：當你為別人編劇本的時候，要想一想自己在其中擔任何種角色。

問：這麼說，那時的共產黨完全掌握了今天所謂話語權和解釋權。當時國民黨一黨專政，他在宣傳和教育方面也應該大有作為才是？

答：那時中國共產黨的抗日宣傳做得好，國民政府的愛國教育做得好，二者是兩個不同的概念，共產黨義憤填膺，咱們拿起大刀長矛跟地拚了！年輕人血氣方剛，躍躍欲鬥，國民黨的那一套老謀深算，好像懦弱怕事，年輕人智慮不及，熱情落空。對年輕人，你既然要他愛國，又想要他反共，很難，因為共產黨主張抗日，「抗日軍不打抗日軍」。你既要年輕人抗日，又希望他討厭國民政府，這比較容易，因為喊愛國口號的人不喊打日本，「國民政府裡頭有親日派和漢奸」。這種錯綜可以說得清楚，很難聽得明白，總之，兄弟登山，各自努力，國民黨腳下的坎坷比較多。共產黨認為可以一面救亡一面改造社會，國民黨認為只能先建設國家後抵抗外侮，許多年輕人喊一聲我們等不及了，於是出現了西安事變。

問：這麼說，日本侵略逼得中國人選擇了獨裁，又在兩個獨裁之中選擇了中共，因為中共比國民黨更獨裁。書本上說，當年中共鼓吹民主，爭取民心，得到許多小黨小派的響應，好像跟你說的不大一樣？

答：那時候，意見領袖告訴我們，民主就是平等，要平等就需要專政，因此民主和獨裁相輔相成，這叫蘇維埃式的民主，與英美式的民主不同，英美認為民主和自由同生共死，對中國不適合，兩派人士爭執不休。老實說，一般人的思辨能力很差，不能「於不疑處有疑」。佛教的僧團在一起生活，大家遵守六條規則，叫六和敬，用白話來說，就是大家居住的條件一樣，物質待遇一樣，有共同的語言，有共同的情感反應，用共同的方式修行，有共同的制式動作。左派說六和敬就是平等，也就是民主，也就是共產社會，居然贏得佛教界的人士大量左傾。後來中國分別實驗，在海峽的那一邊施行蘇維埃式的民主，在海峽的這一邊施行英美式的民主，兩邊都是充分實驗，百分之百的實驗，做給中國人看，也做給全世界的人看，大家才弄明白到底是怎麼一回事。

問：我記得，你在甚麼地方說過，當年左翼對基督教的態度也很友善，你是基督徒，在這方面想必特別敏感，可惜也沒寫在《昨天的雲》裡。

答：你大概看到騰訊網對我的訪談，我對訪員吳永熹女士談我幼年的閱讀經驗，我告訴她，當年左翼氣派很大，諸子百家，到手都是我的註腳。她說耶穌是最早的共產黨員，耶穌跟門徒過的是人民公社的生活——這個《聖經》裡面有記載，但是只有他們看得出來——大家吃住統一安排，所有的錢交給一個人管，這個人就是後來出賣耶穌的猶大。耶穌說，你們有兩件衣服的，要分一件給那個沒有的人，「這是共產」。耶穌說，有錢的人不能進天國，不可以積攢財寶在地上，這個傳統到了天主教就是他們的三大美德之一，貧窮，「越窮越光榮」，神父修女不能有財產，他在外面兼課、寫稿，稿費拿回去都得上交。

左翼論客反覆引用基督名言，像「那殺身體不能殺靈魂的，不要怕他」。像「富人要進天國，比駱駝穿過針眼還難」，用意別有所指，我們讀了相會於心。《聖經》記載，少年耶穌有些行為很激烈，像「若是你的右眼叫你跌倒，就剜出來丟掉，寧可失去百體中的一體，不叫全身丟在地獄裡。若是右手叫你跌倒，就砍下來丟掉，寧可失去百體中的一體，不叫全身下入地獄。」他們渲染發揮，耶穌是一個反抗現實體制的狂熱份子，向左傾青年示範。他們以神來之筆，把耶穌的最後審判詮釋成被剝削被壓迫的人起來革命，對剝削者壓迫者進行總清算，弄得我神思恍惚，禮拜天坐在教堂裡聽牧師講末日，誤以為他為共產黨宣傳。

問：你在回憶錄第三冊《關山奪路》說，中國大陸當年到處都有讀書會，左傾人士引導青少年閱讀文學書刊，塑造意識型態，處心積慮，為大於微，這一部分記述，引起我們歷史工作者的注意。這件事為甚麼到了回憶錄第三冊才說出來？它應該在回憶錄第一本《昨天的雲》裡面出現，而且應該佔較多的篇幅。看起來，你的那位大老師就是一位讀書會的主持人？

答：這種讀書會是半祕密的，我沒有參加過，也沒有特別打聽過。大老師就是一位讀書會的主持人？我覺得不像，我在寫回憶錄第一冊的時候把這件事忘記了。抗戰發生，地下黨人改變方式，公開以救亡抗敵的種種活動組織青年，讀書會就沒那麼重要了。

一九四九，台灣清查每個人的歷史，對年輕人有沒有參加過讀書會看得很重要，當局搜捕參加過讀書會的人，甚至送去「感訓」，我才知道讀書會當年的確發生了重要的作用。

問：當年的讀書會是怎樣組織起來的？又是怎樣運作的？

答：那個時候，年輕人喜歡看書，在封閉的環境裡面，這是年輕人非常大的享受。那個時候很難看到電影，很難看到舞台劇，知道有廣播，但是大家買不起收音機。只有文學作品能給他滿足，而當時的文學作品就是左翼文學。

文學作品是一種提出問題的書，年輕人勤學好問，讀了書以後，見了面難免就要談論談論——這本書你看了沒有？我的看法怎樣？你的看法怎樣？有了疑問，就想找個明白人問一問，當時所謂明白人，都是左翼，左派，左傾，「走路要靠左邊走」，這些人唯物，無神，親俄，激進，多半是中小學教師，刊物編輯，小書店的老闆，或者外出讀書又回家當時髦鄉紳的那種人。天造地設，在一般市鎮中總有這樣一兩個人。文藝小青年說來就來，他並不召集，說走就走，他也不挽留，怎麼看，他跟地下黨不同，沒有儀式，沒有名冊，沒有管理。

但是這些同時參加讀書會的小青年自然成群結黨，結黨是人的天性。他們漸漸與眾不同，離心外向，尋找同黨，或者同黨尋找他們，以後的發展就深不可測了。台北的情報治安單位根據經驗找出這一條根來，辦案就株連了。

問：你在回憶錄裡面說，讀書會解釋左翼作品，如教會解釋《聖經》，把文字背後的意義發掘出來。你能不能舉例說明？

答：那時易卜生的戲劇應時當令，他有個劇本，中文譯名叫「玩偶之家」，也有人譯成「娃娃屋」。劇中的女主角娜拉，在家是父親的洋娃娃，出嫁是丈夫的洋娃娃，沒有獨立的人格。最後娜拉忍不下去了，決定離家出走，她咔塔一聲關上房門，戲就結束了。左翼作家捧這齣戲，鼓吹婦女解放，引起各方面的討論。魯迅先生提出「娜拉走後怎樣」，娜拉離開家庭到哪裡去？茫茫大地，茫茫人海，何處是她的容身之地？娜拉在外面只有墮落，墮落還不如回來，回來還不如不走。文藝小青年當然不甘心她回來，又不願意她墮落，這個時候主持讀書會的人就會說，中國也有娜拉，中國娜拉也是三從四德，先做父母的奴隸，再做丈夫的奴隸，最後還要做兒子的奴隸，中國娜拉也應該出走，她可以參加共產黨，可以去陝北，她可以在那裡找到新的生命。

我們都讀過曹禺的劇本《日出》，它的背景是上海股市，它的場景是上海的一家高級旅社，在旅社裡，一個銀行家過著糜爛的生活，在股市場，這個銀行家和一個黑社會頭子有激烈的鬥爭。後來因為一個女人，鬥爭延續到旅館裡來，雙方再沒有緩衝的餘地。勝負在股市定結局，銀行家破產，他包養的一個交際花也自殺了。

這個遊戲從頭到尾有一個音響效果，就是建築工人打地基的聲音，旅館的附近又有資本家蓋大樓，第一步要打地基，也叫打樁。現在打地基用機械，那時用人工，一組工人圍成圓圈，把中間的一根石樁拾起來，放下去，勞動量很大，整個舞台、整個劇場都是「咚！咚！」，非常沉重。讀書會的主持人說，那是漁陽鼙鼓動地來，那是勞苦大眾的怒吼啊，那是動搖資產階級的根本啊，資產階級的大地要塌下去了。那個女主角，銀行家包養的交際花，她在決定吞下安眠藥的時候說：「太陽出來了，太陽不是我們的，我要去睡了。」讀書會的主持人說，共產黨革命成功的時候，資產階級都要消失，他們不能和我們共同享受燦爛的陽光。

二〇一七年十月補寫

我生命中的七七抗戰

七七事變七十七周年紀念「天下文化」社特刊徵文

1

七七事變是七十七年以前的事了！七十七年，換盡舊人，新青年對這個日子能有多少聯想？

七十七年前，盧溝橋的槍砲打響，我確實開了眼界。以前我從未見過飛機，日本的飛機出現了，左右單翼，中間一個螺旋槳，輕薄小巧，來得快去得也快。那時英國有一種「蚊式」戰鬥機，我覺得日本的這種軍機才像蚊子，有毒的蚊子，在頭頂上俯衝，機槍掃射，地上留下血痕，牆上留下彈痕。不用說，人人心驚膽戰，失魂落魄。緊接著是大型的轟炸機，轟隆轟隆，地動山搖，中國人禍從天上來，這裡那裡家破人亡。抗戰勝利以後好幾年，我突然間聽見門外汽車發動的聲音，還會有一秒兩秒慌張失神。

還有，中國軍隊。骯髒的軍服，老舊的步槍，全仗人多，百以當十，或者千以當十。我從未見過這麼多軍隊，不，從未見過這麼多人，大隊人馬行軍，蜿蜒綿延，人牆一望無盡，的確像是長城，血肉長城。一個戰役接一個戰役，動輒幾十萬大軍投入戰場，一個團、一個營轉眼沒有了，戰役結束，這個軍那個師成了空殼。你不記得那些的面孔，只記得長長的人牆，人牆到處有，到處都一樣，好像他們是永生的。

還有，抗戰發生，我「正式」看見中國共產黨，兩個青年人，大學生模樣，穿著長衫皮鞋，很斯文，這才知道有些大地主的子弟也加入了他們，並非全是農工兵。這兩個人來來往往，大概有任務，在我們鎮上歇歇腳，吃個午飯。偶爾跟我們談抗敵，談救亡。我喜歡看他們，猜想他們從哪裡來，到哪裡去，路有多長，世界有多大，悠然神往。他們好像是地行仙，不受時間空間限制，有些神通。

還有日本兵，漢奸，游擊隊……故事都在回憶錄裡寫過了，現在只有心情。七七事變給我一個新世界，我看不全，看不透，零散瑣碎。但是我覺得「事變」就是「世變」，一切都不確定，不可知，不像以前，家鄉父老至少知道他們將來的墳墓在哪裡。我有模糊的興奮，家鄉已如聞一多寫的「死水」，不甘心爛在裡頭，但是怎麼迎接這「不盡長江滾滾來」呢，又怕全家淹死。我常在夜半朦朧中聽到父親歎氣的聲音，後來輪到我自己也歎氣了，才知道那聲音有多沉重。七七事變對我是來得太早了，十二歲，少不更事，沒有心肝，遺恨特別多。

2

八年抗戰是一場熊熊大火，七十七年後，對於我，只剩下黑暗中星星點點的碎光。

我的「抗戰時間」比人家長。一九三一年「九一八」，序曲。一九四九年渡海，尾聲。種種昨日，十八年自成一個階段，塑造我，刮磨我，推擠我，敲打我，一氣呵成。

一九三一，我六歲，進了小學。我們受的教育，後世稱為愛國教育，軍國民教育，民族主義教育。為了雪恥救國，政府要打造一代特殊的國民。課堂上，老師講割台灣，我們會哭。老師講蔡公時死，我們會罵。老師講失東北，我們恨恨。情緒浮動，一心只讀眼前書？難！

等到我看見「大日本警備隊」這塊招牌，我們沒有地方可以讀書了，於是投奔流亡學校。軍訓教官紙上談兵，要我們絕對服從，無理服從，黑暗服從，由服從產生榮譽感。戰爭好像很浪漫，美酒一樣醉人，那是血和火的洗禮，拔高了人生境界，槍聲砲聲殺聲組成交響曲，沒有哭聲，我們忘了還有一路哭。槍聲一響，戰爭像藝術，它的過程可以使人不管目的。那時的教育好像很成功，看報看到全體壯烈成仁，想像其中有個我。時代給我們一本字典，從頭翻到尾沒有傷兵，沒有老兵，沒有退休，只有勝利或死亡。教育鼓勵自我毀滅，我死則國生，而死亡比大學畢業容易實現。

台灣真是個好地方，我在那裡讀到一句話：教育的目標是完成自我，怔了一下，難道完成自我的手段就是犧牲？後來發現了一個名詞，「生涯規畫」，又是一怔，原來生涯要自己規畫。想一想，人事白雲蒼狗，當局因時制宜，朝三暮四，你的生命就像荷馬史詩中打毛線衣的故事，時時把已經打成的部分拆掉，從頭再來，永無完成之日。

3

我屬於帶著戰爭的烙印成長的那一代。我本是一隻幼蟬，脫離了毛玻璃似的硬殼，白嫩潮濕，戰爭為我披上盔甲。抗戰開始的那一年，我不能從外婆家獨自走回自己的家，抗戰第六年，我能獨自徒步由安徽走到陝西。抗戰開始的那一年，我不能決定要不要帶走某一本書，抗戰勝利以後，我來到山東，斷然望門不入，奔赴千里以外舉目無親的上海。我本來不敢看殺雞，戰爭使我想殺人，殺敵人，「人」字上面可以加各種冠詞，「戴帽」之後就可以無情剪除。

戰爭推翻了許多格言。「人在做，天在看」？不，天蒼蒼，視而不見。「助人為快樂之本」？不，樂趣的泉源是「整人」。「施比受更為有福」？不，施者是傻瓜，受者是運氣好。「受人杯水，報之以湧泉」？不，吃飽喝足，在他家拉撒。「哀慟的人有福了，因為他們必得安慰」，不，人人怕麻煩，因為他們自己的麻煩已經太多……戰時處世待人，你平時的信念、信仰、信心大半錯誤，甚至可能危險，立即反其道而行，大致不差。

我本來以為善惡分明，戰爭啟示我善惡難分。看那些游擊隊的英雄好漢，跟日本佔領軍拚死拚活，自負揮金如土，殺人如麻，視死如歸。他們的身分地位配不上抄來的豪言壯語，可是到底也殺了許多人，包括替日軍做耳目的至親好友；連搶帶騙，流水般的銀子過手，絕對沒置私產；他最後也當然沒有老死。善？惡？誰能定位定性？我說過：抗戰抗戰！你是我們的榮耀，也是我們的隱痛！抗戰抗戰！你是我們的功業，也是我們的罪過！

每年七七，打開報紙，看見標題中的抗戰二字，總要熱血洶湧。有一年，居然淡然視之，淡然置之，擲報長歎，甚矣吾衰。今年接到「天下文化」的來信，為抗戰七十七周年徵稿，我又有熱淚奔流，始知身在情長在。情長氣短，抗戰牽著我繞了一個大彎子，我又回到不敢看人殺雞的時候，徒勞往返，造化弄人。

4

如果抗戰是一台大戲，它的結尾不好看，多少人想起抗戰索然無味。

抗戰勝利後第一年，國民政府普遍頒發「參加抗戰證明書」，連我這個小兵也領到一張，你想想，他一共發出多少張！今天，這一紙證明也是一件文物，文物有拍賣，有展覽，這個證明書始終不見現身，那雪片也似發出來的這張紙，怎麼雪片也似全都不見了？固然時局動盪，很難保存，恐怕心情不好，也無意保存。

兵卒的身分奇怪，既像在朝，又像在野，我上邊看看，下邊瞧瞧，連年內戰，各地慶祝抗戰勝利的意願都不高。退守台灣後，當局要管理人民的記憶，進而管理人民的聯想，這個那個英勇作戰的部隊，這個那個運籌帷幄的將軍，這首那首激昂悲憤的歌曲（我們是唱著這些歌長大的），忽然都成忌諱。「七七」是個沒精打采的日子。

一九六二年，劉紹唐在台北辦《傳記文學》，專門翻舊帳，我非常驚訝，我們都是無根之木，無源之水，無史之國，無父無祖之人，這種雜誌怎麼能辦！他辦了，而且很成功，慚愧我小人之腹。

「抗戰」這兩個大字是到了英雄老去、百姓劫後懷舊的年代才重新擦亮的。人之一生總得有點兒價值，總得對天地君親師有個交代，若是把八年抗戰抽掉，必有千千萬萬生者如同行屍走肉，千千萬萬死者成了冤魂，怎麼使得！怎麼甘心！怎麼擔當！抗戰，中國人無論如何撐了八年，無論如何中國勝利了。中國人顛沛造次，不改志業，流亡不做流氓。中國人廢寢忘食，移山奪河，流汗無暇流涎。中國人捨死忘生，英雄無名，流血不求流徽。這是人格，這是國魂，這是天柱地維，這是民族的脊樑骨。萬古千秋，無論叫甚麼國號，改甚麼朝代，一旦有危急存亡的考驗，那抗戰烽火烤過燻過的靈魂，都會從天上地下重返人間，化入民心士氣，一同創造國運，有他們，你多算多勝，沒有他們，你少算少勝，甚或根本不勝。

當年讀海明威的《老人與海》，想起抗戰，深深感覺抗戰一代每個人都像海明威筆下的那個老漁夫，千斤魚肉算了吧，無論如何也得好好的保存那付魚骨頭，面對那一付龐然雄奇的骨頭架子，史在，國在，人也在，以先覺覺後覺，鐵馬金戈入夢來。所以要仰仗歷史，歷史只能撮其要、記其事，所以也得仰仗文學，這是廣義的「歷史」，可以有情感，有細節，把鐵錚錚的精神交給世世代代。

（本文作於二〇一四年六月，原載「天下文化」出版之《我生命中的七七事變》一書。）

抗戰：由仰觀到鳥瞰

八年抗戰，由一九三七年七月七日開始，到一九四五年八月十五日為止，一共打了八年零三十八天。大體上是日本軍隊從東往西進攻，中國軍隊一面抵抗，一面後退，中國有很多山，三分之一的國土是山區，北面，有呂梁山，中條山，中部，有伏牛山，鄂西山地，湘東山地，南面，有大庾嶺，雲開大山，南嶺山區，十萬大山，國軍守住了這些山區，擋住了日軍。

打開中國地圖，可以發現這些山區從北到南可以畫一條線，把中國分成兩半，八年之中，在東邊的這一半，發生大戰役二十二個，小戰役一千一百一十七個，戰鬥三萬八千九百三十一次。除了正面作戰以外，在這半個中國的土地上，還發生無數次的游擊戰。這些數字可以給我們一個概念，戰爭的破壞是無情的，槍一響就要要有人流血，有人死亡，砲彈炸彈一響就要牆倒屋坍，造成一片廢墟。而且當年的戰爭思想跟今天不一樣，今天的軍事家主張慈悲戰爭，只攻擊跟戰爭直接有關係的目標，像敵人的陣地，軍火庫，飛機場，減少殺傷，不攻擊平民，當年認為戰爭就是毀滅，造成最大最嚴重的毀滅，可以無所不用其極，可以玉石俱焚，可憐焦土！所以日本的侵略者要製造那麼多的大屠殺，要這放火燒掉那麼多的村莊，日本空軍要這裡那裡丟那麼多炸彈。日軍侵略中國，戰爭在中國土地上進行，大小戰役戰鬥這麼多，作戰的空間這麼大，時間這麼久，中國的損失怎麼得了！

雖然侵略者的野心那麼大，中國抗戰到底的決心比他更大，中國的軍人和老百姓，幾百萬人犧牲性命，幾千萬人奉獻青春，動天地而泣鬼神。最後，侵略者失敗了，投降了。這是中華民族的尊嚴，中國歷史的寶貴經驗，一代又一代崇拜先烈，鑄造國魂，培養信心，提高警覺。

中國抗戰第四年，世界第二次大戰爆發了，中國是世界大戰的一個戰場，使我們不能不提高到世界大戰的高度來紀念八年抗戰，這不是一個國家對一個國家的戰爭，這是半個世界對半個世界的戰爭，戰爭的意義不僅是某一個國家的興亡，它是可大可久的普世價值、戰勝了偏狹的軍國主義，給天下後世的侵略者刻骨銘心的教訓。中國和同盟國家一同創造歷史，保障世界和平，中國軍民的犧牲，對全世界全人類作出了貢獻。

在紐約，七月五號這天，以中華公所為中心，各位僑領僑賢帶領我們紀念抗戰，我覺得這個場面非常親切，我們都有共同的心思意念，好像今天在場的人都共過患難，看這些珍貴的歷史圖片，好像我們是在重慶，或者長沙，槍在肩，刀在鞘，旗正飄飄。這天在場的僑領僑賢僑社精英，多少人為了抗戰冒險犯難，付出青春，中華民國政府特別製作紀念章，當場發給參加抗戰的前輩英雄，崇德報功，我們在場觀禮，分享光榮。歷史是我們一代一代共同的記憶，大會有很多年輕的朋友參加，中文學校的老師已經把抗戰的歷史告訴他們，在大會的會場上他們也看見了歷史。

真是光陰似箭，日月如梭，現在抗戰發生七十周年了，抗戰已經是歷史，今後我們也更上層樓，從歷史的高度來紀念這一場戰爭。當年紀念抗戰是創巨痛深，今天紀念抗戰是痛定思痛，當年紀念抗戰是重溫歷史，今天紀念抗戰是溫故知新，從歷史記憶產生智慧，知道為甚麼發生戰爭，怎樣打贏戰爭，如何避免下一次戰爭。不是單單為了八年抗戰，也不是單單為了二次大戰，而是為了中國人日本人的子孫萬代，全人類的千秋萬世。

抗戰時期，軍事第一，勝利第一，做甚麼都是為了配合作戰，打仗要民心士氣，要同仇敵愾，紀念抗戰也是強調報仇雪恨。抗戰文宣一直是恨，恨，恨，「恨」就像是一種激素，可以產生力量，可以教人熱血沸騰，奮不顧身。那時候有一句口號，很響亮，「我們為仇恨而生」，今天想想挺可怕，那時候我們唱的歌，有些歌詞，今天想想也很可怕，可是這些口號、這些歌詞很管用，戰爭是火燒眉毛，且顧眼前。麥克阿瑟不是說過嗎，「勝利是沒有代用品的」，孫子兵法也說，戰爭是「生死之地，存亡之道」，要命的是這一步門檻怎麼跨過去，其他的你先別想那麼多。

領導國家的人有很高的聰明智慧，他當然知道，這樣大規模的仇恨教育只是一時的權宜之計，今天敵人打進來了，如果你不打，或者打敗了，國家亡了，一切都是夢話，你只有打，打，打，抗戰到底，打贏了再說。上帝在天上，日本帝國主義失敗了，投降了，你已經把對手打倒在地上，你有資格伸手把他拉起來了。領導國家的人毫不遲疑，立刻到廣播電台發表演說，主張愛仇敵，以德報怨，在同盟國的各位領袖之中，他搶到第一個發言權，後來，其他各國也都這麼說、這麼做。這是從世界的高度策畫歷史的發展，戰爭也許需要恨，和平一定需要愛，愛、也能產生力量，恨的力量大，可是愛的力量久，愛能產生恨，可是恨不能產生愛。「恨」足以爭一日之長短，愛可以開萬世之太平。從那時候起，我們就該脫離抗戰文宣的思維，放棄抗戰文宣的語言。

無奈那時候勝利來得太突然了，中間沒有任何緩衝，大家完全沒有心理準備，這麼一個急剎車，立刻人仰馬翻。以後國家多事之秋，不如意事常八九，他再也沒有功夫關心大家如何過這個橋，如何轉這個彎兒。也許他希望大家像處理核子發電剩下的廢料一樣，用一個特別堅固的箱子，把抗戰情仇裝在裡面，密封起來，度完它一個一個的半衰期。

說著說著，七十年過去了，我們都移民到美國來了，移民給我們一個新的身分，也給我們一個新的立場，使我們不能不想到，紀念抗戰不是一家一姓的事，也不是一國一族的事，這是處理人類共同的一筆遺產。我們從中國移民來了，很多人從韓國、越南、菲律賓、從日本移民來了，來到美國都叫亞裔，在一個屋頂下帶著共同的標籤，這就使我們不能不想到彼此共同的地方。大戰發生以後，中國、韓國、越南、菲律賓固然到處都是受害人，日本政府的野心家、侵略者害了我們，日本的亡國之禍也很悲慘，日本的一般軍民也都是受害人，日本政府的野心家、侵略者也害了他們。彼此一同走過那一段歷史，同病相憐，今後彼此在美國同舟共濟，一同開創未來。如果天從人願，這些亞裔移民，包括日本移民，有一天能夠一同紀念那一次戰爭，再進一步，中國人民，日本人民，七七這天，在自己的國土上，在對方的國土上，都能在一起開紀念大會，共同面對那一段歷史。

希望有一天、就在美國開個頭兒吧，美國做起來比較容易。現在我們不是愛仇敵，是愛鄰居，今天不是以德報怨，是以德換德，當年轉不過來的那個彎兒，跨不過去的那座橋，現在並沒有那麼難。抗戰文宣已經完成了它的時代任務，應該保存在歷史檔案裡，新一代的人要有新一代的思維，換思維可以從換語言開始，新一代要有新一代的語言。究竟怎樣論說抗戰，希望僑領僑賢，先知先覺，設計出一套修辭來，成為亞裔的共同語言，亞裔能一同從歷史的高度面對過去，創造未來。當年這一座橋跨不過來，今後可以一同到達彼岸。

抗戰時期，我們稱敵人為「日本鬼子」，此一時、彼一時也，紀念抗戰不是回到抗戰，怎麼還能再用？尤其人在美國，入境問俗，這稱呼是種族歧視，「殺鬼子」是散播種族仇恨，法律嚴禁。這些年，我們常說日本人侵略中國，日本人在南京大屠殺，語意學家早就告訴我們，這種說法有很大的語病，有很壞的後果，對締造世界和平沒有幫助。正確的說法應該是日本那幾個有野心的軍事領袖派出軍隊侵略中國，應該說日本陸軍的某某師團造成南京大屠殺。日本特務頭子土肥原惡名昭彰，我們給他叫土肥原，不給他叫日本人。談到美國用原子彈轟炸日本的廣島和長崎，造成空前的毀滅，我們也不能再像一九四五年八月那樣興高采烈，我們有惻隱之心。戰爭結束的時候，日本駐在中國東北的軍隊向蘇聯投降，蘇聯把大批戰俘送進西伯利亞的勞動營，讓他們累死凍死，我們也很同情，同情不是同意，同情惡人所受的苦，並不等於同意惡人所作的惡。美國是一個多民族混合的國家，非常強調各民族之間的和諧，非常嚴格的防範種族歧視，尤其不允許散播種族仇恨，對這方面的語言非常敏感，我們入境問俗，入國問禁，在論說抗戰的時候，用的名詞，動詞，形容詞，都要檢點。

這些年發生了一些情況，教人擔心抗戰的歷史真相會埋沒。我說不用擔心，想當年日本派了一百多萬軍隊，在中國橫衝直撞，跟國軍打了一千一百一十七個戰役，每一個戰役，日本軍隊的司令官都要寫日記，作報告，我的部隊今天在甚麼地方，我的正前方，我的左側右側，中國軍隊是甚麼番號，司令官姓甚名誰。敵我雙方在甚麼時間打起來，打了多久，結果怎麼樣。日本軍隊都要報告他的政府，這些文件永遠保存在政府的檔案裡。

不僅如此，中國抗戰是世界第二次大戰的一個戰場，英國、美國、法國、蘇聯都是同盟國，這些國家都在中國有大使館，有情報組織，他們晝夜注意戰局的發展，隨時打電報給他們的政府，這些文件也永遠保存在他們政府的檔案裡。不用說，中國政府也有自己的檔案，你就是有天大的本事把中國政府的檔案全燒了，英國、美國、法國、蘇聯的檔案還在。

誰肯去替我們搜集、替我們整理這些文件呢？有人，而且很多，而且很可靠，很專業，這種人叫歷史家，歷史家專門記載歷史真相，專門發掘埋沒了的歷史真相，他們到處去找資料，找證據，他們的口號是「上窮碧落下黃泉，動手動腳找東西」。歷史家一代一代前後傳承，上一代歷史家遺漏了，下一代歷史家會補上，上一代歷史家弄錯了，下一代歷史家會糾正過來，每一位夠格的歷史家，都是競競業業，盡心竭力，做到完全符合他的專業標準，他要經得起下一代歷史家的審判。

我是基督徒，有人跟我開玩笑，他說，上帝是無所不能嗎，上帝有一件事情不能，他不能讓已經發生的事情沒有發生，亞當夏娃偷偷的吃了禁止果子，吃了就是吃了！我來模仿一下，我要說歷史家不允許已經發生的事情沒有發生，抗戰八年發生了就是發生了，真相永遠留在人間。我們自己要能夠不忘記歷史，不沉醉在歷史裡，從歷史記憶產生智慧，創造新的歷史。

二〇一五年七月七日，在紐約中華公所紀念抗戰勝利七十周年大會上致詞

二〇一七年十月增刪定稿

天心人意六十年

1

我從小跟著母親上教堂，到我寫這篇文章的時候，六十多年了，雖然國事家事天下事一再發生極大的變動，時代思潮和個人的人生觀也不斷出現修正，我仍然是一個基督徒。

這兩年，常常有人問我，六十年來，基督教受到這麼多的衝擊，你何能始終維持你的信仰。別人不斷的問，我就不斷的想，我把我的反思組織成一個見證，先後在紐約市的四家教堂裡當眾講述，以紀念我的母親。

據我所知，教會對另一個教派的教友來作見證，並不歡迎，能有四家教會接納我，對我開放他們的講台，主其事者表現了寬闊的包容。他們是：曼哈頓浸信會國語禮拜堂俞敬群牧師，布魯侖華人基督教會曾凡平牧師，路德會以馬內利華人堂李約翰牧師，紐約藝人福音團契李水連牧師。

說到見證，教會中人總是問看到了什麼樣的神蹟。我的見證沒有神蹟，我總是預先如此聲明。俞敬群牧師說，一個人皈主（並且永不改變）就是神蹟。李約翰牧師則說，神所成全的事都是神蹟。他們對神蹟的解釋鼓舞了我。

2

我是山東人。從地圖上看，山東像一匹駱駝伸頭去喝海水。一八三二年，基督教由駱駝的嘴唇登陸，那時沿海多是漁民，他們早已有了自己的信仰，教會的發展不容易。

十九世紀初年，基督教會出現所謂「山東大復興」，傳教士的工作突然十分順利，他們由駱駝的嘴到耳，由耳轉彎南下到我的故鄉，一路上建立教會。

「山東大復興」的動力從何而來？據當時父老的口耳相傳，還有《山東大復興》一書記載，是因為傳教士突然有了趕鬼和治病的能力。

我常說山東鬼多，舉《聊齋志異》為證，並非完全是戲言。我小時候的確到處有鬼屋，沒有人敢住在裡面，連院子裡的荒草都任其生長。我也見過不少被鬼附身的人，不能正常的生活。既然鬼多，「巫」也就很多，如果鬼是病，巫就是醫生。「巫」多半是女子，書上稱為巫婆，為「六婆」之一，鄉人則尊之為「道奶奶」。俗語說「蘿蔔快了不洗泥，道奶奶快了不下驢」。所謂「快了」，意思是需求者多，行情看俏。當蘿蔔是搶手貨時，農民懶得把蘿蔔上的泥土洗掉，匆匆上市。當各村都有病家爭著請道奶奶出診時，道奶奶就不必走路，也不肯走路，下了這一家的驢背立即騎上另一家的驢背，驢子是當日鄉間的主要交通工具。在山東大復興的那幾年（1917-1923），傳教士趕鬼的成績壓倒了巫婆，贏得了鄉人的信賴。

當年中國鄉村缺少醫藥，鄉下人常說「屋靠牆，田靠天，病靠命」。窮鄉僻壤，西醫絕對沒有，中醫也好幾個村子裡才有一個，一般農民治病要靠偏方。偏方是一種藝術，由想像力創造出來，也有理論根據，那就是中醫所說的「醫者意也」。半碗開水加半碗「生水」合成一碗陰陽水，害瘧疾的人吃不到奎寧丸就喝陰陽水，因為瘧疾忽冷忽熱，寒來暑往，乃是體內的陰陽發生了障礙。有一種樹皮可以接骨，因為它折斷以後，裡面還有一層纖維相連，能使病人看見希望。吞蝌蚪能治聲帶失音，因為青蛙叫聲響亮。在山東大復興的日子裡，傳教士祈禱治病，居然比許多偏方有效。最轟動的是使一位癱瘓了的喬太太站起來行走，就像新約裡所記述的那樣。

3

大約是一九三〇年，基督教傳到我家世代居住的那個小鎮上。這時，山東大復興已成歷史的陳跡。傳教士在我們鎮上遇見新障礙，那是《聖經》中的一個字「愛」。

《聖經》裡面有多少個「愛」字，已有人作過統計。牧師口中有多少「愛」字，我們也可以估計。有一次，我聽李約翰牧師講道，他在三十分鐘內說了三十一次「愛」。可是三十年代在我的家鄉，這是一個十分敏感的字，我們千方百計回避它。例如，我們不說父母愛我，說父母「疼」我，不說姐姐愛我而說姐姐「幫」我，不說老師愛我而說老師「喜歡」我。如果妻子非常愛她的丈夫，或是丈夫非常愛他的妻子，如果鄉人要加以描述，那句話的動詞一定是「慣」而不是愛。

可是教會來了。教會裡偏偏說愛。我進教堂聽的第一首歌就是「耶穌愛我萬不錯」。有些話天天講，月月講，像「愛是恆久的忍耐，愛是不嫉妒，愛是不自誇……」像「我給你們一條新命令，就是你們要彼此相愛」。有一首歌更驚人，歌詞中有「我屬我主，我主也屬我，我與我主相化成一個。愛花朵朵開，放出香氣來……」，會眾唱得出神忘我，外面聽得驚疑不定。

我們鎮上是個小地方，也有所謂上流社會和下流社會。所謂下流社會對這個愛不離口的集會發生興趣，以為來參加禮拜的婦女都是可以騷擾的。鎮上有個保長叫王興信，他因好奇而來教會聽道，幾個禮拜之後決心皈主。他對下層人物有影響力，有了他的庇護，才沒有人向禮拜堂裡丟石頭。

所謂上流社會，自然是當地的仕紳，他們關心風俗和禮教。起初，他們聽到各種流言，苦於沒有可靠的管道了解內情。就在此時，我的母親信了教。我們那個鎮是由一個大家族組成，百分之九十的人口姓王，老族長也是一鎮之長。他約我母親談話，提出幾個緊要的問題。那時女子無「權」便是德，母親坐在一旁不能發言，由我的父親代為說明，也由我父親負連帶責任。父親說這個教自稱來救中國人，他們能不能救中國人我不知道，我知道他們那些教人立身處世的話，和孔孟之道十分近似。老族長這才撚鬚點頭：「有你這麼說，我就放心了。」

4

我們家鄉的教會是乘著山東大復興的餘勢建立的，而山東大復興綴滿了神蹟，所以，我童年出入教堂，一心有所期待。我期待了很久。

有一天，我忍不住問母親：「怎麼咱們教會還不出現神蹟？」這個問題，她顯然也思考過。她說，神蹟是神的方法，神的手段，神可以使用，也可以不用。她認為在山東大復興時，神是把神蹟當做「楔子」使用的，楔子一時，神永久。

那時有位侯先生在魯南各地佈道，他沒有讀過神學，沒有做牧師的資格，大家稱他為侯長老。侯長老熟讀儒家經典，能將孔孟思想溶入基督教義，為人老實謙和，所到之處，大受歡迎。我也曾問他：「你們什麼時候弄個神蹟出來給大家看看？」現在想想，一個基督徒怎麼可以問出這樣的問題來！可是那時我最多十二歲，童言無忌，侯長老很慈祥的告訴我：「孩子，沒有神蹟，仍然有上帝。」

「沒有神蹟，仍然有上帝！」我能一直維持我的宗教信仰靠三句話，這是第一句。我喜歡聽別人作見證，有人說，他信主，他一禱告，他的股票就賺錢。有人說，他信主，他一禱告，他的兒子就升級。有人說，他信主，人一禱告，立刻發生強烈的地震，監獄牆倒門裂，他得以脫險。我不知道這些人的信仰能維持多久，我只知道我自己，如果這樣依賴神蹟，我的信仰一定無法維持到今天！

5

我們的教會逐漸興旺，會眾有了自己的主張，對上級教會頗有怨言，除了怪上級教會態度傲慢，好像還牽涉到錢。

我還記得，上級教會有一位王牧師，下臨我們教會證道，那次證道是一場嚴厲的訓誡，他以為他是施洗約翰。他走後，大家憤憤不平，我寫了一封信罵他。他收到了信，揚言要到法院告我誹謗侮辱。我那時大概十三歲，他也知道不能跟一個黃口小兒打官司，從此絕跡不到我們那一帶佈道。我當然應該為這封信懺悔。

我們的教會醞釀獨立，有些信徒聲言脫教退會，上級教會請侯長老出面紓解，他們知道侯長老有影響力。侯長老來了，他既不為上級教會苦口辯護，也不打開《聖經》長篇說教，他只強調一句話：「沒有教會，仍然有上帝。」四兩撥千斤，一語驚醒夢中人，大家從此回復到裂痕未出現之前的心態。「沒有教會仍有上帝」，信徒不該因為教會的缺點放棄信仰，這是那三句話之中的第二句。

國語藝術團契的李水蓮牧師對這句話非常欣賞，她在我作完見證之後特別挑出這句話來肯定。她說基督徒以基督為榜樣，不以世人為榜樣，教會為神工作，由人組成，其中難免有人的弱點，真正的基督徒可以越過。

李水蓮牧師是大紐約地區稀有的三位女性牧師之一。她本是台灣山地泰雅族人，她的生命歷程可以說是大起大落。她在落後的地區出生，離開學校以後進入最能代表物質繁榮的娛樂表演事業，到香港拍電影，到世界各大都市演唱，「忽然」洗盡鉛華，虔誠事主，由極端的世俗轉入極端的靈性生活。她的選擇極富戲劇性，或者說，神對她的選擇極有奇蹟的意味，發人深省。

6

家鄉的教會是長老會。不久我離家流亡，在七個省份奔波，所到之處多半沒有長老會。我才知道教會有許多宗派，彼此歧異極大。

我永遠記得，我初到某地之後，星期天早起梳洗穿戴，以回家的心情來到教會，教會內竟只有一個人，這人又分明是專為接待我而來。他問我，你是來聚會的嗎？為什麼昨天不來？你來錯了，昨天是安息日。我說，我信主多年，都是在星期天來作禮拜。他說，你這些年作禮拜都白費了，你不能得救，將來還得下地獄。

後來我到了另一個城市，略事安頓，第一件正經事是出去找教會。那教會倒是在星期天聚會，可是他們問我有沒有受洗，受的是哪一種洗。及至聽說僅僅是牧師用手心舀水滴在我的囟門，他們即斷言我受過的洗禮無效，不能得救。

後來，我又到了一個城市，又進一家教會，他們宣稱那獨一無二的真神乃是「父」，不是「子」，信耶穌不能得救。「子」是受造的，「父」才是自有永有的。不用說，我信耶穌信了十幾年，將來還得下地獄，連我的母親，連侯長老，連我們教會的負責人宗茂山長老都得下地獄（宗長老後來成為一方著名的佈道家，去世時有兩千人送葬）。

教會這麼多派別，而各派之間互相否定，影響了我的信心。我想，既然他們互相宣判對方死刑，是不是雙方都活不成。當年發明大王愛迪生辦了個工廠，每天下午，工人都想還有多久才下班收工？那年代並不是每個人都有手錶，工人常常跑到掛鐘的地方去看時間。愛迪生想了一個辦法糾正這種現象，他在工廠的牆上並排掛了好幾個鐘，每一個鐘的時間都不同，工人看來看去，莫知所從，也就不再去看，反正你們都不靈。我的心情正是如此。

教會對我喪失了吸引力。許多年過去了，直到有一天，我在紐約認識俞敬群牧師。一見之下，我大吃一驚，莫不是侯長老也到紐約來了？既而一想，侯長老如果健在，現在應該超過一百歲了。這時我耳朵裡有一個聲音，侯長老的聲音：「沒有教會，仍然有上帝。」我對教會的疑團和反感一下子全部化解乾淨，於是重新走進教堂。

俞牧師是浙江富陽人，台灣浸信會神學院畢業，長駐台灣綠島（火燒島）對監獄裡的政治犯佈道，主持過台北的「真光堂」教會。後來再入美國的慕迪神學院深造，擔任曼哈頓浸信會國語禮拜堂的主任牧師。他的容貌，他的氣質性情，都和侯長老相似。他使我童年時代的許多東西復活。

7

我在台北疏離教會，心中仍隨時想到教義。

初到台北，第一個職業是到報館做校對，本來以為這個工作容易，誰知錯字像跳蚤一樣捉不完，不知怎麼又跳出一個來。有些小校對闖過大禍，把偉大排成偉「小」，把跟著總統排成「踢著總統」，都是辦報人的噩夢。每逢看報看見錯字，我就有一個念頭：人是犯錯誤的動物，人不能自我完善，人需要宗教的救贖。

後來我進了中國廣播公司，那時中廣每天中午有一次對時，只聽得噹的一聲，播音員緊接著說「剛才鐘響，是中原標準時間十二點正。」這使我又有一個念頭：每個人的手錶都不準確，倘若不隨著標準時間校正，差錯越來越大，有一天會造成很大的痛苦。人的思想和行為也是如此，基督教的禮拜，其作用和對時相同。

後來我因擔任影評節目而常看電影。電影利用人的視覺殘像產生幻覺，令觀眾以幻想為真，其實，「虛空，虛空，都是虛空！」觀眾流連於想像之中，支付所有的喜怒哀樂，這是常人。歷盡夢幻，追求永恆，才是智者。電影理論這樣說，《聖經》不也這樣說？

那些年，我是一個「自修」的基督徒。

8

信徒看不到神蹟出現，或者教會的領袖並非「道成肉身」，都還是小事。基督教的困境是，《聖經》受到許多專家學者的攻擊，有人從歷史考證的角度攻擊《聖經》，有人從文化史的角度攻擊《聖經》，有人從比較宗教的角度攻擊《聖經》，有人從民族主義的角度攻擊《聖經》，現在新女性主義也插一腳。

我很想說：「沒有《聖經》，仍然有上帝。」

我作見證，照例先寫大綱給牧師審查，登台之前，又先向牧師口述大意。俞敬群牧師聽見「沒有《聖經》，仍然有上帝」，臉色肅然，沉默不語，我致詞時也就把這句話刪除。曾凡平牧師反應不同，他說這句話可以成立，《聖經》是到摩西時代才有舊約前五卷，摩西之前，神造亞當夏娃，亞當之前，神造天地，神在萬物之先。既然在沒有《聖經》之前就有上帝，當然在沒有《聖經》之後也還有上帝。

我膽氣一壯，在台上就辭充氣沛。我說「沒有教會仍有上帝」，那是因為教會只是童女等待新郎的地方。「沒有《聖經》仍然有上帝」，那是因為《聖經》是介紹信，牧師是引見者，我們拿著介紹信，跟著引見人，找到上帝。我說《聖經》是地圖，牧師是嚮導，我們拿著地圖，跟著嚮導，去找天國。「沒有《聖經》仍有上帝」，這是三句話中的最後一句，也是最有力最有用的一句，我從不讓《聖經》的版本問題，翻譯問題，歷史考證問題影響我的信仰。靠這三句話，我的信仰六十年不變。現在，我把這三句話獻給一切需要忠告的人。

曾凡平牧師是貴州婺川人，本來在台灣做工程師，後來皈主，立志佈道，先後進台灣的三育神學院和美國麻州神學院攻讀神學，成為牧師。一九七〇年他到紐約創立布魯侖華人教會，並成立了亞美服務中心為新移民解決困難，聲譽甚隆，在亞美服務中心擔綱的尹世瑛女士，後來也成了社區的名人。

李約翰牧師，漢口市人，台大法律系畢業。他有志濟世而「律法」的功能有限，遂考入路德會創設的協同神學院研修神學，由香港協同、台灣協同到美國的協同，完成三個階段的造就。他主持過香港調景嶺的路德會禮拜堂、台北的永生堂、板橋的和平堂，來美後先後主持約紐市皇后區伯大尼路德會、路德會以馬內華人堂，資歷最深，涵養過人。

我所見到的這幾位牧師，都決志增添世人的愛心和喜樂而孜孜不倦，為了「你的旨意行在地上如同行在天上」而奉獻一生。我想六十年後仍有人訴說他們的事跡，一如我在這裡述說山東。

（選自《心靈與宗教信仰》，台北爾雅出版社出版）

遙遠的回聲

莊秋水先生以「一個世界的消亡」為題，評介我的回憶錄，他進入我的世界，摩挲一些東西，領受一些東西，也留下一些東西，委婉誠懇，我深感欣幸。

我的回憶錄分四卷寫成，據我所知，台灣的讀友們注意我怎樣寫國共內戰，第三卷《關山奪路》，情節曲折驚險。大陸的讀友們注意我怎樣寫台灣，第四卷《文學江湖》，他們關心這「最後一片土地」，尤其想知道它如何由專制中蛻化出來。莊先生不同，他偏愛第一卷《昨天的雲》，我在那本書裡描述我幼年時期的故鄉，所謂「一個世界的消亡」，就是指那個「鄉紳主導的鄉村社會」。

秋水先生「雙眼自將秋水洗」，看出我以甚麼樣的心態寫《昨天的雲》。我只能用比喻，寫《昨天的雲》如飲乳，寫《怒目少年》如飲水，寫《關山奪路》如飲酒，到了寫《文學江湖》的時候，那就是捏著鼻子喝藥了。海外的讀友們跟我一同喝酒的人比較多，跟我一同飲乳的人很少，我很在意大陸讀友的口味如何。那片昨天的雲消逝以後，今生飲酒飲水飲藥的機會很多，想到飲乳，只有飲泣。我偏愛這本書，敬愛那「偏愛這本書」的人。

這個社會的消亡，有幾個原因，一是帝國主義的經濟侵略，農村經濟破產，二是八年抗戰，中產階級崩潰，三是共產主義革命，徹底翻造了社會基層。在這個大背景中，我濃墨渲染了一個「瘋爺」，這個人物得到秋水先生的同情和欣賞。瘋爺是看出危機而又坐以待斃的人，他「茫茫大難愁來日」，而又「事大如天醉亦休」。一如莊秋水先生所指，瘋爺可以算是蘭陵的象徵，也可以算是我的前身，後來我一生慌張奔走，都是「帶著混亂模糊的原罪」在大限之前兜圈子」。

瘋爺是「該死」的人，死了。我是該死的人，沒死。大文豪茨柏格說，他絕望，他寫回憶錄。照我的理解，人到了古人所謂五湖四海、涕淚飄盡的時候，也就有了蘇東坡「空故納萬境」的胸懷，可以公平對待一切得失榮辱恩怨情仇。長期流離失所可以逐漸消除對世間的執著，割捨可以成為習慣，也培養某種自信。我若不出國，不能到達這個火候，沒有這個火候，我不能打造這塊叫做回憶的頑鐵。國家撕裂，民族墜落，人間碎的未必都是玉，我道道地地是瓦片，卻也擲地有聲。

我從小就是基督徒，我現在知道基督教和中國文化衝突的一些史實，也知道現在主流社會對基督教的看法。回憶錄是寫個人的經歷，我幼時參加的那個長老會，努力把儒家經典的許多文句納入教義，很少強調神祕經驗，在我心目中，基督和孔孟共同教育了我。長老會來自美國，我進禮拜堂的時候，他們已在提出「自立自養自傳」的口號，逐漸脫離美國教會的控制。以我身受，長老會以基督補孔孟之不足，我後來又以釋迦補基督之不足，最後我覺得我仍然是儒家的信徒。可以說，儒家生我，基督育我，政治傷我，釋迦療我，出了醫院，回到儒家。

我聲稱要為情義立傳，乃是說，我遇見了幾個有情有義的人，沒有他們，我不能活成這個樣子，甚或根本無法存活，天地君親師都救不了我。我說過，每一層地獄裡都有一個天使，問題是你如何遇見他，我要寫這位天使，必須寫整層天堂。我也說過，每一層天堂裡都有一個魔鬼，問題是如何躲開他。為了和天使對照，我也寫魔鬼，為了寫魔鬼，也得寫地獄。這也為我寫回憶錄增添了動力。我常想，為甚麼人和人相差這麼遠，這兩種動物怎麼會是同類。想到那些好人，我心軟腿軟，需要朝一個對象下跪。有人問我為何能始終維持幼年時期的宗教信仰，應該這就是答案。身為作家，我當然希望我有限的表述不止是有限，也能反映甚麼代表甚麼，那是文學對我的要求，莊秋水先生認為我做到了，這是對我的大獎大賞。

莊先生對那個社會的崩坍，這個社會的代興，以不甚確定的語言，作十分精到的剖析，歷史識見，語言技巧，使我恍然回到初讀《劍橋中國史》（中譯本）之時。他這番議論，可以視為對我的回憶錄作出詮釋，大大抬高了我的四本書。尤其是，他注意我在書中的指陳，當時世界潮流向左，我趁此機會作一點補充。

那時，「走路要靠左邊走」，延安時期，中國共產黨處境何等困苦，黨人「貧賤不能移」，那時滲入政府內部的黨人，即使踞高位，享榮華，也不改志節，「富貴不能淫」。那時候，有人說，佛教是共產主義，「六和敬」要大家吃一樣的飯，說一樣的話，學一樣的功課，有一樣的想法。那時候，有人說，基督教也是共產主義，眾門徒的財物共管共享，有兩件衣服的人要分一件衣服給那沒有的。基督受死，復活，升天，就是唯物辯證的肯定，否定，否定之否定。那時候，簡直連我們呼吸的空氣裡面都有共產主義的成分。今日反思，我簡直覺得，即使沒有西安事變，即使沒有馬歇爾調處，中國共產黨也終於取得天下。至於中共行事處處與國民黨相反，那是戰術層次。

INK PUBLISHING
文學叢書 559

昨天的雲——王鼎鈞回憶錄四部曲之一

作　　者　王鼎鈞
總 編 輯　初安民
責任編輯　宋敏菁　林家鵬
美術編輯　陳淑美
校　　對　吳美滿　王鼎鈞　宋敏菁　林家鵬

發 行 人　張書銘
出　　版　INK 印刻文學生活雜誌出版股份有限公司
新北市中和區建一路249號8樓
電話：02-22281626
傳真：02-22281598
e-mail:ink.book@msa.hinet.net
網　　址　舒讀網 http://www.inksudu.com.tw

法律顧問　巨鼎博達法律事務所
施竣中律師
總 代 理　成陽出版股份有限公司
電話：03-3589000（代表號）
傳真：03-3556521
郵政劃撥　19785090 印刻文學生活雜誌出版股份有限公司
印　　刷　海王印刷事業股份有限公司

港澳總經銷　泛華發行代理有限公司
地　　址　香港新界將軍澳工業邨駿昌街7號2樓
電　　話　852-2798-2220
傳　　真　852-2796-5471
網　　址　www.gccd.com.hk

出版日期　2018年 5 月 初版
2021年 7 月 15 日 初版二刷
ISBN　978-986-387-227-6
定價　380元

Copyright © 2018 by Wang Ting-Chian
Published by INK Literary Monthly Publishing Co., Ltd.
All Rights Reserved
Printed in Taiwan

國家圖書館出版品預行編目(CIP)資料

昨天的雲——王鼎鈞回憶錄四部曲之一
／王鼎鈞 著. --初版.
--新北市中和區：INK印刻文學, 2018. 05
面； 14.8 × 21公分. --（文學叢書；559）
ISBN 978-986-387-227-6 (平裝)
1.王鼎鈞 2.回憶錄
783.3886　　107000016

舒讀網

版權所有 ·翻印必究
本書保留所有權利，禁止擅自重製、摘錄、轉載、改編等侵權行為
如有破損、缺頁或裝訂錯誤，請寄回本社更換